잠든
공부본능을
깨우는
멘탈코칭

잠든 공부본능을 깨우는 멘탈코칭

지은이   조영호&멘탈코칭사회적협동조합 코치들
펴낸이   조성길
펴낸곳   인터하우스
1판 인쇄   2024년 1월 30일
1판 발행   2024년 2월 3일
등록   제 2014-000135호
주소   서울시 마포구 잔다리로 35 서운빌딩 403호
전화   02-6015-0308
이메일   kilhodos@naver.com
ISBN   979-11-977620-5-5 03370
값   18,000원

정말
아이의 성적을
올리고 싶은가요?

잠든
공부본능을
깨우는

멘탈코칭

조영호 & 멘탈코칭사회적협동조합 코치들

인터하우스

추천사

우리 아이가 달라졌어요

'어떻게 하면 우리 아이의 잠재력을 잘 끌어낼 수 있을까?' 늘 고민이 많던 엄마였습니다. 우리 아이가 다른 사람 앞에서도 자신있게 자기의 재능을 잘 표현하길 바랐습니다. 그러다 '공부멘탈코칭' 프로그램을 소개받았습니다. 큰 기대 없이 아이를 보냈는데 놀랍게도 아이가 점점 변하기 시작했습니다. 남들 앞에서 발표도 잘하고 학교 성적도 올랐습니다. 우리 아이가 효과를 본 코칭법이 뭘까 하고 궁금했는데 '공부멘탈코칭'에 대한 책이 나온다고 하니 너무 반갑네요. 우리 아이를 변화시킨 공부멘탈코칭, 아이의 잠재력을 깨워주고 싶은 엄마들에게 강력히 추천하고 싶어요.

이경희 학부모 (중3 엄마)

우리 가족을 구원했어요

천직으로 알았던 어린이집 교사를 22년 만에 관두고 방황하던 엄마, 친구 문제와 진로 문제로 두통과 불안감을 달고 살던 고1 큰딸, 늘 씩씩하던 6학년 아이에게 갑자기 찾아온 친구들과의 학폭 사건. 가족이 모두 힘든 시기를 지나고 있을 때, 우리는 운명처럼 공부멘탈코치들을 만났습니다. 엄마와 딸들은 '딱 좋아 왜냐하면' 그리고 '알아차림'과 만트라를 외치며 매일매일 성장하고 있습니다. 모든 학교의 필수과목으로 강력 추천합니다.

유승희 학부모 (고1, 초6 엄마)

아이들을 내려다보면 안 돼요

교사 생활을 하다 보면 공부를 못하는 아이, 공부를 잘하지만 아주 싫어하는 아이들을 자주 만난다. 도와준답시고 섣불리 나섰다가 되레 아이들에게 상처만 줄 뿐이다. 위에서 내려다보며 한 말은 힘이 없다. '공부멘탈코칭'은 아이의 눈높이에서 대화하고 아이들을 삶의 주인공으로 만들어 주는 과정이다. 이 책은 그 과정을 자세히 소개한다. 공부 상처가 있는 아이들에게는 치유의 길을, 뭔가 가르쳐야 좋은 어른이라는 강박이 있는 어른들에게는 공감의 길을 안내해 줄 책이 분명하다.

안진영 선생님 (초등학교 교사)

학교 전체가 달라지고 있어요

저는 교장이 되면서 무엇보다 우리 아이들이 당당해졌으면 하고 바랐습니다. 시대는 발전하고 있는데 아이들은 점점 위축되고 있는 것 같았어요. 특히 코로나 팬데믹 이후 학교생활과 친구관계에서 어려움을 겪고 공부습관도 제대로 잡히지 않은 아이들이 눈에 띄게 나타났습니다. 심지어는 우울증을 호소하는 아이들도 있었지요. 제가 '공부멘탈코칭'을 알게 되면서 이 프로그램이야말로 아이들 문제를 해결할 수 있을 것 같다는 확신이 들었습니다. 코치들에게 부탁하여 2023년 입학생 전원을 대상으로 이 과정을 이수하게 했습니다. 아이들은 분명 달라졌고 학교 전체에 활력이 생겼습니다. 이 책을 보니 그 내용이 소상히 소개되어 있군요. 다른 학교에도 공부멘탈코칭이 퍼져나갔으면 합니다.

김숙경 교장선생님 (수원 매향여자정보고)

제3부 | 멘탈코칭, 기법이 아니라 인성이다

프롤로그

적을 어떻게 친구로 만드냐고?

2019년 2월 어느 날, 아주대학교 경영대학원에서 석사를 마친 한 사장님이 저를 만나러 왔어요. 자동차 관련 사업을 하는 이희당 사장이신데 제수업을 열심히 들었던 제자였지요. 제가 정년 퇴임한다는 소식을 듣고 인사한다고 왔습니다. 그런데 그 사장님이 따님을 한 명 데리고 왔어요. 중학교 1학년이라고 하는데 아주 키가 크고 예쁜 아이였어요.

아빠가 대학교 선생님을 만나러 간다고 하니 자기도 가겠다고 따라나섰다합니다. 그 아이의 이름이 '부영'이었어요. 부영이는 대학교 건물 안에 들어와서 대학교수를 만난 게 처음이었답니다. 좀 흥분되어 있었습니다. "교수님, 질문이 있습니다." 하는 것이었어요. 아빠와 제가 이야기 나누는 것을 듣더니 자기도 끼어드는 것이었어요. 무슨 질문인지 말해보라고 했지요. 그랬더니 미래 진로 때문에 고민이 있다고 했어요. 의사가 되고 싶기도 하고, 가수가 되고 싶기도 해서 고민이라는 거예요. 그래서 제가 물었지요.

"부영이는 의사가 왜 되고 싶은데?"
"제 엄마가 모로코 사람인데 모로코를 방문해 보니 어려운 사람들이 많은 것 같았어요. 의료시설도 안 좋은 것 같고요. 그래서 저는 커서 모로코의 어려운 사람들을 돕고 싶어요."

8   공부멘탈코칭

부영이는 다문화 가정 아이였고, 엄마 나라를 걱정하고 있었습니다. 제가 또 물었습니다.
"근데 가수는 왜 되고 싶은데?"
부영이는 거기에 대해 이렇게 대답했습니다.

"저는 성격이 활달한 편이라 아이들과 어울리기 좋아하는데 노래를 부르면 아이들이 즐거워하고 그래요. 저는 그런 것을 보면 좋아요."

우리의 대화는 이렇게 이어지고 있었습니다.

"선생님이 보기에는 부영이가 의사가 되려는 이유와 가수가 되려는 이유가 상당히 비슷한 것 같은데 부영이 생각은 어때?"

"교수님이 그렇게 이야기하시니까 그런 것 같네요. 둘 다 사람들을 기쁘게 해주는 일이네요. 저는 전혀 다른 것이라고 생각했었는데."

부영이는 잠시 후 이렇게 이야기했습니다.
"고민이 사라진 것 같아요. 저는 사람들을 기쁘게 해주는 일을 하고 싶어요."

"야, 그렇게 고민이 쉽게 풀려버리면 어떡하니?"
우리는 거기서 한바탕 웃고 그날은 헤어졌습니다.

바로 다음 날, 이희당 사장한테서 연락이 왔습니다. 집안에서 난리가 났다는 겁니다. 무슨 일인가 했더니, 아이들이 삼 남매인데 부영이 혼자만 교수님을 만나서 다른 애들이 뿔이 났다는 거예요. 그 집에는 연년생 삼 남매가 있었습니다. 부영이는 그 중 둘째였고, 중2인 언니 '명오'와 초6인

남동생 '창진'이가 있었던 거죠. 이 사장 이야기가 창진이는 몰라도 명오는 한번 만나주는 것이 좋겠다고 통사정했습니다.

그렇게 해서 2019년 3월 2일, 아주대학교 다산관 로비에서 이희당 사장네 아이들과 2차 만남을 갖게 되었지요. 이번에는 부영이와 명오가 함께 왔습니다. 저는 2019년 2월 28일부로 교수직을 은퇴했는데 은퇴 후 첫 일이 이 아이들을 만나는 것이 된 거죠.

이번에는 아이들이 작정하고 질문을 가지고 왔습니다. 지난번에 얼굴을 보았다고 부영이가 먼저 질문을 꺼냈습니다. 그 질문은 매우 당돌하고 어려운 것이었습니다.

"왜 사람은 마음대로 안 되나요?"

이것이 아이들의 질문이었습니다. 이런 어려운 질문을 받고 제가 어떻게 했을 것 같습니까?

아마 예전 같으면 제가 간단한 강의를 했을 겁니다. 아마도 프로이트의 무의식 이야기를 했을지도 모릅니다. 교수답게 말이죠~ㅎㅎ. 그런데 이제는 그렇게 안 합니다. 강의나 설명을 하지 않고 상대방에게 질문을 하지요.

그러면서 우리는 자신이 자신에게 칭찬하는 것까지 이야기하게 되었습니다. 그리고 자기 대화를 제안했습니다. 마음대로 잘 안될 때는 자기 대화를 해보라고요.

"OO아, 잘하고 있구나. OO아, 고마워." 또는 "OO야, 조금만 집중하자. 조금만 힘내자." 이렇게 말이죠. 이 멘트를 여러 번 연습하게 하고 느낌을 물었습니다. 아이들이 기분이 아주 좋아지고 자신감이 생긴다고 했습니다.

근데 6학년짜리 동생 창진이는 스스로 깨쳐서 자기 대화를 하고 있다고 했습니다. 어떤 아인데 벌써 자기 대화를 할까? 그 아이가 궁금해졌습니다. 그래서 다음 만날 때는 동생을 데려오라고 했지요. 창진이로부터 직접 이야기를 들어보고 싶었습니다. 창진이는 생각이 깊고 다소 엉뚱한 데가 있어 이미 가족들에게 '창크라테스(창진+소크라테스)로 알려져 있었습니다.

그러고 나서 2주 후 창진이가 나타났습니다. 결국 명오, 부영, 창진이 그리고 아버지를 동시에 코칭하는 일이 이렇게 정례화되고 있었습니다. 창진이는 이미 4학년 때 우연히 스스로 칭찬을 하게 되었고, 그것이 좋아서 그 후로 죽 그렇게 한다고 했어요. 참 기특한 애지요.

창진 군은 그냥 온 게 아니었습니다. 묵직한 질문을 하나 가지고 왔습니다.

"어떻게 적을 친구로 만들 수 있나요?"

역시 저는 답을 하는 대신 질문을 하고 서로 대화를 나누었습니다. 아이들은 저마다 적을 친구로 만드는 방법을 찾아서 갔습니다.

이희당 사장의 아이들을 만나게 되면서 일이 커졌습니다. 제가 배운 멘탈 코칭을 이용하여 경영대학원 재학생과 졸업생 자녀를 돕는 프로그램을 만들어서 가동해야겠다고 생각했습니다. 그래서 2019년 여름방학에 아주대에서 공부멘탈 프로그램이 처음 실행되었지요.

이희당 사장의 삼 남매 명오, 부영, 창진이도 당연히 이 프로그램에 참가했습니다. 그들이 하자고 해서 한 프로그램이었으니까요.

저는 경영학에서 사람관리와 조직관리를 전공했습니다. 그래서 코칭은 어느 정도 알고 있었고 또 현장에서 실천하고 있었습니다. 그런데 제 경영대학원 제자인 박철수 씨와 천비키 씨가 일본인을 초빙해 와서 '스포츠멘탈코칭 전문가과정'을 운영한다는 거예요.[1] 너무 좋은 프로그램이라고 하길래 2017년 가을에 수강하게 되었습니다. 츠게 요이치로라는 분이 강의를 진행하는데 아주 많은 것을 얻었을 수 있었습니다. 츠게씨는 일본에서 필드플로우(Field Flow)라는 사단법인을 만들어서 스포츠 멘탈코칭을 하는 분이었습니다.

스포츠인을 위한 멘탈코칭이지만 교육을 받아보니 내용이 스포츠 멘탈에만 국한할 것이 아니었어요. 저는 이 과정에서 배운 것을 우선 제 수업시간에 써보았고, 또 비즈니스 코칭에도 활용해 보았더니 아주 효과가 좋았어요. 그러다가 이희당 사장 아이들 덕분에 공부멘탈로까지 확대된 것입니다. 뜨개질처럼 이어져 나갔다 할까요.

프로그램을 개발하기 위해 학습법, 학습지도, 청소년 심리에 관한 책도 보고 관련분야 사람들과 대화도 나누면서 공부를 해보니 역시 중요한 것은 멘탈이었어요. 공부를 잘하게 하기 위해서는 공부법을 알려주기 이전에 공부를 왜 해야 하는지 알게 해야 하고, 공부를 왜 하는지 깨우치려면, 인생을 어떻게 살아야 하는지 알아야 하는 거죠.

---

1) 이 프로그램의 핵심은 다음 책에 잘 정리되어 있음. 박철수(2022), 『위너 스킬』, 명진서가. 저자와 쯔게 요이치로 씨, 천비키 씨에게 감사함. 이들의 지원이 없었으면 '공부멘탈' 프로그램이 탄생되지 않았을 것임.

공부멘탈코칭

우리 어른들이 아이들을 대하면서 저지르는 큰 과오가 있어요. "인생을 살아보았다"고 생각하는 겁니다. 그러면서 또 이렇게 생각하죠. "나는 답을 알고 있다." 그래서 어른들은 "너희들은 내가 가르쳐주는 대로 하면 돼!" 하고 아이들을 대합니다. 이게 문제예요. 어른들이 아이들보다 많이 산 것은 사실이죠. 근데 어른들이 이미 살아온 삶과 앞으로 아이들이 살아갈 삶이 같을까요? 부모가 아이들의 삶에 대한 답을 알고 있을까요? 우리 아이들은 우리들의 삶을 그대로 좇아서 살 수가 없습니다.

우리 아이들의 삶에 답이 있을까요? 삶에는 원래부터 수많은 갈래가 있고 선택이 있는 겁니다. 아이들은 아이들의 삶을 살아가야죠. 더구나 세상은 갈수록 복잡해지고 불확실해지고 있습니다. 아이들이 살아갈 세상은 우리 어른들이 살아온 세상과는 전혀 다른 세상이 될 수 있습니다. 그럼에도 불구하고 아이들을 어떤 틀 안에 가둔다면 아이들은 무슨 의욕이 있겠습니까? 세상은 엄청나게 변하고, 기회는 많아지고 있는데 아이들의 멘탈은 점점 쪼그라들고 있다는 느낌이 듭니다.

공부멘탈은 우리 아이들에게 삶의 주도권을 느끼게 하는 것부터 시작합니다. 우리 아이들을 '인생의 주인공'으로 만들어주는 것이죠. 아이들은 공부하는 기계가 아니고 인생을 살아가는 사람이고, 공부에 끌려가는 삶이 아니라 공부를 끌고 가는 삶을 살게 하는 것이 공부멘탈의 핵심입니다.

공부는 사실 살아가는 것과 분리될 수 없어요. 미국의 교육철학자 존 듀이가 말했듯이 공부는 삶을 위한 준비가 아니고, 삶 그자체입니다. 어린 아이들을 관찰해 보세요. 아이들은 무엇이든지, 언제든지 배웁니다. 공부는 인간의 본능이에요. 잠들어있는 공부본능을 우리 어른들이 깨워주기만 하면 되요.

이 책은 공부멘탈이 어떤 것인지 소개하는 책입니다. 저희가 아이들을 보는 시각과 세상을 보는 철학이 담겨있습니다. 그리고 그동안 아주대학교에서, 수원시 글로벌 평생학습관에서 그리고 여러 고등학교에서, 지역아동센터에서 시도하고 연구한 내용들이 담겨있습니다. 아이들을 돕고 행복한 사회를 만들기 위해 멘탈코칭의 길을 함께 가겠다고 나선 여러 코치님의 지혜와 꿈과 열정이 같이 있습니다.

우리의 고민은 아이들이 오늘 자신감 있고 행복하게 살고 내일 더 멋있게 살게 하는 것이지만, 이 책은 어른을 위해 쓰였습니다.[2] 왜냐하면, 엄마와 아빠 그리고 학교 선생님들이 먼저 알아야 하기 때문입니다.

어른들이 먼저 멘탈과 멘탈코칭을 이해했으면 좋겠습니다. 어른들도 더욱 행복해지고 자신감을 가질 수 있으면 좋겠습니다.

진우 엄마와 함께 공부멘탈의 세계를 여행해주시기 바랍니다.

감사합니다.

2023년 가을
대표 집필자 조영호

---

2) 10대를 위한 책을 권하라 하면, 이민규 교수의 책을 권하고 싶음. 이민규, 『지금 시작해도 괜찮아』, 더난출판, 2014.

제1부

공부멘탈,
원류를 찾다

제1장
왜 공부멘탈인가?

아이들은 왜 반항하나?

진우 엄마

코치님, 안녕하세요? 저는 진우, 민희 엄마예요. 진우는 중2이고요, 민희는 초5랍니다. 귀여운 아이들이지요. 아주 좋은 아이들이에요. 공부만 좀 잘해준다면 말이죠.

코치

어머님, 반갑습니다. 아이들 뒷바라지하느라 고생이 많으시겠어요. 첫째 아이 진우는 중2군요. 속된 말로 중2가 제일 무섭다고 하는데 그 중2요? 진우는 어떻게 시간을 보내는가요?

진우 엄마

네. 맞아요. 하지만 우리 진우는 그렇게 말썽을 많이 부리지는 않아요. 좀 게으르다고나 할까? 물론 게임을 많이 하지요. 혼자 있을 때는 많이 하지만, 엄마가 그만하라고 하면 그만하는 편이에요. 착하죠? 근데 숙제하는 것도 그렇고, 학원 가는 것도 그렇고, 서둘러서 자기가 앞장서서 하질 않아요.

코치

그렇군요. 『미움받을 용기』라는 책에서 소개된 아들러라는 심리학자가 있지요. 알프레드 아들러(Alfred Adler) 말입니다. 프로이트(Sigmund Freud)와 동시대 사람이면서도 프로이트와는 결을 달리했던 심리치료학자였지요. 최근 들어 프로이트 못지않게 주목받고 있습니다.

아들러는 아이들이 어른들에게 반항하는 행동을 네 가지로 나누었습니다. 첫째가 '관심 끌기'예요. 아이들이 제일 많이 보이는 행동이 관심 끌기지요. 관심을 끌기 위해 공부를 잘해주면 좋으련만, 그게 쉬운 일이 아니잖아요. 그래서 나쁜 일로 관심을 끄는 겁니다. 괜히 짜증을 내거나, 학교에서 말썽을 부리거나 하죠. 그러면 부모들이 달려들어 "왜 그러느냐?" "무엇을 해주랴?" 하면서 관심을 보이지 않습니까? 그런 행동을 통해 관심 끌기에 성공을 한 것이죠. 비록 야단을 맞을지라도 관심 끌기에는 성공한 거예요. 야단치기도 관심 보이기니까요.

둘째는 '힘겨루기'입니다. 관심 끌기에 성공을 못 하면 아이들이 어른들과 힘으로 겨뤄보자고 합니다. "엄마가 해볼 테면 해봐라. 내가 어디 움직이나 봐라." "나도 힘이 있으니 버틴다." "나는 엄마 마음대로 되는 존재가 아니다." 이런 마음을 표현하는 겁니다. 힘겨루기가 시작되면 애들은 움직이지 않아요. 가정에서도 힘겨루기가 있지만 학교에서도 많이 있습니다. 지각하는 학생들에게 선생님이 아무리 혼을 내도 변화가 없어요. "할 테면 해봐라." 하며 버티는 거죠. 힘겨루기가 시작되면 어른이 이기기 힘듭니다. 하하~

세 번째는 '보복하기'입니다. 이거는 힘겨루기보다 한 단계 위인 거예요. "엄마도 한번 당해봐, 나만 고통받으면 불공평하지." 하는 식이에요. 아이들 입장에서는 어른들 때문에 억울한 일을 당했거나 불공평하게 대접받았다고 느끼는 것이 있는 거죠. 형제 간 차별을 했다거나, 부모가 약속을 어겼다거나, 부모가 이혼했다거나, 원치 않게 새엄마나 새아빠를 맞이하게 되었다든지 하는 겁니다. 아이들이 자신의 목숨을 끊는 경우도 보복하기 일 수 있습니다.

넷째는 뭘까요? '무능함 가장하기'입니다. 사실 위의 행동들을 한다는 것도 아이들 입장에서는 피곤한 일입니다. 특히 힘겨루기, 복수하기 이런 건 위험하기도 하고 힘도 들죠. 그래서 아이들이 많이 선택하는 것이 또 무능함 가장하기입니다. "나는 아무것도 못 한다."는 것을 보여주는 겁니다. 꼬맹이들의 경우, 혼자 밥도 못 먹고 혼자 옷도 못 입는다면서 어른들에게 모두 의존하죠. 좀 큰 아이들은 "나는 공부를 못해.", "나는 운동도 못해.", "나는 시간도 잘못 지켜." 하면서 무력한 존재라고 가장하는 겁니다. "나는 무능하니까, 뭐 요구하지도 말고 야단치지도 말라!"는 전략입니다. 실제로 못하는 게 아닌데도 말입니다. 이런 모습을 보면, 어른들은 속 터지죠. 애들은 작전 성공이고요.

아이들이 진짜 원하는 것: 세상과 관계 맺기

진우 엄마

코치님, 말씀을 들어보니 우리 진우는 무능함 가장하기에 가까운 것 같아요. 우리가 볼 때는 충분히 할 수 있는데 '자꾸 어려워서 못 한다.'고 하는 것 같아요. 그런데 둘째인 민희는 관심 끌기 행동을 자주 보이는 것 같아요. 뭐를 해도 엄마, 아빠에게 보여주려고 하고 우리가 조금이라도 무관심을 보이면 짜증을 많이 내거든요. 그러면 이런 행동을 어떻게 고칠 수가 있나요?

코치

어머니, 아이들이 이렇게 다양한 전략으로 다양하게 행동하는 것 같지만

공부멘탈코칭

[표 1-1] 아이들의 잘못된 행동 유형

유형(목적)	행동 특성
관심 끌기 (Attention)	• 나는 관심을 받을 때만 소속감을 갖는다. • 능동적 : 골칫거리, 성가신 아이, 어릿광대 • 수동적 : 게으른 아이
힘겨루기 (Power)	• 내가 보스(통제 가능)일 때에만 소속감을 느낀다. • 능동적 : 반항자 • 수동적 : 고집 센 아이
보복하기 (Revenge)	• 누구도 나를 좋아하지 않아 (No one likes me) ……. • 내가 그들을 먼저 손볼 거야 (I'll get them first.) • 계속 희생만 당하면서 '그건 공평하지 않아'라고 불평
무능함 가장하기 (Display of Inadequacy)	• 나는 가망이 없어 (I am hopeless.) • 인간 이하의 취급 받음 (Less than human ……) • 완벽주의자 (perfectionists)

출처: 전종국, 아들러의 행복한 부모 되기, 강사 교재, 2014, p.103.

뿌리를 들여다보면 같은 문제에서 출발한 것이라 할 수 있어요. 아이들은 이 세상에 태어나서 세상과의 관계 맺기에 어려움을 겪고 있다는 겁니다.

생각해 보세요. 아이들은 엄마 배 속에서 이 세상으로 나오는 순간 막막할 겁니다. 스스로 해낼 수 있는 게 거의 없잖아요. 갓난아이 때만 그런 게 아니냐 하고 생각하시겠지만 초등학교, 중학교 심지어는 고등학교에 간다고 하더라도 이 세상은 두려운 존재고 어려운 존재인 거예요. 공부해야 할 것도 한두 개가 아니고 앞으로 얼마나 공부해야 할지 끝이 없고, 어른들은 이래라저래라 하는데 자기 몸과 마음은 따라주질 않고……. 친구들 사귀는 것도 만만치 않은 일입니다. 또래라고 하지만 이해 못 할 일들이 너무 많은 거죠. 아이들의 마음이 금방 변하는 데다가 누구 하나 중간에 끼면 전체 관계망이 엉망이 되어 버리죠.

자기만 외톨이가 되는 것 같이 느낄 것이고 반항하고 싶을 것이고 심지어는 복수도 하고 싶겠지요. 모든 걸 포기하고 갓난아이로 돌아가고 싶기도 할 거구요.

어른들은 아이들의 이런 상황을 이해하기보다는 다그치고, 압박이 심하죠. 어른들은 대개 이런 생각을 하는 것 같아요.

<blockquote>
"엄마 아빠는 살아봐서 안다.
너희들은 그냥 걱정 같은 거 하지 마! 공부만 하면 돼!
청소년기는 그냥 지나가는 거야."
</blockquote>

[그림 1-1] 부모들의 대화

◆ 부모들이 주로 하는 말이라고 아이들이 쓴 것. X는 말이 없다는 뜻[EBS, 다큐프라임, 가족 쇼크 6부, 부모로 산다는 것, 2014. 11. 26]

서로 이렇게 생각하다 보니 부모 자식 간에 사이가 멀어지고 소통이 단절되는 것이에요. 학부모들과 학생들을 대상으로 조사한 것을 보면, 우리나라 초등학생의 60%는 부모와 하루 1시간도 대화를 하지 않고 있다고 합니다.[3] 가족과 대화를 나누는 시간이 평균 13분 정도라는 조사도 있습니

---

3) 초등학생 학부모 교육정보 커뮤니티 '맘앤톡'에서 학부모 405명을 대상으로 '자녀와의

공부멘탈코칭

다.[4] 가족 내에서 하는 대화 시간도 절대적으로 적지만 대화 내용도 주로 "학원 갔다 왔니?", "숙제했니?"와 같이 부모가 공부에 대해 일방적으로 이야기하는 것이 많다고 합니다.

진우 엄마

우리 부모들이 대화를 많이 하려고 하죠. 그런데 아이들이 거부하는 경우가 많아요.

코치

네. 그럴 겁니다. 부모님들이 오죽하시겠어요? 사랑하는 딸, 아들들인데요. 근데 부모와 자식이 이야기하는 것을 가만히 들어보면, 부모들은 항상 가르치는 위치에 있어요. 그리고 일방적이죠. 그러니 아이들이 대화하고 싶겠습니까? 부모들은 항상 정답을 이야기하시죠. 아이들은 정서적인 교감을 하려 하고요. 거기서 서로 엇박자가 나는 것 같습니다.

그래서 우리 코치들은 아이들의 마음을 먼저 보듬어 주기로 했어요. 공부하는 아이들의 멘탈을 생각한 거죠. 세상과의 관계 맺기에서 어려움을 느끼는 아이들을 이해해주고, 가능한 한 자기 삶에서 그들이 주인이 되게 해야겠다고 생각한 것입니다. 공부 이전에 삶이고, 삶 이전에 사람입니다. 공부 안 하는 아이들을 공부하게 하는 방법이 여러 가지 있을 겁니다.

공부시키는 방법
1. 잔소리한다.
2. 보상으로 꼬드긴다.
3. 공부하는 환경을 바꿔준다.

'대화'를 주제로 설문조사(2021.5)
4) 초록우산어린이재단이 국내 초·중·고교생 571명을 조사한 결과(2018.5)

4. 인생을 사는 멘탈을 세워준다.

위 4가지 방법 중에서 4번째가 먼저라는 겁니다. 보상을 하고 벌을 주는 것 이전에 세상과의 관계 맺기, 인생을 바로 세우는 것부터 해야 하는 거죠.

인생을 사는 멘탈을 세워라

진우 엄마

말씀은 일리가 있는데 인생을 바로 세우고, 관계 맺기를 잘하고 하는 것은 어른도 하기 힘든데 아이들이 가능할까요? 아이들은 그냥 따라와야 하는 거 아닐까요?

코치

어머니 말씀도 일리가 있습니다. 인생을 깨우치고, 삶의 주인이 된다는 것은 사실 어려운 숙제이지요. 성철 스님과 같이 도를 닦는 사람들이 하는 것으로 생각할 수 있습니다. 그런데 그런 높은 경지가 아니라 우리 보통 사람들이 살아가는 수준에서도 우리가 할 일이 많습니다.

제가 손자가 셋이 있습니다. 큰 손자는 지금 중1이고, 둘째 손자는 초5이고, 막내 손자는 이제 갓 두 돌 지났습니다. 큰 손자가 초등학교 3학년일 때였어요. 얘와 함께 거실에서 '인생 축 세우기'라는 것을 해보았어요. 거창하지요? 10살짜리에게 인생 축 세우기라뇨. 그런데 사실 간단한 것입니다.

바닥에 마스킹 테이프를 붙여놓고, 그 위에다 '탄생-현재-10년 후-20년 후' 이런 표시를 하고 그 선을 따라 걷는 겁니다. 탄생부터 현재까지, 그리고 현재부터 10년 후, 20년 후까지 말입니다. 그냥 걸어보게 하고, 나중에는 대화를 나누면서 걷고 하는 겁니다. 비록 도면에서지만 이런 경험을 통해 인생을 미리 살아보는 겁니다. 아직 얼마 되지 않았지만 지난 인생을 돌아보고, 앞으로 펼쳐질 인생을 미리 가 보는 겁니다. 상상하는 거죠.

손자 녀석의 반응이 어땠을 것 같아요? 과거를 걸어오면서는 반응이 별로였어요. 그런데 10년 후 지점에 오더니 흥분하더라고요.

"할아버지, 제가 대학생이 된 거예요?"
손자는 감격해했습니다. 그 나름 대학 캠퍼스를 상상했겠지요. 여자 친구와 데이트하는 장면을 생각했을지도 모릅니다. 자신이 어른이 된다는 사실, 거의 어른이 되었다는 사실을 느끼는 것 같았어요. 바로 이것입니다. 인생의 축을 세운다는 것이 말입니다. '인생은 무엇이다.' 하는 심오한 철학을 논하는 게 아닙니다. 나의 과거는 어떠했고, 나의 미래는 어떠할 거다. 그래서 내가 지금 이렇게 준비해야 하고 이렇게 살아야 한다는 마음 자세를 갖는 것이지요. 현재라는 점이 홀로 있는 게 아니라, 과거의 여러 점과 그리고 미래의 여러 점과 연결되어 있다는 것을 깨닫는 겁니다.

[그림 1-2] 인생 축 세우기와 감사 쓰기를 하고 있는 현서군(10세)

이런 건 초등학교 3학년도 할 수 있고, 중학생도 할 수 있고, 어머니 같은 40대도 할 수 있고, 물론 70대, 80대도 할 수 있습니다. 사실 철학 공부를 많이 하고 학식이 있다고 해서 인생 축을 제대로 세우고 있는 게 아니더라고요. 이런 분들도 우리식으로 인생 축 세우기를 하면 감격스러워해요. 자신의 인생에서 통찰을 얻는 거죠.

우리는 우리 청소년들에게 이런 식으로 멘탈을 잡아주고 싶었습니다. 스포츠 선수를 한번 생각해 봅시다. 스포츠 선수는 한편으론 피지컬(체력과 기량)이 있고, 다른 한편에선 멘탈이 있습니다. 멘탈은 자신감, 집중력, 끈질김 이런 거겠지요. 선수들에게 피지컬이 중요할까요? 멘탈이 중요할까요?

미국의 전설적인 야구선수 요기 베라[5]는 "야구는 10%가 신체적 능력이고, 나머지 90%는 정신력"이라고 했습니다. 스포츠 심리학자인 스탠 비첨[6]은 한술 더 떠 이 말은 틀렸다고 나섰습니다. 정신력이 100%라고 주장한 거죠. 체력도 정신력에서 나온다고 본 겁니다.

운동선수들이 어느 정도 수준이 되면 피지컬은 비슷해집니다. 결국 메달 색깔을 결정하는 것은 멘탈인 거죠.

공부를 하는 데 있어 멘탈이 중요할까요? 머리가 중요할까요? 짧게 보면 머리라고 생각할 수 있지만, 결국 공부도 마음 자세가 중요하죠.

---

5) 로런스 피터 '요기' 베라는 미국의 야구계 인사로서 과거 뉴욕 양키스에서 활약한 포수이자 지도자임. "끝날 때까지는 끝난 게 아니다" 등의 유명한 말을 많이 남김.
6) 미국의 리더십 컨설턴트이자 스포츠 심리학자. '엘리트 마인드' (스탠 비첨 지음, 차백만 역, 비즈페이퍼, 2017)의 저자.

공부멘탈은 공부를 해나가는 데 있어 필요한
자신감, 집중력, 끈기 같은 마음 상태이며
그 마음 상태를 인식하고 관리해나가는 메타인지입니다.

정의를 하다 보니 좀 어려워진 것 같은데, 아주 쉬운 겁니다. "정신 좀 똑바로 차려!" "시험칠 때는 서두르지 말고!" 이런 말을 하지 않아요. 바로 그게 멘탈이지요.

우리 프로그램에 참가한 학부모와 학생들을 대상으로 조사해 보니 공부를 하는 데 있어서 멘탈과 머리가 7:3 정도 된다고 했습니다. 인생을 살아가는 데 있어서는 멘탈과 실력을 비교했을 때는 8:2라고 하더군요. 그런데 그냥 쉽게 5:5라고 합시다. 그럼, 멘탈을 관리하는 거나 실력을 올리는 거나 비슷하게 노력을 기울여야 하지 않을까요? 그런데 자신의 멘탈관리를 위해 보통 사람들이 얼마나 노력을 기울일까요? 어머니는 어떠세요?

진우와 민희를 생각해 봅시다. 진우와 민희는 공부하는 기계가 아니잖아요? 그들이 멘탈을 다잡을 수 있도록 해야지요. 그 애들은 멘탈을 위해 어떤 노력을 하나요?

진우 엄마
저부터 멘탈 공부를 해야겠네요.

딱 좋은 나만의 멘탈코칭 하나 **행복한 순간 떠올리기**

사전 지식 필요 없이 할 수 있는 멘탈코칭입니다.
아주 쉬운 멘탈코칭, 집에서는 아이와 학교에서는 학생들과 한번 해보세요.

1. 지금의 상태를 아래 그림에서 표시해 주세요(상태 점검).
   각각 몇 점인가요?

* 각각의 점수가 1점씩 올라갔다고 생각해 보세요. (생각만요)

2. 지금까지 살아오면서 가장 기뻤던 일 세 가지는?

①

②

③

3. 지금까지 살아오면서 가장 고마움을 느끼는 사람이나 사물은?

①

②

③

4. 옆에 있는 사람과 적은 것에 대해 이야기 나눠주세요.

5. 기분이 어떠세요?

제2장
누구를 위한 학습인가?

멘탈코칭은 아픈 사람이 받는 것인가?

`진우 엄마`

코치님과 지난주 만난 이후 좀 생각을 해보았어요. 저는 어떻게 살아왔나? 이런 의문이 들더라고요. 사실 저는 별생각 없이 살아왔던 것 같아요. 그저 어른들의 이야기에 잘 순응해왔지 않나 싶어요. 나름 더 놀고 싶어 했고, 반항도 좀 하곤 했지만요. 그런데 요즘 애들은 왜 이리 고민이 많나요?

`코치`

네. 좋은 지적을 해주셨어요. 어머니 말씀처럼 과거의 아이들과 요즘의 아이들은 상당히 다른 것 같습니다. 과거에는 사회가 단순하지 않았습니까? 길이 많지 않았습니다. 선택지가 얼마 없었지요. 부모가 가는 길을 자식이 걸어갔고, 형님이 가는 길을 동생이 따라갔습니다. 그래서 경험자, 연장자가 우대받았지요. 공부 잘하면 좋은 대학 가고, 좋은 대학 나오면 직업이 보장되고 말입니다.

그런데 뭐 요즘은 그렇나요? 이 방정식이 안 맞아요. 선택지도 많아졌고 인과관계가 예측불허입니다. 가본 길보다 가보지 않은 길이 더 많지요. 그리고 사회가 워낙 빨리 변하다 보니 부모님이 걸어왔던 길이 아예 없어진다는 겁니다. 자식들은 다른 길을 가야 하는 거죠. 마치 우리가 모래사막을 걷고 있는 것과 같아요. 바람이 세차게 불면 걸어온 길도 없어지고 걸어갈 길도 보이지 않게 됩니다.

과거라고 아이들이 왜 고민이 없고, 방황하지 않았겠습니까마는 질적으로 요즘 아이들과 다르다고 해야 할 것 같아요.

진우 엄마

코치님 말씀이 일리가 있네요. 그런데 공부멘탈 과정을 등록하고 수업을 듣는다고 할 때 조금 걸리는 것이 있어요. 멘탈코칭이 필요하다는 생각이 들다가도, 왠지 멘탈코칭을 받는다고 하면 무슨 정신적인 문제가 있어 그런가 하고 남들이 이상하게 볼 것도 같아요.

코치

그런 생각이 드실 수도 있네요. 그런데 어머니, 요즘은 인식이 많이 달라지고 있어요. 우리는 육체적인 문제로 병원을 찾거나 전문가 도움을 받는 것은 당연한 것으로 생각하면서도, 정신적인 문제로 정신과나 심리상담을 받는 것을 꺼렸습니다. 남들이 그런다고 하면 이상하게 취급하고요. 그런데 요즘은 정신과 전문의나 상담사를 찾아 마음 문제를 털어놓는 것을 당연시하고 있습니다.

우리나라 보건복지부가 전국 시·군·구에 운영하는 정신건강복지센터가 있습니다. 여기에 접수된 상담 건수가 2021년 약 235만 건이었는데 이는 2018년 대비 약 3.2배가 되는 숫자라고 합니다.[7] 큰 변화 아닙니까? 그리고 요즘은 거리마다, 동네마다 사설 심리상담센터를 볼 수 있습니다. 1990년대 말에는 IMF 경제 위기도 맞았고, 그 후 메르스 사태, 세월호 참사, 코로나19 등을 거치면서 우리 국민이 정신적으로 많이 어려워졌고,

---

7) 2022. 1. 22 보건복지부 발표.

사회적으로도 좀 개방이 되었다고 할까요. 그런 연유도 있을 거라 여깁니다.

특히 MZ 세대라 일컫는 젊은 세대들은 정신 상담에 대해 매우 개방적입니다. 자신의 혈액형, MBTI 성격 유형, 이런 것도 스스럼없이 이야기하고, 자신이 우울증을 앓았다는 이야기를 책으로 펴내기도 합니다.

심리상담과 멘탈코칭의 차이

진우 엄마

그렇군요. 심리상담이나 멘탈코칭도 우리가 정기 건강 검진하듯이 주기적으로 받아 보는 것이 필요하다 생각되네요. 그러니까 멘탈코칭도 심리상담이라고 보면 되겠군요.

코치

어머니, 여기서 심리상담과 멘탈코칭의 차이를 이해하셨으면 합니다. 둘은 사촌지간이기는 하지만 상당한 차이가 있습니다. 정신과 치료나 심리상담은 기본적으로 문제가 있는 사람들을 대상으로 합니다. 우울증, 조현병, ADHD 증후군, 치매, 대인관계 장애, 스트레스 증상 등 말입니다. 정신과 치료는 의사들이 하기 때문에 약물 처방을 하고 상당한 중증을 다룹니다. 하지만 심리상담은 심리학 훈련을 받은 상담사가 하기 때문에 약물 처방을 할 수 없고 언어와 활동을 수단으로 씁니다.

이에 비해 멘탈코칭은 정상적인 사람이 더 잘할 수 있도록 도움을 주는 것으로 생각하면 됩니다. 운동선수가 멘탈코칭을 받는 것이 대표적인 예이지요. 또 중요한 미팅을 앞두고 있다거나 중요한 시험을 앞두고 코치의 도움을 받을 수 있습니다. 그래서 기본적으로 정신 상담은 과거지향이라 할 수 있습니다. 원인을 캐고 그 원인에 대처하는 거죠. 그에 비해 멘탈코칭은 미래지향이라 할 수 있습니다. 무엇을 하고 싶은가에 초점을 맞추고 어떻게 할 것인가에 대해 고민합니다.

하지만, 대체적인 경향이 그렇다는 거지, 실제로는 정신 상담과 멘탈코칭이 서로 겹치는 부분이 많습니다. 심리상담사가 운동선수의 멘탈을 관리하고, 또 멘탈코치가 우울증 환자에게 도움을 주기도 합니다.

진우 엄마

제가 첨에 말씀드렸다시피 저는 중2 아이와 초5 아이가 있어요. 공부멘탈 프로그램을 중2는 받아 보았으면 하는데 초등학생은 너무 빠른 게 아닐까요?

코치

우리가 공부멘탈 프로그램을 개발할 때는 중학생과 고등학생을 대상으로 했어요. 좀 어려운 용어들이 있거든요. 인생 축 세우기, 마음 다스리기, 존재감, 회복탄력성 같은 것 말입니다. 그런데 어쩌다가 초등학생이 프로그램에 들어오게 된 거예요. 형이나 누나를 따라 들어온 경우도 있고, 초등

[표 1-2] 정신 상담과 멘탈코칭의 차이

구분	정신치료·심리상담	멘탈코칭
대상자	정신적으로, 심리적으로 문제가 있는 사람	정상적인 사람
목적	정상 심리상태 회복(치료)	더 좋은 상태로 성장, 성과 향상
기본 접근	과거 탐색을 통해 문제의 원인분석과 그에 대한 대처	미래 목표나 열망 탐색 후 대안 모색
약물 활용	정신과 의사만 약품 처방 가능	불가능(의술 행위가 아님)

공부멘탈코칭

학교 졸업반이 되어 들어온 경우도 있었지요.

그런데 놀랍게도 초등학생들 반응이 더욱 격렬한 거예요. 어려운 용어라 하더라도 조금만 설명해 주면 아주 잘 이해하고 따라와요. 초등학생들도 멘탈에 어려움을 많이 겪고 있고, 또 스스로 멘탈을 관리하고 있더라고요. 그리고 초등학생들도 조금 어려운 용어가 섞여 있는 것을 좋아한답니다. 저희가 초등학교 선생님의 자문을 받았는데, 아이들은 어려운 용어를 하나씩 배워가는 재미를 느낀다고 합니다. 그게 학습이니까요. 그래서 일부러 쉬운 용어만 쓸 필요가 없다는 겁니다.

그리고 초등학생들이 수업 시간에도 활발하고, 수업 후에도 수업한 내용을 가지고 부모님과 대화를 많이 한다는 것도 알았습니다. 중학생과 고등학생들은 다른 사람 눈치 보느라 그런지 좀 조심해요.

그래서 우리 공부멘탈 프로그램은 초, 중, 고생 모두를 위한 프로그램이라 말할 수 있습니다. 다만, 초등학생은 4학년 이상을 권합니다. 초등학교 4학년쯤 되어야 주도적으로 생각하고 의견을 내는 것 같아요.

자기주도학습이 성공하려면

진우 엄마

그런데 코치님, 공부멘탈과 학습지도는 어떻게 다른가요? 저희 아이들도 학습지로 공부를 많이 했는데 요즘은 학습지도 선생님들이 모두 학습코칭을 해요. 그건 뭘까요?

한마디로 학습지도는 공부 그 자체를 도와주는 것이고, 학습코칭은 공부하는 방법을 알려주는 것입니다. 그러니까, 학습지도는 문제를 같이 풀어주고, 이해 못 한 것을 설명해 주고 또 단어를 해석해 주고, 외우는 요령을 가르쳐주고 하는 겁니다. 이에 반해 학습코칭은 지식 그 자체를 가르쳐 주기보다는 학습하는 방법을 가르치고, 학습하는 자세를 바로잡아주는 겁니다. 어떤 분들은 학습역량을 높인다고 말하기도 합니다.

어머님도 잘 아시다시피, 과거 교육은 주입식이었습니다. 지식을 가르치는 거죠. 이때는 교사가 중심이고, 학생은 피동적으로 따라가는 존재입니다. 그러다가 시대가 바뀌니까 주입식 교육은 안 된다, 창의성을 길러야한다, 학생중심이 되어야 한다, 자기주도학습으로 가야 한다, 이런 말들이나오기 시작했습니다.

우리나라 공교육에서 자기주도학습을 본격적으로 시행하기 시작한 것은 2000년부터라고 할 수 있습니다. 새천년이 시작되면서 많은 것이 바뀐 것이죠. 우리나라는 국가적으로 교육과정을 제정하여 발표하고, 교과서 내용이나 과목체계, 수업방식 등에 대한 표준을 세웁니다. 해방 후 대개 10년 단위로 국가 교육과정을 만들어 왔는데 2000년부터 시행되는 제7차 교육과정은 그 전과 결을 많이 달리합니다.

이때, 자기주도학습과 세계화, 정보화에 맞는 교육을 표방했습니다. 그러면서 학생들에게 선택권을 많이 주고 학교장의 재량권도 넓혔습니다. 교실에서 학생들 모둠수업이 늘었지요. 그런데 자기주도학습은 어떻게 해야 할까요? 그냥 아이들에게 맡길 수는 없는 거 아니겠어요? 자기주도에도 선생님이 필요하겠지요. 그런데 주입식 교육 때처럼 강사로서의 교사가 아니고 다른 교사, 다른 조력자가 필요하게 됩니다. 누굴까요?

코치나 멘토라 불리는 사람이 필요한 겁니다. 학교는 학교대로 교사의 역할이 달라지게 되었고, 사교육시장도 재빠르게 학습지도 선생님들이 새로운 역할을 디자인했습니다. 그것이 '학습코칭'입니다. 학습코칭은 그러니까, 자기주도학습을 돕는 겁니다. 아이들에게 고기를 잡아주는 것이 아니라 고기 잡는 법을 가르치고, 고기잡이를 즐길 수 있게 동기부여를 하는 거죠.

그런데 어떻게 학습코칭을 하느냐 하는 것은 그 종류가 엄청 많을 수 있습니다. 멘탈코칭도 학습코칭의 하나라 할 수 있겠습니다. 다만, 일반적인 학습코칭은 학습방법론을 강조하지만, 공부멘탈코칭은 학습하는 사람 문제를 깊이 다룹니다.

진우 엄마

코치님 설명을 들으니 모든 게 명확해지는 것 같습니다. 그러면, 공부멘탈을 학습한다고 해서 학습지도나 학습코칭을 포기해야 하는 건 아니군요. 제 생각에는 공부멘탈이 기초라는 느낌이 들어요.

코치

저도 동감입니다. 저희가 하는 공부멘탈 프로그램도 단계가 있습니다. 기본과정이 있고, 이 기본과정을 마치면, 학습법 코칭이 있고, 그다음에는

[표 1-3] 학습지도, 학습코칭, 공부멘탈코칭

구분	학습지도	일반적 학습코칭	공부멘탈코칭
주요 관심	지식습득, 성적	학습 방법	학습자
역할	학습성과를 점검하고 보충 설명과 보상	학습 동기 유발과 학습 습관 교정	학습자의 인생 목표와 마음 관리 성찰
주요 수단	교과서, 학습지	Planner, Diary	질문, 자기 대화 (Self-talking)

진로 코칭이 있습니다. 하지만, 기본과정이 말 그대로 아주 기초가 되는 과정입니다. 이 과정을 밟은 후 무엇을 해도 좋습니다.

저희 과정을 밟은 학생들도 거의 다 학원도 다니고, 학습코칭도 받고 합니다. 서로 보완적입니다.

부모를 위한 멘탈코칭

진우 엄마

자꾸 말씀을 듣고 보니, 우리 학부모도 공부멘탈 과정을 들었으면 하는데요.

코치

네. 그래서 처음 시작할 때 학부모와 학생들이 함께 듣는 오리엔테이션 시간을 운영합니다. 또 중간에 학부모만을 위한 시간이 있습니다. 그리고 마지막 마무리를 학생, 학부모가 함께합니다. 이게 표준인데 아무래도 학부모들의 참여가 쉽지 않아서 이 중에 일부만 진행하기도 합니다. 학생들을 위한 프로그램과는 별도로 순순히 학부모 멘탈 교육이 따로 있습니다.

진우 엄마

부모멘탈 교육이라~ 그거 흥미 있는데요.

코치

학부모 멘탈 교육도 감동적인 장면이 많습니다. 아이들 하는 것처럼 인생 축 세우기를 합니다. 그런데 이번에는 아이들과 살았던 삶을 다룹니다. 과거를 뒤돌아보면서, 아이하고 겪었던 가장 즐거운 일을 상상하죠. 너무 많겠죠. 그중에서 두세 개를 생생히 회상하게 합니다. 그러고는 아이에게 감사한 점도 찾게 하죠. 물론 어려웠던 일도 회상합니다. 부모님들의 반응이 어떻겠어요? 대부분 눈물을 글썽이죠.

그런 다음 미래로 가봅니다. 10년 후, 아이는 어떻게 살 것 같은지, 자신은 어떻게 살 것 같은지 상상하게 합니다. 20년 후에 대해서도 똑같이 생각하게 하죠. 그러면 부모들이 어떤 반응을 보일까요? 대부분 내가 아이들을 너무 통제하고 있다고 하시면서 반성을 합니다. 물론 안 그런 경우도 있죠. 더 개입해야겠다고 생각하시는 부모님도 조금은 계십니다.

그리고 또 저희가 하는 것 중에, 아이의 좋은 점을 쓰게 합니다. 문장으로 이렇게 말이에요.

"나는 진우가 학교 다녀올 때 웃는 얼굴로 들어와서 좋다."
이렇게 10개를 쓰면 벌써 태도가 달라집니다. 그런데 20개를 쓰면 어떻겠어요? "우리 아이 좋은 점이 이렇게 많다니..." 라며 감탄을 합니다. 그야말로 유레카죠. 큰 발견입니다. 아이들의 행동만 보고 잔소리했던 부모님들이 아이의 인생을 보는 겁니다. 아이의 한쪽만 보던 엄마 아빠가 아이의 전체 모습을 보는 거죠. 생각을 바꿔주고, 감정을 전환하는 것이 멘탈코칭이라고 할 수 있죠.

[그림 1-3] 부모 자녀가 함께한 오리엔테이션

놀랍습니다. 저도 꼭 한번 해보고 싶네요. 그런 식으로 한다면, 공부멘탈이 모든 사람에게 필요할 것 같은데요.

네. 맞습니다. 첫째는 학생이고요, 둘째는 학부모, 셋째는 교사, 넷째는 일반인 모두입니다. 멘탈을 다지는 기본은 다 같습니다. 다만, 처한 입장이 조금씩 달라서 그 상황에 맞추는 거죠.

수준 차이의 극복

그런데 코치님, 아이들 사이에 차이가 클 것 같아요. 학년이 다른 건 그렇다 치고, 어떤 아이들은 공부를 왜 하나 하면서 아무 준비가 안 된 아이도 있고, 어떤 아이는 공부를 왜 해야 하는지는 알지만, 학습법을 몰라 고민하는 아이도 있을 거고 말이죠.

어머니, 중요한 지적을 하셨어요. 실제로 그렇습니다. 아이들을 보면, 아예 공부에 무관심한 아이, 공부를 왜 해야 하는지 한참 고민하는 아이, 공부를 좀 해보려고 고민하고 준비하는 아이, 목표를 세우고 실천해 가면서 어려움을 겪고 있는 아이, 그리고 공부하는 습관을 어느 정도 가지고 있는데 더 효과적으로 하고 싶은 아이 등으로 다양합니다.

이 아이들은 관심이 다릅니다. 단계에 맞추어서 코칭을 해주는 것이 맞습니다. 그런데 저희는 다양한 아이들을 한 반에 초대해 집단으로 학습하는

데 그런 다양성에서 아이들이 서로 배우는 것을 볼 수가 있습니다.

가령, 자신은 공부를 왜 하는지 관심이 없는데 옆에 다른 아이들이 목표 설정에 대해 고민하거나, 학습법에 대해 의견을 제시하면 자극을 받습니다. 그런데 그 과정에서 아이들이 주눅이 들거나 상처받으면 안 되지요. 그래서 우리 코치님들이 적절히 배려를 합니다.

진우 엄마

알겠습니다. 우리 아이들도 좀 앞서가는 아이들하고 공부했으면 좋겠어요.

딱 좋은 나만의 멘탈코칭 둘 **10년 후, 20년 후 가보기**

사전 지식 필요 없이 할 수 있는 멘탈코칭입니다.
아주 쉬운 멘탈코칭, 집에서는 아이와 학교에서는 학생들과 한번 해보세요.

1. 지금의 상태를 아래 그림에서 표시해 주세요(상태 점검).
   각각 몇 점인가요?

* 각각의 점수가 1점씩 올라갔다고 생각해 보세요. (생각만요)

2. 10년 후 오늘 날짜를 떠올리세요. 그즈음에 나는 어떻게 살고 있나 생생히 그려보세요.

① (어디에 있나?)

② (무엇을 하나?)

③ (누구와 있나?)

④ (어떻게 즐기고 있나?)

⑤ (기분이 어떤가?)

3. 20년 후 오늘 날짜를 떠올리세요. 그즈음에 나는 어떻게 살고 있나 생생히 그려보세요.

① (어디에 있나?)

② (무엇을 하나?)

③ (누구와 있나?)

④ (어떻게 즐기고 있나?)

⑤ (기분이 어떤가?)

4. 옆에 있는 사람과 적은 것에 대해 이야기 나눠주세요.

5. 기분이 어떠세요?

제3장
아이들이 정말 달라지나?

사람이 변화할까요?

진우 엄마

코치님, 반갑습니다. 저희가 벌써 세 번째 만나게 되네요. 그 사이 저도 조금씩 달라지고 있는 것 같아요. 뭐라 할까? 애들에게 잔소리를 좀 덜 한다 할까요?

코치

잔소리를 덜 하신다…. 이거 큰 변화신데요. 잔소리하기, 그거 어머님들의 전공 아닌가요? 사람들은 참 안 변하는 것 같아요. 생각해 보면, 사람이 확확 변하면 어떻게 되겠어요? 왼손잡이가 갑자기 오른손잡이로 변신할 수도 없거니와, 수다 떠는 것을 좋아하는 사람이 갑자기 과묵한 사람으로 변할 수도 없지 않아요?

사람들의 행동이나 삶의 양식에는 일관성이 있습니다. 사람들은 거의 정해진 것을 반복합니다. 하던 행동을 하는 거죠. 그게 경제적인 겁니다. 위험성도 적고요. 매번 새로운 것을 하려면, 고민을 해야 하고, 계산을 해야 하고, 두렵기도 하고 그러죠. 그래서 어제 했던 일을 오늘도 하고, 또 내일도 하고 그럽니다. 그러다 보면 하나의 정체성이 형성돼요. 아이덴티티 (Identity)요. 나는 이런 사람이다. 저 사람은 저런 사람이다 하는 것 말입니다.

사람들은 일관성을 유지하려는 성향 때문에 잘 변화하지 않는다.

저는 아침에 커피숍에 가면 항상 똑같은 것을 시킵니다. 카페라테요. 왜냐구요? 그냥요. 저하고 같이 간 직원들은 메뉴판을 죽 훑어봅니다. 그리곤 어떻게 하는 줄 아세요? 대개 시키던 걸 시킵니다. 그럼 제가 그러죠. 왜 나처럼 그냥 시키지 않느냐고요. 그럼 이렇게 대답해요 "그래도 살펴보아야죠." 저는 그냥 시키고, 그분들은 한번 훑어보고 시키고, 결국 둘 다 항상 같은 행동을 합니다. 페이스북[8] 창업자인 저커버그는 항상 검은 옷만 입고, 스티브 잡스도 검은 터틀 넥 셔츠에 청바지만 입었죠.

정체성이 확립되면 사람들의 행동은 더 습관적으로 일어나고, 더 일관성을 지키려 하고, 더 변화가 힘들게 됩니다. 하루아침에 내가 변한다고 하면, 그건 내가 아닌 거죠. 여태까지 살아온 나를 부정해야 하는 문제가 발생합니다. '나는 나'이고 싶은 거죠.

그렇다고 해서 사람이 전혀 변화하지 않는 존재라고 보는 것도 옳지 않은 것 같아요. 사람은 분명 변합니다. 신라 때 원효대사 이야기 아시죠[9]. 그는 상당히 명망이 있는 승려였음에도 불구하고 당나라 유학길에 오릅니다. 의상과 함께요. 그런데 두 사람은 해가 저물어 노숙을 하게 되었습니다. 근처에서 동굴을 발견하고 편안히 잤습니다. 그런데 다음날 날이 밝자 살펴보니 그곳은 동굴이 아니라 묘지였습니다. 그들은 그곳에서 하루를 더 묵게 되었는데 귀신이 꿈에 나타나 제대로 잠을 잘 수가 없었습니다.

---

8) 2004년 2월 창업한 페이스북은 2021년 10월 회사명을 '메타(Meta)'로 변경했음.
9) 원효에 대해 떠도는 이야기는 원효가 동굴에서 자다가 밤중에 목이 말라 바가지에 있는 물을 마셨는데 아침에 일어나서 보니 그 바가지가 해골이었다는 것을 알게 되었고 구토를 하였다는 것임. 그러나, 〈송고승전 권4 의상전〉의 기록에 의하면 이 이야기는 와전된 것임.

공부멘탈코칭

이를 경험한 원효는 크게 깨우쳤습니다. 모든 게 마음의 문제라는 것을요. 같은 잠자리도 동굴로 생각하면 동굴이고, 무덤으로 생각하면 무덤인 것이죠. 원효는 당나라 유학길을 포기하고 자신의 마음을 바로 세우는 노력을 하기로 했습니다. 인간은 이렇게 우연한 순간, 우연한 일로 큰 변혁을 겪기도 하지요.

마술사로 유명한 최현우 씨는 원래 내성적인 아이였는데 우연히 TV에서 세계적인 마술사 데이비드 카퍼필드의 모습을 보고, 마술을 배우겠다고 마음먹었으며, 그 후 활달한 아이로 변신했다고 합니다.

세계 제일의 전자상거래 회사 아마존 아시죠? 아마존이 이제는 유통회사 전체에서 월마트 다음으로 큰 회사가 되었더라고요. 곧 매출액에서 월마트를 따라잡을 거라 합니다. 그런데 시가 총액은 어떤 줄 아세요? 아마존이 월마트의 4배가 넘습니다. 아마존을 창업한 사람이 베이조스죠.

베이조스는 컴퓨터를 전공하고 뉴욕의 금융사에서 잘 나가던 사람이었습니다. 부사장까지 하고 있었으니까요. 그런데 그의 나이 30이던 1994년 돌연 회사에 사표를 쓰고 부인과 함께 차를 몰아 뉴욕과는 정반대에 있는 시애틀로 향합니다. 마이크로소프트가 있는 이곳에서 인터넷 서점을 차리기 위해서 말이죠. 그는 세상이 달라지고 있다는 것을 직감했습니다. 하지만 세상은 녹록지 않았죠. 수년간 어려움을 겪었습니다. 전문가들은 망한다고 예측했습니다. 그러나 그는 결국 성공했습니다. 이런 모험을 하고, 변신을 하는 게 또 인간입니다.

변화는 작은 변화에서 출발해요

훌륭한 사람들은 변화를 잘하는 것 같네요. 저같이 잔소리하는 행동을 줄이는 것은 변화도 아니지요?

그렇지 않습니다. 변화는 대체로 작은 데서 일어납니다. 물론 하루아침에 큰 깨우침을 얻고, 큰 변화를 하는 경우도 있지만 그건 예외적인 겁니다. 아까 말씀드린 대로 '일관성의 법칙'을 유지하고자 하기 때문에 큰 변화를 처음부터 이루기는 어렵습니다. 자신의 정체성에 손상이 가지 않고, 일관성을 크게 흩트리지 않는 변화는 비교적 쉽게 이루어집니다.

예를 들어, 제가 주기적으로 만나는 사장이 한 분 있습니다. 그분이 작은 변화를 시도했다고 합니다. 공장으로 아침에 출근하면서 만나는 사람들에게 인사하면서 가볍게 한마디씩 해보았답니다. 원래는 그냥 인사만 했는데 말입니다.

"안녕하십니까?"만 했었는데, "안녕하십니까? 날씨가 맑고 좋네요." "안녕하세요? 아이는 수능시험 잘 쳤나요?" 이렇게 말입니다.

그랬더니 상대방도 말을 걸더라는 겁니다. 그러고는 어떻게 되었겠어요? 그다음부터 사람들 만나는 것이 훨씬 편해진 겁니다. 이걸 계속하다 보니 회사 분위기도 좋아졌답니다. 물론 사장님은 배려심이 많은 소탈한 사장님이 된 거고요.

처음부터 배려심이 많은 사장이 되려고, 조직문화를 바꿔보려고 한 게 아니었어요. 그렇게 했으면 아마 실제로 별 변화가 없었을지 몰라요. 작은 변화, 우습게 보면 안 됩니다.

어바웃 타임(About Time)[10]이라는 영화 혹시 보셨는지 모르겠네요. 주인공 팀이 성인이 되는 날, 아버지로부터 가문의 놀라운 비밀을 알게 됩니다. 그 가문의 남자들은 성인이 되면 과거로 돌아갈 수 있는 능력이 있다는 사실 말입니다. 그래서 이 주인공 소년은 시험 삼아 어제로 돌아가 보았습니다. 자신에게 키스를 요구했던 여자 친구가 있었는데 어제는 이를 거절하여 서로 어색하게 되었고, 팀은 이를 후회하고 있었습니다. 과거로 돌아간 팀은 이번에는 키스를 받아주었죠. 문제가 멋지게 해결되었습니다.

이렇게 하여 팀은 문제가 있을 때마다 과거로 돌아가서 자신의 선택을 바꾸어서 문제를 해결하려 했습니다. 그런데 문제가 해결되기는커녕 자꾸 일이 꼬여가는 것이었어요. 한 문제가 해결되면 다른 문제가 나타나고, 원래 문제보다 어려운 숙제가 떨어지곤 하는 겁니다. 그래서 팀은 아버지에게 푸념합니다. 과거로 돌아갈 수 있는 능력이 아무 쓸모가 없다고요. 그런 아들에게 아버지는 이렇게 이야기합니다.

"과거로 돌아가 새로운 선택을 하려 하지 말고, 하던 일을 조금만 새롭게 해봐."

팀은 아버지 조언에 따라 과거에 자신이 했던 행동을 그대로 따라 했습니다. 다만, 이번에는 밝게 웃으면서 했죠. 커피숍에서도 종업원에게 웃었고, 지나가던 청소부에게도 미소를 지었고, 만나는 사람들에게도 웃었지요. 변호사였는데 의뢰인들에게 조금 더 친절하게 했죠. 그랬더니 모든 문

---

10) 2013년 개봉된 영국 영화. 리처드 커티스 각본, 감독.

제가 풀리는 거였어요.

저는 이 영화에 감동하였습니다. 제가 얻은 교훈은 이렇습니다.

> 새로운 것을 하려 하지 말고,
> 하던 것을 새롭게 해보자.

그래서 저도 만나는 사람 누구에게나 "감사합니다" 인사를 잘하기로 했지요. 공부멘탈에서 아이들에게 요구하는 변화도 이런 것입니다. 문제는 그 변화를 알아차리고 키워나가는 거죠. 아침 이슬처럼 사라지면 안 되니까요.

지금 말씀드린 것을 정리해보면, 변화의 크기에 따라 변화를 두 가지로 나누어 볼 수 있을 것 같아요. 하나는 큰 폭의 변화입니다. 이를 파괴적 변화[11], 또는 단절적 변화라고 하겠습니다. 우리 역사에서 구한말에 머리를 짧게 깎고, 한복 대신 양복을 입고 하는 변화죠. 다른 것은 작은 변화입니다. 이를 개선적 변화[12], 또는 일상적 변화라고 할 수 있겠습니다. 어머님처럼 아이들과 대화법을 바꿔보고, 기상 시간을 좀 당겨보고 하는 겁니다.

아이들의 핵심습관이 바뀝니다

진우 엄마
코치님 그렇다면, 양극단만 생각하지 말고 둘을 절충하는 방법은 없을까

---

11) 학자에 따라 여러 용어로 불린다. Transformative Change, Disruptive Change, Breakthrough Change, Quantum Change, Strategic Change 등.
12) 이 역시 여러 용어가 있다. Sustaining Change, Improving Change, Operational Change 등.

요? 혹은 중간쯤 되는 변화도 있을 것 같구요.

코치

어머니, 참 좋은 생각이시네요. 예를 들면 어떤 게 있을까요?

글쎄요. 가령, 혼자 잔소리하는 것을 줄이는 것은 작은 변화지만, 한 달에 한번 가족들이 워크숍을 가는 것은 획기적인 변화는 아니지만 조금 큰 변화입니다. 이런 건 어떨까요?

코치

정말 좋은 의견이십니다. 파괴적이라 하기에는 좀 작고, 일상적이라 하기에는 좀 큰 그런 거네요. 그런데 단지 변화의 크기만 생각하지 말고, 변화의 의미를 생각해 보면 멋진 절충안이 나올 수도 있을 것 같습니다.

작은 변화이기는 한데, 상당히 근본적이고, 의미가 큰 변화 말입니다. 그래서 결국 파급효과(임팩트)가 큰 거, 그런 게 있을 것 같아요. 저희는 사람들의 습관 중에서 자신의 정체성을 나타내는 중심적인 습관을 '핵심습관'이라고 합니다. 만일 핵심습관을 조금 바꾼다고 하면 그건 엄청 큰 변화가 아닌가 여겨져요.

어머니의 경우는 무엇이 있을까요?

진우 엄마

핵심적인 습관이라? 나의 정체성과 관련 있는 거요? 어렵네요. 코치님이 예를 하나 들어주세요.

말씀대로 핵심습관을 가리는 게 쉬운 일은 아닙니다. 생각하기 나름이기도 하고요. 제 경우는 '감사일기 쓰기'가 떠오릅니다. 매일 저녁 잠자리에 들기 전에 하루를 돌아보면서 감사일기를 씁니다. 5개에서 7개 정도요. 각각 간단히 씁니다. 한 5분, 10분이면 쓰는데 이 습관이 제 생활에 큰 영향을 끼치는 것 같아요. 제가 이걸 시작한 게 2019년 2월 12일이에요. 그때 이후 꾸준히 쓰고 있으니 이제는 습관화되었다고 할 수 있겠지요. 안하다 했으니 변화지요. 그런데 작지만 작지 않은 변화가 아닌가 생각합니다.

우리가 변화를 크게 파괴적 변화와 개선적 변화로 나누었는데 지금 이야기한 핵심습관의 변화는 그 중간쯤 되어 보여요. 그래서 혁신적인 변화라 부를 수 있을 것 같습니다.

[표 1-4] 변화의 유형

구분	파괴적 변화	개선적 변화	혁신적 변화
변화 정도	대폭적, 단절적 새로운 것을 창안하거나 시도	소폭적, 연속적 하던 일을 조금 새롭게	중간적 절충적
변화의 수준	원리나 기본 바탕	수단과 행동	원리와 수단의 연계 의미 있는 작은 행동 선택
파급 효과	대대적, 장기적	소폭, 단기적	점진적 확산
변화에 대한 저항	매우 큼	낮음	비교적 낮음

작은 핵심습관을 바꾸면 혁신이 일어난다.

진우 엄마

코치님, 그렇다면, 제가 아이들에게 잔소리를 안 하고 아이들과 긍정적인 대화를 나눈다면 그건 매우 혁신적인 변화가 될 것 같아요. 남편에게도 고맙다는 말을 하는 것도 그렇고요. 이게 가능할는지 모르지만요. 하하.

코치

공부멘탈을 매주 학습하면서 만날 때마다 우리는 아이들에게 물어봅니다. 한 주 동안 어떤 변화가 있었냐고요. 아주 작은 변화도 좋다, 행동이 아니고, 느낌이나 생각만 변해도 좋다. 그렇게 해요. 그러면 처음에 아이들이

[그림 1-4] 공부멘탈을 통해 본인이 달라지고 있는 점

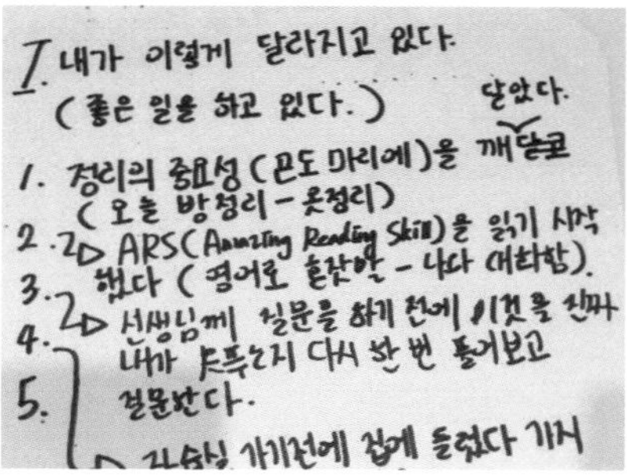

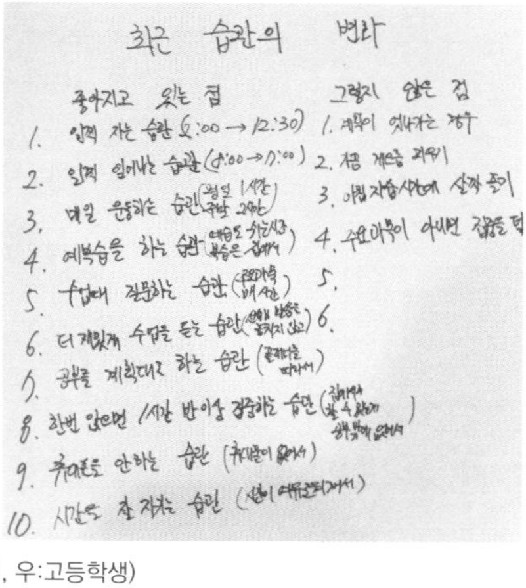

▶4주 후 스스로 변화되고 있다고 생각하는 점(좌: 중학생, 우:고등학생)

아무 변화가 없었던 것 같다고 하면서도 차차로 자신의 변화를 찾아내요. 실제로 변화가 있거든요.

침대 정리를 했다, 엄마하고 안 싸우고 대화를 했다, 독서를 했다 등등 여

[표 1-5] 공부멘탈 교육 후 달라졌다고 하는 점(사후 설문)

구분	내 용
기본자세	- 자신감이 높아졌다. - 나 자신이 달라 보였다. - 나의 강점을 발견했다. - 평소에 부정적인 생각을 많이 했는데 조금 긍정적인 생각이 많아졌다. - 새로운 것을 시도하게 되었다. - 많이 웃는다. - 목표가 생겼다. - 내가 하고 싶은 일이 생겼다. - 조금 더 부지런해졌다.
대인관계	- 부모님과 이야기하는 시간이 길어졌다. - 동생과 더 친밀해졌다. - 친구들과 좋은 말을 쓴다. - 말할 때 한 번 더 생각하고 말한다.
습관	- 핸드폰 사용을 줄였다. - 일찍 자는 습관이 생겼다. - 예습 복습을 한다. - 주변 환경을 깨끗이 치운다(정리 정돈) - 명상을 한다.

러 가지가 나옵니다. 이 모든 것을 알아주고 격려해줍니다. 그리고 우리가
과정이 끝나면, 소감을 받는데 그때도 변화한 내용을 기록하고 발표해요.
그때 아이들이 제시해준 것을 보면, 변화가 크게 세 가지 점에서 나타나는
것 같아요.

첫째는 기본자세의 변화입니다. 자신에 대해 알게 되고, 자신감이 생기고,
강점을 인식하고, 미래에 대해 희망을 갖게 되지요. 두 번째는 관계의 변
화입니다. 엄마 아빠와 대화가 늘고, 동생이나 형과도 관계가 좋아지고,
친구들과도 관계가 개선되는 겁니다. 아이들에게서 나타나는 가장 큰 변

[표 1-6] 주관적 변화 정도(사후 설문) (5점 척도)

이번 공부멘탈을 통해 나는...종합	2019여름 중학생	2020겨울 중학생	2020겨울 고교생	전체 평균
1. 나에 대해 많이 생각하게 되었다.	4.63	4.44	4.60	4.56
2. 나 자신에 대해 많이 알게 되었다.	4.63	4.22	4.60	4.48
3. 자신감이 생겼다.	4.38	3.89	4.40	4.22
4. 공부에 대한 의욕이 높아졌다.	4.50	4.44	4.00	4.31
5. 사람들과의 관계가 좋아졌다.	4.63	3.56	4.20	4.13
6. 생활에서 행복감을 느끼게 되었다.	4.50	3.56	3.80	3.95
7. 좋은 습관을 갖게 되었다.	4.63	4.11	4.00	4.25
종합	4.56	4.03	4.23	4.28

화는자신을 알게 되는 것이다.

셋째는 습관의 변화입니다. 정리 정돈, 시간 지키기, 예습, 복습하기, 공부에 집중하기, 휴대폰 보는 시간 줄이기 등입니다. 부모님들은 휴대폰 줄이기를 제일 좋아하시더라고요.

그리고 전체적인 변화 정도를 물어보았더니, 5점 만점으로 했을 때, 4.28점 정도 나왔어요. 한 85점 정도 되는 거죠. 우선 자신에 대한 이해심이 높아졌고, 자신감도 좋아지고, 습관이 상당히 달라졌다고 해서 기분이 좋았습니다.

멘탈코칭을 받으면 성적이 올라가나요?

진우 엄마

코치님, 솔직히 궁금한 게 있어요. 공부멘탈 한 후에 성적이 올라가나요?

이 점이 처음부터 매우 궁금하셨을 텐데 많이 참으셨네요. 사실 공부멘탈을 하면 성적이 얼마나 올라간다 이렇게 이야기할 수는 없어요. 공부멘탈의 목적이 성적을 올리는 것은 아닙니다. 그러나 성적이 좋아지는 것은 사실입니다. 왜냐하면, 자신감이 생기고, 좋은 습관도 생기니까요.

저희가 통계로 이야기하기 힘들지만 몇 가지 사례가 있어요. 어느 고등학생 이야기인데요. 이 학생은 원래 체육특기자로서 공부에 별로 신경을 안써서 보통 성적이 50점대였어요. 그런데 저희의 멘탈코칭을 시작하고 중간고사를 보았는데 과학과 기술 과목 성적이 좋아졌어요. 기술은 74점, 과학은 86점이나 받았지요. 이때 자신감을 얻은 이 학생이 열심히 하더니 기말고사에서는 영어와 수학을 90점대로 올렸고, 과학은 100점을 받았습니다. 누구보다 놀란 사람은 그 아이 엄마였어요. 너무 기뻐했지요. 그래서 저희 코치들에게 갈비를 사주셨습니다.

미술학원 다니던 학생 이야기도 해드릴까요? 우리 멘탈코치 중에 미술학원 운영하는 분이 계세요. 이분이 미술대학을 준비하는 학생을 한 명 지도

[그림 1-5] 공부멘탈을 통한 성적 변화

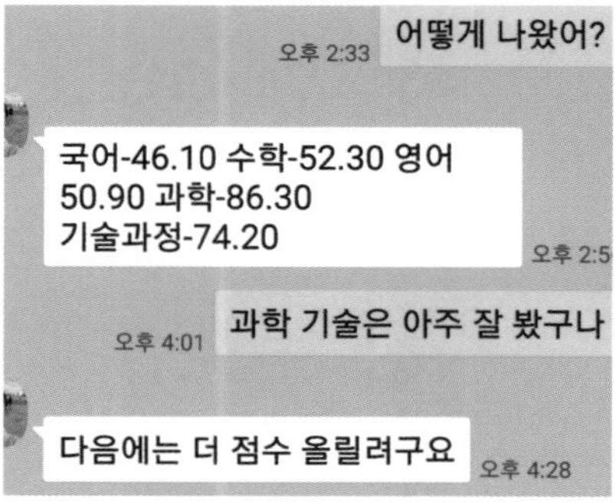

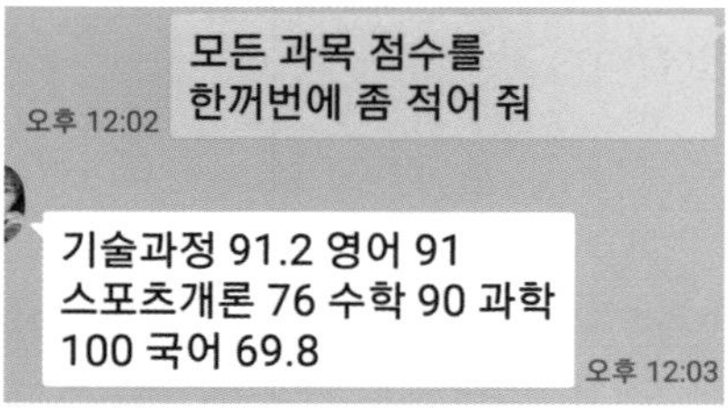

> 오후 2:33 어떻게 나왔어?
>
> 국어-46.10 수학-52.30 영어 50.90 과학-86.30 기술과정-74.20 오후 2:5
>
> 오후 4:01 과학 기술은 아주 잘 봤구나
>
> 다음에는 더 점수 올릴려구요 오후 4:28
>
> 오후 12:02 모든 과목 점수를 한꺼번에 좀 적어 줘
>
> 기술과정 91.2 영어 91 스포츠개론 76 수학 90 과학 100 국어 69.8 오후 12:03

▶ 멘탈코칭을 통해, 중간고사에서는 성적이 약간 오르고, 기말고사에서는 90점 대로 껑충 뛰었다. (고등학생)

하고 있었어요. 그림을 곧잘 그리는 아이였어요. 그런데 아이의 표정이 밝지 않고 적극성이 없었어요. 그래서 대화해보니 자신이 왜 그림을 그려야 하는지 목표가 없었던 거예요. 그래서 지금까지 하던 미술 공부를 중지하고 그 아이의 인생에 대해 이야기를 나누기 시작했지요. 10년 후, 20년 후 자신이 어떻게 살고 있을지 생각해 보게 했어요. 그 후로 아이가 달라졌다고 합니다. 그림을 열심히 그릴 뿐만 아니라, 교과성적도 올랐대요. 수학은 포기해서 20점이었었는데 수학도 80점대로 올라갔다고 해요.

[그림 1-6] 마음 훈련의 효과(고등학생)

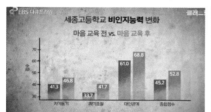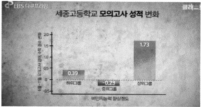

▶EBS 다큐프라임, 공부 못하는 아이, 제4부 지능이 아니라 마음이다, 2015. 2. 23

EBS에서 마음 훈련을 통해 아이들이 어떻게 달라지는지 실험한 방송이 있었어요.[13] 명상, 감사일기 쓰기, 강점 칭찬해주기 같은 프로그램을 2달 동안 실시했는데 아이들의 자기조절 능력, 자기 동기, 대인관계 능력이 향상되었고, 이런 비인지 능력이 많이 향상된 상위 그룹에서는 성적 향상도 뚜렷하게 나타났습니다. 이 EBS 프로그램은 우리의 공부멘탈 프로그램과 아주 유사합니다.

진우 엄마

놀라운 변화네요. 하여튼 우리 아이들이 공부멘탈을 통해 변화하는 것은 분명하군요.

---

13) EBS 다큐프라임, 공부 못하는 아이, 제4부 지능이 아니라 마음이다. 2015. 2. 23.

딱 좋은 나만의 멘탈코칭 셋 **나는 이래서 내가 좋다**

사전 지식 필요 없이 할 수 있는 멘탈코칭입니다.
아주 쉬운 멘탈코칭, 집에서는 아이와 학교에서는 학생들과 한번 해보세요.

1. 지금의 상태를 아래 그림에서 표시해 주세요(상태 점검).
   각각 몇 점인가요?

* 각각의 점수가 1점씩 올라갔다고 생각해 보세요. (생각만요)

2. "나는 이래서 내가 좋다"
(아래에 내가 좋은 이유를 넣어서 문장을 만드세요. '내가 좋다'로 문장이
끝나야 함) 예: 나는 유머 감각이 있어서 내가 좋다.

①   ⑥

②   ⑦

③   ⑧

④   ⑨

⑤   ⑩

* 위에 쓴 것을 죽 한번 읽어보세요.

3. 위에 쓴 것 중에서 이게 정말 나다 싶은 것 세 가지를 선택하여 당신 자신을
   다음 문장으로 표현해 보세요. (긍정적인 정체성 표현)

나는 (   )하고, (   )하며, (   )한 사람이다.

4. 기분이 어떠세요?

제4장
흔들리는 아이들

아이들이 인터넷에 빠져있나요?

진우 엄마

코치님, 우리 큰애 진우 이야기해 드렸지요. 걔가 뭐 그리 적극적인 데가 없다고요. 공부도 그리 열심히 안 하고, 시간 나면 자려고 그래요.

코치

어머니, 진우는 하루 얼마나 자나요? 그리고 공부하는 시간은 얼마나 될까요?

진우 엄마

글쎄요. 정확히 재보지는 않았는데 잠은 8시간 이상 자는 것 같아요. 공부하는 시간요? 학교 다녀온 후 말씀이죠? 서너 시간은 되겠지요?

코치

이참에 아이들의 생활상을 조금 살펴볼까요? 우리나라는 통계가 참 잘 되어 있어요. 웬만한 통계자료는 국가에서 조사해서 발표합니다. 청소년 관련 통계는 통계청에서 2002년부터 발표해오고 있어요. 근데 2012년부터는 여성가족부에서 각 기관에서 조사한 자료를 종합적으로 엮어서 국민에게 제공하고 있습니다. 이 자료를 보면 오늘날 청소년의 모습을 종합적으로 엿볼 수 있고, 추세를 보면서 사회적인 이슈를 찾아낼 수도 있습니다.

아이들이 잠을 얼마나 자는지 볼까요? 초중고 평균을 보면, 7.2시간 자는 걸로 나와 있어요. 초등학생은 좀 더 자죠. 8.7시간이네요. 초등학생은 4학년 이상을 대상으로 합니다. 중학생은 7.1시간, 고등학생은 5.8시간이에요. 고등학생들이 확실히 적게 자네요.

최근 잠에 관한 연구를 보면, 잠자는 시간은 개인차가 크다고 합니다. 자신에 맞는 시간이 있고 또 아침형이냐, 저녁형이냐 하는 것도 개인의 기질이라는 거죠. 뭐가 좋다 나쁘다 할 수 없는 겁니다. 그리고 잠을 충분히 자라고 권하죠. 잠은 결코 낭비가 아니라고요. 잠을 잘 자야 키도 크고 무엇보다 인지능력이 향상된다네요. 우리가 낮 시간에 많은 정보를 뇌에 입력하지만, 그 입력된 정보가 장기기억으로 저장되려면 한 단계 정리가 필요한데 이 일이 잠자는 시간에 이루어지는 거죠. 그러니까 시험공부한다고 밤샘하고 하는데 일시적으로는 도움이 되지만, 장기적으로는 도움이 안 됩니다. 진우가 8시간을 잔다면 그리 많은 것 같지는 않습니다.

공부하는 시간을 볼까요? 통계자료가 평균 몇 시간이다 하고 나와 있지는 않는데, 아이들이 대체로 3시간 이상 공부를 한다고 나오네요. 중학생은 67%, 고등학생은 63%가 3시간을 넘어요. 초등학생도 40%가 넘습니다. 5시간 이상 공부하는 학생도 4분의 1 정도는 돼요. 초등학생은 20%가 안 되지만요. 이 공부하는 시간은 학교에서 공부하는 시간을 제외하고, 방과 후에 과외나 자습을 하던 하는 시간입니다.

진우 공부 시간도 3~4시간이면, 평균이라고 볼 수 있겠습니다. 진우 인터넷 사용 시간은 어때요?

진우 엄마
우리 진우 인터넷 하는 시간은 하루 2시간 정도요.

공부멘탈코칭

코치

그 수준이면, 아주 양호합니다. 하루 2시간이면, 1주일 약 14시간 정도 되네요. 주말에 좀 더 많이 한다고 해도 20시간을 안 넘길 것 같습니다. 통계상으로는 일주일에 25시간 정도로 나옵니다.

어머니도 아시다시피, 아이들이 스마트폰을 너무 많이 봐요. 조사에 의하면 스마트폰에 너무 의존을 많이 해서 문제라고 응답한 아이들(과의존 위험군)의 비율이 37%나 됩니다. 특히 중학생 중에 이런 아이들이 많아 중학생은 41%나 됩니다. 스마트폰에 빠지는 것은 남자나 여자나 차이가 없습니다.

[표 1-7] 청소년의 생활 관련 주요 통계(2022년 기준)

• 수면 시간 　초등생(4-6학년): 8.7시간 　중등생　　： 7.1시간 　고등생　　： 5.8시간 • 학습 시간(학교 수업시간 제외) 　〈3시간 이상〉 　초등생(4-6학년): 40.4% 　중등생　　： 67.2% 　고등생　　： 63.2% 　〈5시간 이상〉 　초등생(4-6학년): 18.6% 　중등생　　： 23.2% 　고등생　　： 26.1%	• 사교육 참여율 　초등생(4-6학년): 82.0% 　중등생　　： 73.0% 　고등생　　： 64.6% • 인터넷 사용시간 　10대 평균 : 주당 24.9 시간 　20대 평균 : 주당 30.4 시간 • 규칙적인 운동 　초등생(4-6학년): 73.8% 　중등생　　： 52.0% 　고등생　　： 40.7% • 고졸자 대학 진학률:73.3%

자료: 여성가족부, 2022 청소년 통계

[그림 1-7] 청소년의 인터넷과 스마트폰 사용

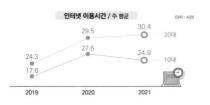

자료: 여성가족부, 2022 청소년 통계

우리는 왜 청소년 자살률이 높은가요?

진우 엄마

이야기가 나왔으니 우리나라 청소년 문제를 좀 짚어보죠. 우리나라는 왜 청소년 자살률이 높습니까?

코치

가슴 아픈 이야기입니다. 청소년 사망자 수는 다행히 꾸준히 줄고 있긴 한데 자살자가 많아서 걱정입니다. 청소년 사망원인을 고의적 자살, 안전사고, 암(악성 신생물) 이렇게 세 가지로 나누어볼 때, 암은 큰 변동이 없고, 안전사고는 급격히 줄어드는데 자살자의 수는 계속 늘어나고 있어요. 우리나라는 OECD 국가 중 자살률 1위라는 오명을 안고 있습니다. 인구 10만 명당 자살자(자살률)가 24명이나 되어 OECD 국가 평균 11명의 2배가 넘습니다.

제가 한번은 남미에서 오래 근무했던 분과 대화를 나눈 적이 있는데 남미는 타살률이 높습니다. 남미 주요 국가의 타살률(살인율)이 22명(인구 10만 명당) 정도 돼요. 우리나라는 이 비율이 1%도 안 됩니다. 매우 안전한 나라죠. 그런데 우리는 자살률이 높은 겁니다. 남미하고는 반대예요. 그들은 자살률이 7명(인구 10만 명당) 정도밖에 안 돼요.

자살도 속 사정은 복잡하겠지만, 종합적으로 보면, 정신적으로 어려움이 많다는 이야기죠. 청소년 통계를 보면, 우울감을 경험했다는 청소년이 27% 정도나 돼요. 중학생이나 고등학생이나 비슷합니다. 아이들에게 삶의 무게가 너무 무겁다는 것이 아닐까요? 우리나라는 압축성장을 하면서 너무 심하게 달려온 것 같아요. 경쟁도 너무 심하지요. 이제 잘살게 되었으나 우리는 여전히 '치열하게' '전투적으로' 살고 있는 게 아닐까요?

삶 자체가 스트레스 유발형입니다. 근데 그 스트레스를 푸는 환경도 열악하다는 겁니다. 스트레스 푸는 것이 노래방, 스포츠 센터, 이런 걸 말하는게 아닙니다. 중요한 것은 인간관계죠. 스트레스 완화에 중요한 역할을 하는 것이 사회적 지지입니다. 아이들에게 중요한 것은 그들을 지켜봐주는 사람이 옆에 있느냐 하는 겁니다.

<blockquote>
아이들에게 힘이 되는 것은
나를 이해해주는 사람이 내 옆에 있다는 것이다.
</blockquote>

가출하는 아이들도 많은데 결국 가출의 원인은 학업이 아니고, 부모와의 관계입니다. 가출 원인의 60%가 부모와의 갈등이에요. 학업은 18%밖에 안 돼요. 물론 학업이 갈등의 원인이 될 수도 있겠지요. 하지만, 어떤 경우도 부모와의 관계만 좋으면 극단적인 문제는 안 생기는 거죠.

아이들은 진정한 대화에 목말라하고 있어요

진우 엄마

코치님, 부모가 중요하다는 것 동의합니다. 부모가 문제를 풀어야지요. 하지만, 부모도 인간이라 이게 쉽지가 않아요. 아이들을 상담하는 기구가 있

[그림 1-8] 청소년의 사망과 우울 경험

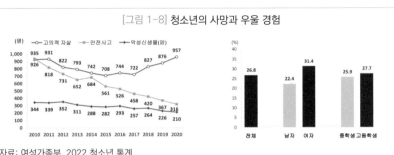

자료: 여성가족부, 2022 청소년 통계

[그림 1-9] 청소년의 가출

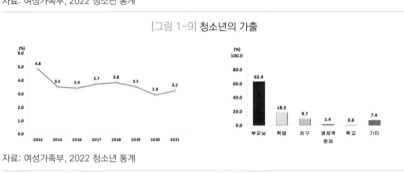

자료: 여성가족부, 2022 청소년 통계

거나 사회적으로 이런 환경이 정비되면 좋겠어요.

코치

지당하신 말씀입니다. 갈등이 없고, 스트레스가 없는 데가 어디 있겠어요? 풀어야지요. 아이들은 일단 친구들하고 많이 푸는 것 같아요. 그래서 친구 관계가 무척 중요합니다. 아이들이 부모에게 말 못 하는 것도 자기네끼리는 이야기를 나누지 않나요? 그래서 우리 공부멘탈에서는 친구들과의 관계 맺기, 친구를 응원군으로 만들기도 다룹니다.

그리고 우리 코치님들이 만나서 상담도 하지만 요즘은 온라인 상담도 합니다. 제가 상담이라고 말씀드렸지만, 여태까지 제가 말씀드린 코칭 철학에 근거해서 스스로 문제를 진단하고 스스로 해결책을 찾아가도록 도와주는 일을 하는 거죠.

어머니, 우리 아이들이 어떤 고민을 상담하는지 한번 보시겠어요?

진우 엄마

네. 좋아요. 궁금하네요.

코치

그럼, 우리 친구 철이의 고민을 한번 들어볼까요? 어머니는 철이의 이런 고민을 들었을 때, 어떻게 도움을 주실 수 있겠어요?

철이의 고민

나는 경기도에 사는 철이라고 해. 내 고민은 저번에 나랑 어떤 친구랑 엄청 크게 싸운 적이 있어. 그래서 그 친구를 미워하며 지냈는데 요즘에는 그 친구가 싫지 않아. 그 친구는 나한테 별로 잘해주지 못했는데 내가 그때 했던 행동들을 생각하면 나도 미안하고 다시 친해지고 싶어. 하지만 그 친구는 지금 나를 어떻게 생각할까? 그리고 난 앞으로 그 친구와 어떻게 지내야 할까? 너의 생각을 말해줘!!

진우 엄마

저 같으면, 그 아이에게 아이스크림이나 과자 같은 걸 사서 건네주면서 관계를 풀어가라고 말해주고 싶어요. 사실 아이들 사이에는 이런 일이 많지 않나요? 누가 먼저 시작하면 금방 풀리기도 하고요.

코치

참 지혜로우신 해결책이네요. 어떤 어머니는 아무 일 없었던 거처럼 행동하라 하고, 어떤 어머니는 철이가 먼저 사과하라 하기도 하고 그러지요. 근데 어머니께서 말씀하신 것처럼, 더운 날 슬그머니 아이스크림을 사서 서로 나눠 먹으면 문제가 해결되지 않을까 싶어요.

그런데 저희 멘탈코치는 그 솔루션을 아이 스스로 찾아내게 합니다. 그 전에 철이가 고민하고 있고, 속상했던 것을 충분히 공감을 하죠.

철이에 대한 코치의 답변

철이야, 반가워. 나에게 너의 고민을 솔직하게 털어놓아 주어서 고마워^^.
그러니까 철이가 어떤 친구랑 크게 싸웠는데 이젠 그 친구와 잘 지내고 싶은 거구나.
멋진 생각이야. 친구들하고 좋게 지내기도 하고 싸우기도 하고 그러는 거지 뭐. 나하고 아무 관계가 없는 애하고는 사실 싸울 일도 없어. 너랑 친하니까 또 싸울 일도 생기는 거지. 네가 먼저 풀어야겠다고 생각을 하게 되었다는 것이 너무 좋다.

그럼 어떻게 하는 것이 좋을지 방법을 찾아보자.
일단, 연습장을 꺼내 봐. 그리고 아래의 2가지 내용을 적어놓고 잠시 생각해 봐.
1. 친구들이 내게 어떻게 해줄 때 좋을까?
2. 친구들이 내게 어떻게 해줄 때 싫을까?

어떤 생각이 나니?
1번 질문에 대해 같이 생각해 볼까? 친구들이 어떻게 해줄 때 좋니?
말을 걸어줄 때? 같이 놀아줄 때? 나를 도와줄 때? 과자를 사줄 때? 그냥 웃어줄 때? 다른 친구들에게 나를 좋게 이야기해줄 때? 이런 것 여러 가지가 있겠지.

그럼 2번 문제도 생각해 볼까? 친구들이 어떻게 할 때는 네가 싫으니?
너를 따돌릴 때? 너에 대해 나쁘게 이야기할 때? 혼자만 맛있는 거 먹을 때? 약속을 안 지킬 때? 잘난체할 때?

그럼, 이번에는 글로 적어 봐. 각각 10개씩.
1. 친구들이 내게 어떻게 해줄 때 좋을까?
   ① ② ③ ④ ⑤ ⑥ ⑦ ⑧ ⑨ ⑩
2. 친구들이 내게 어떻게 해줄 때 싫을까?
   ① ② ③ ④ ⑤ ⑥ ⑦ ⑧ ⑨ ⑩

그중에서 그 친구가 좋아할 수 있는 거, 그리고 네가 쉽게 할 수 있는 것을 찾아봐.
그 친구가 너에게 해주길 기다리기 전에 네가 먼저 그 친구에게 해보는 것이 중요할 것 같아. 사소한 것도 좋아. 아이스크림을 하나씩 사서 먹는 것 같이 말이야.

할 수 있겠지. 나는 철이가 잘 할 수 있을 것으로 믿어.
응원할게. 파이팅!!

진우 엄마

코치님, 철이에 대한 답을 보니, 코칭이 무엇인지 감잡을 수 있을 것 같네요. 우선 공감을 해주고 스스로 답을 찾게 하라 그거네요.

코치

네. 그게 멘탈코칭의 핵심이 아닌가 싶습니다. 해답을 주는 게 아니죠. 공감에서 출발합니다. 아이들이 생각할 수 있도록 가이드를 합니다. 우리 아이들은 스스로 문제를 해결할 수 있는 역량을 가지고 있어요.

아이들은 고민하고 괴로워하지만,
스스로 해결할 수 있는 능력을 갖추고 있다.

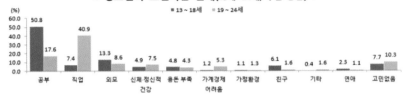

[그림 1-10] 청소년의 고민

< 청소년이 고민하는 문제(13세~24세, 주된 응답) >

■ 13 ~ 18세 ■ 19 ~ 24세

공부 50.8 / 17.6
직업 7.4 / 40.9
외모 13.3 / 8.6
신체 정신적 건강 4.9 / 7.5
용돈 부족 4.8 / 4.3
가계경제 어려움 1.2 / 5.3
가정환경 1.1 / 1.3
친구 6.1 / 1.6
기타 0.4 / 1.6
연애 2.3 / 1.1
고민없음 7.7 / 10.3

자료: 통계청, 2022 사회조사

청소년의 4대 고민: 공부, 직업, 외모, 친구

진우 엄마

철이의 문제는 친구 관계잖아요? 아이들이 주로 고민하는 다른 문제는 무엇입니까?

코치

네. 통계청에서 발표한 자료에 의하면 13세부터 24세까지 우리 청소년의 고민거리는 공부(31.7%), 직업(26.7%), 외모(10.6%) 순입니다. 18세 이하까지만 보면, 공부(50.8%), 외모(13.3%), 직업(7.4%), 친구(6.1%) 순이죠. 저희는 이를 청소년의 4대 고민이라 부릅니다.

과거와 비교를 해보면, 공부에 대한 고민은 여전한데, 진로에 대한 고민이 늘어나고 있어요. 그만큼 사회 변동이 심해서 그렇겠지요? 물론 이런 큰 고민 말고도, 용돈 문제, 가정 문제, 건강 문제 등 다양한 고민이 있습니다.

진우 엄마

제 주변에는 엄마, 아빠 사이가 나빠서 어려움을 겪는 경우도 있더라고요.

공부멘탈코칭

그런 경우는 어떻게 돕습니까? 아이가 할 수 있는 게 거의 없을 텐데요.

코치

저의 상담사례 중에도 그런 경우가 있습니다. 지혜 사례가 그런 경우인데요. 한번 들어보시겠어요?

지혜의 고민

요새 엄마랑 아빠랑 다퉈서 오늘 엄마가 나갔어요. 엄마한테 효도하는 자랑스러운 딸이 되고 싶었는데 엄마가 나가니까 너무 속상하고 뭘 잃어버린 것 같아요. 어떻게 해야 할까요? 전화도 안 받고 메시지도 안 받고 무서워요. 아빠 말로는 엄마가 돌아온다고 하는데 그래도 무서워요.

지혜에게 보낸 코치의 답변

지혜, 안녕~ 힘들고 어려운 이야기를 들려줘서 고마워.
우리 지혜가 지금 얼마나 힘들고 속상할까?
지혜 곁에 있다면 꼭 안고 등을 쓰담쓰담, 토담토담 해주고 싶어.

지혜야!
엄마에게 효도하는 자랑스러운 딸이 되고 싶은 너의 예쁜 마음이 나에게도 전해지듯이 엄마에게도 전해질 거야.
부모님을 생각하는 너의 따뜻한 마음은 참 아름답고 소중해.

너도 친구들과 싸우면 전화도 받고 싶지 않고 메시지 답 안 할 때 있지?
어른들의 세상도 너희들의 세상과 비슷할 거야.
아빠 말씀처럼 엄마에겐 지금 치유의 시간이 필요하고
예쁜 지혜가 집에서 기다리고 있으니 아빠 말씀처럼 다시 돌아오실 거야.

엄마가 집에 들어오셨을 때 지혜가 어떤 모습이면 좋을까?
속상해하고 행복하지 않다면 엄마는 마음이 매우 힘드실 거야.
지금은 지혜가 할 수 있는 작은 일부터 찾아서 해보면 어떨까?

그리고 요즘 잘 때 무섭고 두렵구나~
정신적으로 편안하질 않으니까 여러 가지 무서운 생각이 들 거야.
선생님도 친구와 싸우거나 마음이 편하지 않으면 무서운 꿈을 꾸거나 집에
누가 있는 것 같아!
사람은 다 그런가 봐.

그때마다 선생님이 쓰는 방법인데
무섭고 이상한 소리가 들리면 안 들어야지, 안 들어야지 하지 말고, 그럴 땐
네 마음속에 있는 자기 자신과 대화를 나눠봐.
"아! 나는 지금 무서운 생각을 하는구나! 이상한 소리가 들리는구나?"
이럴 땐 멀리 떨어져서 내 모습을 바라보면 안정이 될 거야.
지혜가 되고 싶은, 행복해지고 싶다는 마음이 네가 그렇게 할 수 있도록 이
끌어줄 거야.
재미있는 책을 읽어도 좋고, 네가 좋아하는 음악을 들어도 좋고.
앞으로 넌 아주 멋진 어른으로 성장할 거야.
지혜를 지지하고 응원하는 선생님이.

진우 엄마

상담하는 선생님의 글을 읽으니, 아이를 얼마나 배려하는지 그 마음이 느
껴져요. 제가 눈시울이 뜨거워지네요. 이 글을 읽으면 지혜가 많은 위로를
받게 될 것 같네요. 감사합니다.

딱 좋은 나만의 멘탈코칭 넷 **나의 만트라 만들기**

사전 지식 필요 없이 할 수 있는 멘탈코칭입니다.
아주 쉬운 멘탈코칭, 집에서는 아이와 학교에서는 학생들과 한번 해보세요.

1. 지금의 상태를 아래 그림에서 표시해 주세요(상태 점검).
   각각 몇 점인가요?

* 각각의 점수가 1점씩 올라갔다고 생각해 보세요. (생각만요)

2. 스스로 어떤 말을 해줄 때 힘이 나나요? 나에게 힘을 주는 표현을 써보세요.

①

②

③

④

⑤

3. 이 중에서 가장 좋은 것 세 개를 골라 당신의 '만트라'로 삼아보세요.

나의 만트라

①

②

③

* 여기에 쓴 것을 10번씩 외쳐보세요.

4. 이 만트라를 언제 쓰실 건가요?

제5장
AI 시대,
아이들은 어떻게 살아가야 하나?

앞으로는 어떻게 먹고살아야 하나요?

진우 엄마

지난 한 주 동안은 지혜 이야기가 머리를 떠나지 않았어요. 지혜가 어려움을 견뎌내고 있을까요? (잠시 후) 오늘은 인공지능 이야기를 좀 해보기로 해요. 인공지능이 이세돌 기사를 이긴 것을 보고 큰 충격을 받았습니다. 그런데 이제는 챗GPT가 등장해 질문에 척척 대답하고, 리포트도 써주고 한다고 하니 이런 사회에서 앞으로 우리 아이들이 어떻게 살아야 할지 걱정이에요.

코치

드디어 올 것이 왔구나 하는 생각이 드네요. 알파고라는 AI가 이세돌 9단과 대국을 한 것이 2016년 3월입니다. 기억나세요? 3월 9일부터 15일까지[14] 하루 한 차례씩 총 5번의 대국이 있었는데 알파고가 4 대 1로 이세돌 기사를 무참히 눌렀지요. 이세돌 기사가 1승이라도 가져온 게 다행이었습니다. 사람들은 인간의 자존심이라고 했지요.

이 대국 이전에는 인공지능이라는 것이 막연했습니다. 일부 사람들에게만 알려졌지, 일반 사람들은 공상과학 속 이야기였지요. 이 대국 이후에는 모르는 사람이 없게 되었지요. 그로부터 7년이 지난 2023년 3월, 챗

---

14) 3월 11일과 14일은 쉼.

공부멘탈코칭

GPT라는 초지능이 등장했습니다.

바둑이라는 것이 워낙 복잡한 수를 가지고 있다고는 하나 기본 규칙은 간단하지 않습니까? 그런 바둑을 인공지능이 배워 인간과 대결했다 치죠. 그런데 인간의 언어를 이해하고 세상의 모든 지식을 학습하여 답을 제시한다, 이거는 정말 놀라운 일이지요. 그림도 이제는 AI가 그리고 작곡도 AI가 한다는 이야기죠.

진우 엄마

아직 챗GPT가 제시하는 답에는 오류가 많은 것 같아요. 그런데 AI의 글이 너무 자연스럽고 논리적이라는데 저는 놀랐습니다. 지식의 오류도 앞으로는 잡히겠지요.

코치

우리 부모님들은 당연히 걱정되실 거예요. 우리 아이들은 이제 어떻게 먹고살지? 하고 말입니다.

진우 엄마

AI가 인간의 일을 대부분 대신하게 될 터인데 어떻게 먹고 살아야 하나요?

코치

미래학자들은 2050년경에는 인간과 거의 같은 로봇이 탄생할 것으로 이미 내다보고 있었습니다. 그러면, 육체노동이나 단순 업무는 당연히 기계가 대신하겠지요. 그런데 챗GPT 같은 초지능 로봇이 나타나면 지식노동은 말할 것도 없고 심지어는 감정노동까지 대체할 것 같습니다. 그러니까 의사, 법률가, 세무사는 물론이고 간호사나 간병인까지도 대신하게 된다는 이야기죠. 신문 기사도 로봇이 쓰고 은행 업무도 온라인과 인공지능이 하게 되는 거죠. 노인 병간호와 아이 돌봄도 로봇이 하는 거죠.

영국 옥스퍼드 대학의 칼 베네딕트 프레이 박사와 마이클 오스본 박사는 2040년대가 되면 현재 미국 직업의 50%가 사라질 것으로 내다보았습니다. 직업이 바뀌는 것이 문제가 아니라, 직업이 아예 사라진다는 거죠. 2050년경이 되면 전 세계 실업률이 24%에 이른다는 예측도 있고요.[15] 이쯤 되면 직업의 의미, 노동의 의미 아니 삶의 의미가 달라질 수밖에 없을 것 같습니다.

노동의 의미가 달라질 거예요

진우 엄마

노동의 의미가 달라지고 삶의 의미가 달라진다고요? 그게 무슨 뜻인가요? 노동은 노동이고, 삶은 삶인데 그 의미가 어떻게 달라진다는 이야기인가요?

코치

어머니, 이렇게 한번 생각해 봅시다. 결혼이라는 게 있지 않습니까? 결혼에 대해 과거에는 어떻게 생각했었나요? 결혼은 모두 하는 것으로 생각했지 않아요? 지금은 어떻습니까? 결혼은 할 수도 있고 안 할 수도 있는 것, 필수가 아니라 선택으로 생각하게 되었지요.

노동이나 삶도 이와 마찬가지로 생각을 바꾸어보는 겁니다. 우선 노동에

---

15) 박영숙•제롬 글렌 지음, 유엔 미래 보고서 2050, 교보문고, 2016.

공부멘탈코칭

대해 생각해 봅시다. 노동 또는 직업을 어떻게 생각했었나요? 정해져 있는 것으로 생각했어요. 누군가에 의해 만들어져 있는 거죠. "너 커서 무엇이 될래?" 하고 묻는 것은 정해진 일자리 중에 하나를 선택하라는 뜻이죠. 의사가 되든 교사가 되든 말입니다. 그러다 보니 직업 자체는 계속된다고 생각했습니다. 없어진다고 생각할 수가 없죠.

그런데 이제는 그게 아닌 거죠. 직업은 정해져 있는 것이 아닙니다. 누군가 만들어 가는 것이고, 만들 수 있는 것입니다. 그러면 당연히 직업이 고정되어 있다고 생각할 수 없죠. 그리고 누구든지 만들 수 있기 때문에 수많은 직업이 존재할 수 있는 거죠. 일자리가 만들어지고 없어지고 하는 것은 그냥 자연스러운 현상이 되는 겁니다. 전혀 놀랄 일이 아니죠.

조금 전에 AI가 인간의 직업을 대체한다고 했는데 사실 어떻게 될지 모릅니다. 대체라기보다는 변모될 가능성이 크죠. AI가 의사나 변호사를 대체하는 것이 아니라, 새로운 의료행위, 새로운 법률행위가 탄생하지 않겠나 생각합니다. 인간과 AI의 합작으로 말이죠. 누가 압니까?

또 다른 측면을 볼까요? 과거에는 일과 취미가 명확히 구분되어 있었습니다. 일은 먹고 살기 위해서 하는 것이고 취미는 재미로 하는 것이지요. 그래서 일은 재미가 없어도 하는 것으로 받아들여졌습니다. 그런데 이제는 그 경계가 허물어지고 있습니다. 일이 곧 취미고, 취미가 곧 일이 되고 있어요. 그 경계는 앞으로 사라지게 될 것입니다.

> 직업은 개인이 만들어 가는 것이다.
> 일과 취미의 구분이 사라진다.

그럼, 삶은 어떻게 될까요? 골치 아픈 철학을 꺼내지 않더라도 이런 이야기를 할 수 있을 것 같아요.

삶에는 사회적 표준이 있는 것이 아니라

개별적인 설계가 있을 뿐이다.

이렇게 되지 않을까요? 미래 사회는 정답이 없는 시대입니다.

직업은 선택하는 게 아니라 만들어 가는 것

`진우 엄마`

쉽게 이야기해서 각자 살아간다, 누구든지 자신의 취향대로 만들어 간다. 그런 뜻이군요.

`코치`

트렌드를 연구하는 서울대 김난도 교수팀은 이제 멀티 페르소나 시대가 왔다고 했습니다. 페르소나는 원래 가면이라는 뜻인데, 자아, 정체성 또는 성격을 의미합니다. 한 개인이 다중의 자아를 갖는다는 겁니다. 몇 년은 월급쟁이로 살다가, 다시 몇 년은 화가로 살고, 그리고 다시 몇 년은 사회 사업가가 되고, 그리고 또 몇 년은 여행가가 되는 겁니다.

시차를 두고 다양한 삶을 살 수 있겠지만, 한 시점에서도 낮에는 지킬박사로 밤에는 하이드로 사는 거죠. 직장에서는 디자이너로 그리고 퇴근 후는 카레이서로 말이죠. '삶은 살아가는 것이 아니라 디자인되는 것이다' 그런 말씀이죠.
결국 디자인의 시대이고 설계의 시대입니다. 표준을 따라가는 획일적인 삶이 없어질 거예요. 그래서 이제는 유망 직업, 유망 사업, 이런 이야기가 의미가 없어질 거예요. 다 유망한 것이고, 다 의미가 있는 것이죠.

김난도 교수가 KBS 피디와 함께 미래 직업에 관해 쓴 책이 있어요. 트랜드 연구가로서 그리고 『아프니까 청춘이다』의 저자로서 직업 문제를 집중적으로 다룬 책입니다. KBS 피디와 같이 책을 쓴 이유는 KBS 방송용으로 책이 만들어졌기 때문이에요.

거기서 김 교수가 이야기하는 것도 똑같습니다. 직업의 문제는 이제 What의 문제가 아니라 How의 문제라는 거죠. 이제 나만의 일을 찾으라는 겁니다. 나만의 미래를 위해서 말이죠.[16]

진우 엄마
김난도 교수는 이미 10년 전에 그런 말씀을 하셨군요. 그럼, 이런 사회에 살아남기 위해서는 어떻게 해야 하나요?

코치
우선 부모님들이 아이들의 미래를 걱정하는 자세부터 바뀌어야 할 것 같아요. 우리 아이들은 자연스럽게 변해가는 사회에 적응해가고 있습니다. 요즘 아이들은 옛날 전화기가 어떻게 생겼는지도 모릅니다. 처음부터 휴대폰을 쓰고 있기 때문이죠.

옛날 열쇠는 알까요? 요즘 다 버튼식이고 터치스크린 방식인데요. 지금 태어나는 아이들은 자연스럽게 AI로 공부하고, AI에게서 배울 겁니다. 새로운 시대에 걱정이 되는 것은 어른들이지 아이들이 아닙니다. 그러나 다행인 것은 우리 어른들은 조만간 세상을 뜬다는 겁니다. 아니 100세 시대

---

16) 김난도·이재혁(2013), 김난도의 내일, 오우아.

라서 계속 사시게 된다면, 새로운 것을 배우셔야죠~ㅎㅎ.

[표 1-8] OECD DeSeCo 프로젝트의 3대 핵심역량

상위 역량	하위 역량
도구를 상호작용적으로 사용하기	언어, 상징, 텍스트를 상호작용적으로 사용하는 능력
	지식과 정보를 상호작용적으로 사용하는 능력
	기술을 상호작용적으로 사용하는 능력
이질적 집단에서 상호작용하기	타인과 원만하게 관계 맺는 능력
	팀으로 일하며 협력하는 능력
	갈등을 관리하고 해결하는 능력
자율적으로 행동하기	전체 조망 속에서 행동하는 능력
	생애 계획을 수립하고 실천하는 능력
	권리, 이익, 한계, 요구를 주장하고 지키는 능력

자료: OECD, The Definition and Selection of Competencies: Executive Summary, 2005.

이제는 아이들에게 필요한 역량이 다르다

진우 엄마

그건 그렇죠. 하지만, 아이들도 적응이 쉬울까요? 지난번에 말씀하신 대로
청소년이 우울증을 많이 겪고, 자살률이 높은 것은 그런 것을 반증하는 거죠.

코치

네. 제가 너무 쉽게 말씀드렸나요? 아이들도 적응이 쉽지 않을 거예요. 그
런데 아이들이 새로운 기술에 적응하기 어려운 것이 아니라, 우리 어른들
의 구태의연한 생각과 마찰이 있는 거죠. 자신은 하루 종일 게임을 하고
싶은데, 부모님이 이를 막는다, 이런 말씀입니다. 이런 아이들은 문제아가
되니까요.

어쨌든 아이들도 미래 사회를 살아가려면 우리 어른들이 가졌던 덕목과
다른 게 필요할 것 같아요. 어른들에게는 뭐니 뭐니 해도 성실, 근면이 최

대의 덕목이었고, 국가와 사회를 위한다는 생각이 중요했습니다. 거기서 좀 더 나아가서 '창의적이고 개척적이 되라'이런 것이었습니다.

그런데 앞으로 다가올 시대에 아이들이 갖추어야 할 가장 중요한 역량이 무엇일까요? 이 문제에 대해 다른 사람들이 고민했던 것을 잠시 살펴보실까요?

OECD라는 국제기구가 있지요? 경제협력개발기구라고 하죠. 비교적 잘 사는 나라 38개국이 현재 가입되어 있습니다. 우리나라는 1996년에 가입했고요. 그 당시 김영삼 정부였는데 우리나라가 OECD에 가입했다고 한참 선전하고 했었지요. 이제 우리가 선진국이 되었다고 말이죠. 그 OECD에서 1997년 미래 사회를 대비한 연구를 했습니다. 미래 사회에 필요한 역량을 정의하고 이를 교육에 반영하자고 한 것이죠. 이 프로젝트를 OECD DeSeCo(데세코) 프로젝트라고 합니다.[17]

이 DeSeCo 프로젝트에서 정의한 미래를 위한 핵심역량은 3가지 입니다. 첫째는 '도구를 상호작용으로 사용하기'입니다. 여기에서 도구는 언어, 지식, 정보, 기술 등 그 시대에 필요한 도구들을 말합니다. 상호작용으로 사용한다는 뜻은 도구를 나에게 필요한 대로 맞추어서 사용한다, 필요한 만큼 변경해서 쓸 수 있다, 이런 뜻입니다.

두 번째는 '이질적인 집단에서 상호작용하기'입니다. 문화, 전문성, 성격 등 배경이 다른 사람들 하고 관계 맺기를 잘하라는 거죠. 세 번째는 '자율적으로 행동하기'입니다. 스스로 목표를 설정하고 스스로 자신을 지키는 것을 말합니다.

---

17) Definition and Selection of Key Competencies의 머리글자. 1997년부터 2003년까지 진행됨.

제가 이 세 가지 역량을 알고 저에게 적용해 보니 도움이 많이 되더라고요. 인간은 도구를 사용하는 동물이잖아요. 그 시대에 등장하는 도구를 남보다 앞서 사용하는 것이 필요해요. 그래서 저는 휴대폰도 나오자마자 구매했고, 그 뒤에도 뭐든지 남보다 조금 앞서려고 했어요.

두 번째 인간관계도 참 중요한데, 맨날 만나는 사람만 만날 수 없지 않아요? 편한 사람하고만 일할 수도 없고요. 다양한 사람과 인맥을 쌓아야 하고, 껄끄러운 사람들 하고 일할 수 있어야 하겠더라고요. 앞으로는 더욱 그렇겠지요. 그래서 저는 가능한 가리지 않고 사람을 사귑니다.

세 번째는 자율성인데요. 저는 이것은 오래전부터 매우 중요하다고 생각했어요. 마지못해 일하고, 마지못해 모임에 나가고 하는 사람들이 있어요. 저는 이건 아니라고 생각했어요. 기왕에 할 일인데 '적극적으로 하자', 그리고 '주도적으로 하자', 이렇게 마음먹었죠.

대학에서도 학생들이 교실에 그냥 들어와요. 그날 주제가 무엇인지도 모르죠. 무엇을 배워야겠다는 생각은 더욱 없죠. 저는 그래서는 안 되겠다 생각하고 행동하려 했어요.

어머니, 이 세 가지 역량 어떠세요? 아이들에게도 딱이잖습니까?

변화창조와 설계역량

진우 엄마

우리 아이들을 생각하니 조금 걱정이 됩니다. 진우는 우선 좀 소극적이라 문제고, 민희는 사람을 너무 가려 사귀려고 그래요. 노는 애들하고만 놀

공부멘탈코칭

고, 낯선 사람은 잘 안 만나려 해요. 그런데 코치님, 이게 1997년에 정한 거라 하셨는데 너무 오래 전 이야기 아닌가요?

코치

네. 오래되긴 했으나 저는 여전히 미래를 위한 중요한 덕목이라고 생각합니다. 그런데 사람들이 그 뒤에 아무것도 안 했겠습니까? 2015년에 OECD에서 후속 작업을 했습니다. 이때는 '교육 2030'이라는 이름으로 작업을 했습니다. 세상이 더욱 불확실해지고 다양해진 것을 반영하고 또 좀 더 구체적인 것을 찾아보려고 한 것이죠.

OECD가 미래 역량으로 가장 중요하게 생각한 것은 '변혁적 역량 (Transformative Competencies)'이었습니다. 쉽게 이야기하면, 변화를 만들어낼 수 있는 역량인 거죠. 우리가 여태까지 이야기 나눈 변화를 강조한 것입니다.

진우 엄마

코치님, 저는 말이 좀 어렵기는 하지만, '변혁적 역량' 이거 와 닿습니다. 지식만 가지고 있으면 무엇합니까? 변화를 만들어내야지요. 코치님이 말씀하신 대로 이제는 설계와 디자인이 중요하다면서요.

코치

네. 바로 그 이야기입니다. 큰 것이든 작은 것이든 변화를 만들어내는 사람이 필요한 시대입니다. 혹시 아소카 재단이라고 들어보셨어요? 아소카를 만든 빌 드레이튼은 학창 시절부터 남을 돕는 사회적 활동에 관심이 많았답니다. 그런데 그는 혼자서 사회적 활동을 아무리 열심히 한다고 해도 한계가 있다는 것을 깨달았습니다.

그래서 그는 사회를 변화시킬 수 있는 아이디어가 있고 그것을 실천할 수 있는 열정이 있는 사람을 찾아서 지원하는 일을 하기도 했습니다. 그래서 1980년 아소카를 만들었답니다. 아소카는 불교를 통해 선정을 베푼 인도의 왕이죠. 그 왕을 존경해서 이름을 그렇게 지었다네요.

그러니까 아소카는 세상을 바꿀 아이디어를 제시한 사람을 도와줍니다. 한 3년 정도 그 아이디어를 실천할 수 있게끔 생활비를 지원합니다. 그렇게 선정된 사람을 '아소카 펠로'라고 하고요. 한국에도 아소카 펠로가 15명 정도 있는 것 같아요. 전 세계적으로는 150명 정도 된답니다.

이 아소카의 꿈이 '세상의 모든 사람을 변화창조자(Change Maker)로 만든다'입니다. 주장만 하고, 분석만 하고, 책만 쓰지 말고, 진짜로 해보고, 변화시켜 보라는 이야기입니다. 지구환경 문제든, 빈곤 퇴치이건, 민주화이건, 공동체 살리기이건 말입니다.

그레타 툰베리라는 스웨덴의 소녀가 있습니다. 2003년 1월생이니 이제 20이네요. 그는 아버지의 영향으로 기후변화 문제에 관심을 두기 시작했고, 어린 나이지만 행동해야겠다고 생각했습니다. 15세이던 2018년 8월 20일 툰베리는 학교에 가지 않고 스웨덴 의회 건물 앞에서 종이로 쓴 피켓을 들고 1인 시위를 했답니다. 기후 위기에 대한 대응을 촉구하기 위해서 말이죠.

툰베리는 아예 매주 금요일을 '미래를 위한 금요일'로 정하고 학교에 가지 않고 시위를 했어요. 소셜미디어를 통해 이 소식을 접한 젊은이들이 이에 동참하기 시작하여 세계적으로 기후 위기 대처를 위한 동맹 휴업 운동이 벌어졌습니다. 2019년 9월 20일은 아시아, 아프리카, 유럽, 아메리카 대륙에서 학생들이 학교에 가지 않고 '기후파업'을 벌였고요. 급기야 툰베리는 2019년 9월 23일 뉴욕에서 열린 기후 정상회의에서 60명의 세계 정상 앞에서 "모든 게 잘못되었어요."라고 외쳤습니다.

툰베리는 어린 나이에 환경운동의 아이콘이 되었습니다. 변화를 만드는 것은 아이들도 가능하다는 이야기입니다.

진우 엄마

말씀 듣고 보니, 우리 아이가 공부 그만두고 환경운동 하겠다고 나설까 겁나네요.

코치

하하~ 하긴요. 아이들이 다 나서면 그것도 그렇습니다. 자신의 위치에서 할 일이 있겠지요. 어쨌든 앞으로의 교육은 아이들을 공부만 하는 기계로 만들어서는 안 된다는 겁니다. 스스로 변화를 만드는 주체가 되어야 해요. 스스로 직업을 만들고, 스스로 인생이라는 작품을 설계해야 합니다.

> AI 시대에 필요한 핵심역량은 변화를 만들고
> 삶을 스스로 설계해나가는 역량이다.

OECD 교육 2030에서는 변화를 만드는 역량의 세부 역량으로 3개를 들고 있어요. 이것도 참고하시면 좋을 것 같습니다. 첫째는 가치 창조입니다. 자신을 위해, 남을 위해, 지구를 위해 새로운 가치를 만들라는 겁니다. 둘째는 긴장과 딜레마 해소입니다. 다양성과 갈등을 해결할 수 있어야 한다는 겁니다. 셋째는 책임 수행입니다. 자기 할 일을 자기가 해내는 것이죠.

진우 엄마

코치님, 너무 복잡하게 이야기하시면 오히려 헷갈리니까, 미래 우리 아이들에게 필요한 역량은 변화창조와 설계 능력이다, 이렇게 이해하겠습니다. 그러면, 이런 능력을 함양하기 위해 저희 가정에서 할 수 있는 것은 뭘까요?

코치

어머님, 저는 두 가지를 부탁하고 싶어요. 하나는 아이의 자존감을 높여주라는 겁니다. "인생의 주인공은 너다", "너는 가치 있는 존재다" 이런 이야기를 많이 해주시고 그렇게 대우해주세요. 그러려면 어떻게 해야겠어요? 경청해야지요. 의사표시를 할 수 있게 기회를 주고, 그리고 비록 실패하더라도 해보게 해야 합니다. 존중해야죠.

다른 하나는 선택권을 주라는 겁니다. 아주 어릴 때부터 선택권을 줄 수 있습니다. 빨간색과 파란색 중에 선택하게 합니다. 사과냐 딸기냐 중에 선택하게 하고요. 어떤 어머니는 초등학교 4학년 아이의 수학 학원을 선정하는 데도 선택권을 주더라고요.

"A 학원은 논리적인 사고에 치중하는 학원 같아. 장기적으로는 몰라도 당장 수학 시험성적이 올라가지는 않을지도 몰라. 근데 B 학원은 우선 수학 성적을 올려주는 학원 같아. 너는 어떤 학원을 선택하고 싶어?" 하고 엄마가 이야기했다 합니다.

아이는 한참 생각하더니 B 학원을 선택했고요.

진우 엄마

그런 것은 저희도 충분히 할 수 있어요. 우리도 조금씩은 하고 있었는데 그렇게 중요한지를 몰랐네요. 그런데 제대로 인재를 기르려면 학교 교육에서나 사회 전체적으로도 바뀌어야 할 게 많겠어요. 오늘도 많이 배웠습니다. 감사합니다.

딱 좋은 나만의 멘탈코칭 다섯 **딱 좋아 연습하기**

사전 지식 필요 없이 할 수 있는 멘탈코칭입니다.
아주 쉬운 멘탈코칭, 집에서는 아이와 학교에서는 학생들과 한번 해보세요.

1. 지금의 상태를 아래 그림에서 표시해 주세요(상태 점검).
   각각 몇 점인가요?

 * 각각의 점수가 1점씩 올라갔다고 생각해 보세요. (생각만요)

2. 지금부터 '딱 좋아, 왜냐하면….'을 연습하겠습니다. 다음 두 가지 상황을
   읽으시고 무조건 "딱 좋아, 왜냐하면"을 외치신 다음, 왜냐하면에 해당하는
   좋은 이유를 찾거나 만들어 보세요.

〈상황 1〉

모처럼 놀이공원에 가서 타고 싶은 것을 타러 갔는데 줄이 너무 길다.

"딱 좋아! 왜냐하면…."

①

②

③

〈상황 2〉

시험성적이 나왔는데 내가 잘하는 과목에서 예상 밖으로 낮은 점수가 나왔다.

"딱 좋아! 왜냐하면…."

①

②

③

3. 해보니 기분이 어떠세요?

제2부

공부멘탈, 현장을 가다

제6장
공부멘탈의 5대 원리

삶에 대한 기본자세

진우 엄마

코치님, 이제 공부멘탈이 무언지 알게 되었어요. 그리고 공부멘탈에 대해 알게 되면서 저 자신에 대해 생각하고 또 제가 아이들을 대하고 있는 방법에 대해서도 반성하는 시간이 된 것 같아요. 부모 역할 하는 게 쉽지 않네요.

코치

어머니 그렇게 말씀해 주셔서 감사합니다. 교학상장(教學相長)[1]이라는 말이 있지요. 가르치는 선생과 배우는 학생이 함께 성장한다는 뜻이지요. 사실 교사들은 아이들을 가르치면서 자신도 새로 배운다고 합니다. 저도 30년 이상을 대학에서 가르치면서 이 이야기를 실감하며 살고 있습니다.

부모도 마찬가지 아닐까요? 아이를 키우면서 부모도 성장하고 인간이 되어가는 게 아닌가 싶네요. 저는 두 딸이 있는데 이 아이들을 기르면서 많이 배웠지만, 요즘은 손자들 자라는 거 보면서 더욱 많이 배우고 있답니다.

코칭에서도 똑같은 말을 합니다. 코치와 피코치가 있다고 합시다. 코치는

---

1) 중국 5경 중 하나인 예기(禮記)의 학기(學記) 편에 나오는 말.

공부멘탈코칭

도움을 주는 사람이고, 피코치는 도움을 받는 사람이겠지요. 그러나 이 관계가 이렇게 일방적이지가 않습니다. 코치 역시 코칭을 하면서 피 코치 못지않게 많은 것을 깨우치고 얻어간다고 합니다. 어쩌면 피코치보다 더 많은 것을 얻어가기도 하는 것 같아요.

코칭의 매력은 코칭에 대해 많이 알아가면 갈수록 나 자신에게도 도움이 된다는 겁니다.

> **진우 엄마**

코치님, 이제는 우리 아이들이 실제로 어떤 공부를 하게 되는지, 어떤 프로그램을 밟아가게 되는지 좀 자세히 알고 싶어요.

> **코치**

네. 그러시면 우선 아이들을 위한 프로그램 전체를 소개해드리고 차차로 세부 내용에 대해 이야기 나누기로 하겠습니다.

청소년을 위해 저희가 만들어 놓은 정규 과정은 세 가지 프로그램으로 되어 있습니다. 그중에 기본과정이 '공부멘탈'과정입니다. 지금까지 어머니하고 나눈 이야기가 주로 공부멘탈 기본과정에 관한 것입니다. 공부하는 학생으로서 삶에 대한 기본자세라 할까요, 기본자세와 마인드를 학습하는 과정입니다.

학생으로서 삶을 어떻게 살까를
고민하는 과정인 '공부멘탈 기본과정'

공부멘탈 기본과정은 5주로 되어 있고요. 한 주에 3시간씩 합니다. 1주 간격으로 5주를 운영하는 것이 기본인데 때에 따라서는 1주에 2번을 하기도 합니다. 그런데 한번 수업하고 1주일 정도 간격을 갖는 것이 좋긴 합니다. 그사이에 생각도 해보고 실천도 해보고, 해야 하니까요. 너무 간격이 길면, 지난번에 한 것을 다 까먹어 버려서 효과가 떨어지죠. 너무 자주 하면 배운 걸 소화하기가 어렵죠.

학습법과 진로 과정

진우 엄마

공부멘탈 말고, 학습법과 진로 과정도 있군요. 저는 그런 과정이 있는 줄은 몰랐습니다.

코치

네. 저희가 처음에는 공부멘탈 기본과정만 운영했었습니다. 그런데 학부모들로부터 요구가 있었어요. "우리 아이가 공부멘탈을 학습한 이후 상당히 달라졌는데 구체적으로 공부하는 법을 모르는 것 같아요. 공부하는 법을 좀 가르쳐줄 수는 없나요?" 하고 말이죠. 저희는 한동안 공부멘탈이면 된다고 생각했었는데 이런 요구가 많아서 결국 학습법에 대한 프로그램도 만들었어요. 그런데 어머님 아시다시피 저희는 아이들에게 강의하는 것이

[그림 2-1] 청소년을 위한 멘탈코칭 프로그램

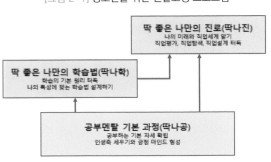

아니라 코칭을 하는 것이잖아요. 그래서 학습법을 아이들에게 가르치되 철저하게 코칭식으로 하겠다고 생각했어요. 사실 시중에 학습법, 공부법에 관한 책도 많고 영상 자료도 엄청 많습니다. 거기 보면 아주 기발하면서도 좋은 방법을 많이 소개받을 수 있어요. 그런데 문제는 그런 학습법을 아이들이 활용하느냐가 문제지요.

남의 학습법을 배우는 게 아니라
나의 학습법을 찾게 하는 '딱 좋은 나만의 학습법(딱나학)'

저희가 연구하면서 내린 결론은 학습법은 다 '저마다'라는 거죠. 예를 들면, 어떤 사람은 아침에 일찍 일어나서 공부하라고 하고 어떤 사람은 저녁에 하라고 합니다. 그리고 어떤 사람은 음악을 들으면서 카페 같은 데서 하면 집중이 잘 된다고 하고, 다른 사람은 그러면 안 된다고 해요. 그래서 저희는 자신에 맞는 학습법을 스스로 찾아낼 수 있도록 해야겠다. 자신에 맞는 학습법을 시도해보고 거기서부터 더 좋은 방법을 다듬어 나가도록 해야겠다고 생각했어요. 그래서 '딱 좋은 나만의 학습법(딱나학)'이 나온 것입니다. 이것도 한 번에 3시간, 5번에 걸쳐서 하는 프로그램입니다.

다음에 개발한 프로그램이 진로 과정이에요. 이것도 학부모들의 요청에 따라 개발한 것입니다. 아이들이 학교 공부를 마치고 어떤 직업을 택해야 할지 꿈이 있고 목표가 있으면 좋겠지요. 그러나 아이들은 대체로 그런 게 없습니다. 그런 거를 물으면 매우 난감해하죠. 그런데 누가 우리 아이들의 진로 설계를 도와줄 수 있을까요?

진로상담 선생님이 하실 수 있을까요? 부모님이 하실 수 있을까요? 이미 이야기 나누었듯이 미래 사회는 정해진 직업 중에서 사지선다형 시험치듯이 정답을 찾는 그런 사회가 아니잖아요. 지금 존재하지 않는 직업을 아이들은 가져야 해요. 그래서 직업 선택 자체가 무의미해지죠. 아이들 스스로 직업을 만들어 가야 할지 몰라요. 그런데 지금까지의 진로상담이나 직업 코칭은 존재하는 직업을 알아보고 자기 적성에 맞는 것을 찾아가게 하는 방식이에요. 우리는 이렇게 해서는 안 된다고 생각했지요.

현재 존재하지 않는 미래 직업을 설계하게 하는
'딱 좋은 나만의 진로(딱나진)'

우선 직업에 대한 안목을 갖게 해야겠다고 생각했어요. 직업에 대한 기본 마인드는 갖되 자기 적성과 취향에 맞는 직업을 스스로 설계해나갈 수 있는 역량을 준비하도록 만들었답니다. 그래서 우리의 진로 과정도 '딱 좋은 나만의 진로(딱나진)'가 되었어요.

진우 엄마

코치님, 이 세 개 과정을 그림으로 보기만 해도 배가 부르네요. 각 과정이 5주 동안 어떻게 진행되는지 내용을 들여다보면 좋겠어요. 공부멘탈 기본 과정에서는 멘탈에 대한 이야기만 합니까?

공부멘탈의 5대 원리

코치

멘탈에 관한 학습을 하기는 하는데 계속 멘탈 타령만 하는 것이 아닙니다. 공부하는 멘탈을 바로 세우려면, 다섯 가지 기본 원리가 필요해요.

공부멘탈의 5대 원리
1. 인생을 바로 세워라.

공부멘탈코칭

2. 강점 기반으로 사고하라.

3. 마음을 다스려라.

4. 응원군을 만들어라.

5. 생활 습관으로 승부하라.

이 다섯 가지는 이제 별로 설명하지 않더라도 잘 이해가 되실 거예요. 우리가 무엇을 하든지 첫째로 해야 할 일은 인생을 바로 세우는 것이지요. 그리고 뭔가를 실행해야 하는데 그 에너지를 자신에게서 찾아야 해요. 자신의 강점을 살리고 활용하는 것이지요. 그다음에는 시시각각으로 변화하는 자신의 마음을 읽고 다스려 나가야 합니다. 그리고 주변 사람들을 자신을 도와주는 응원군으로 만들어야 해요. 부모, 가족, 선생님, 친구들 모두요. 그리고 중요한 것은 습관이죠. 작은 것이라도 성취하려면 습관이 만들어져야 해요. 결국 습관을 통해서 뭔가 이루게 되죠. 습관이 형성되어 있지 않으면 사상누각입니다. 나 자신이 없는 거나 다름없어요.

공부멘탈 5주 과정은 이 다섯 가지 원리를 하나씩 터득해나가는 과정이에요. 하나씩 간단히 소개해드릴게요. 첫째 주는 오리엔테이션과 함께 인생 축 세우기를 합니다. 이미 충분히 설명을 해드렸지요. 과거와 현재 그리고 미래를 죽 걸어보고, 정리하고 상상하고 하는 것 말이죠. 아이들이 자기 삶 전체를 바라보게 하는 것입니다. 아이들이 인생을 뭐 알겠는가 하시겠지만, 아이들도 어른 못지않게 삶에 대해 할 말이 많아요. 미래를 가본다는 게 얼마나 가슴 벅찬 일인가요.

[표 2-1] 공부멘탈 기본과정

주차	주제	내용	비고
1주	오리엔테이션 인생의 축 세우기	과정 소개 과거의 삶 돌아보기 미래 10년과 20년 가보기 내 인생 전체 조망해보기	오리엔테이션을 분리하여 학부모와 공동으로 진행하기도 함
2주	나의 강점 발굴하기	나의 좋은 점 찾기 나의 성과 강점과 성격 강점 찾기 나의 정체성 정의하기	
3주	내 마음 다스리기	마음 작동 원리 알아보기 알아차리기 자기 대화법 익히기 긍정마인드 전환하기	
4주	서로 성장하는 관계 맺기	관계망 분석하기 친구관계 개선하기 어른들과의 관계 개선하기	
5주	성공하는 생활습관 만들기	나의 좋은 습관 나쁜 습관 찾기 핵심습관 발견하기 습관 변화전략 수립하기	디지털 기기 활용 습관 특별점검

강점 발굴에서 정체성 설정까지

진우 엄마

맞는 말씀이에요. 저도 가끔 우리 진우와 민희 결혼식 장면을 떠올리곤 합니다. 아이들이 어떤 짝꿍을 데려올지, 그리고 그때는 어떤 식으로 예식을 할지...

코치

저희 프로그램은 어떤 주제를 다루든지 인생 축 세우기를 제일 중요하게 생각합니다. 길게 보자는 거고요, 인생이라는 대명제를 두고 생각해 보자는 겁니다. 그래야 현상을 제대로 볼 수가 있고, 나에게 맞는 해답을 제대로 찾을 수 있습니다.

그리고 두 번째 주에는 강점 발굴하기를 합니다. 어머니, 진우와 민희의 강점에 대해 생각해 보셨나요?

진우 엄마

강점이요? 강점이 왜 없겠어요. 하지만 많이 생각해 보지 않은걸요. 오히려 단점이 많이 생각나요. 우리 진우는 좀 소극적이라 그랬지요? 민희는 너무 의존적이라고 했고요. 그런 단점을 고쳐주려고 제가 신경을 썼던 것 같아요.

코치

네. 그러시군요. 부모들이 대개 그런 것 같아요. 아이들에게 좋은 버릇도 들여야 하고 또 공부도 하게 해야 하고, 다른 사람에게 예의 바르게 행동하도록 해야 하니까 아이들의 부족한 점, 잘못된 점이 많이 보이죠.

그런데 그게 뭐가 문제일까요? 어머니도 어렸을 때 그런 지적을 많이 받고 자랐을 거예요. 그런데 그럼 아이들이 "알았습니다. 바로 고치겠습니다." 그러는 게 아니라, 자꾸 위축되죠. "나는 부족한 존재인가 보다." "나는 아무래도 안 돼." 한 마디로 자기효능감 또는 자존감이 떨어지게 돼요. 그리고 그런 지적을 하는 사람과의 사이도 안 좋아지지요.

아이들의 자존감을 높여야 합니다. 아이들이 자기 자신에 대해 긍정적인 태도를 가져야 하는 거예요. 사람은 장점과 단점을 다 가지고 있어요. 그리고 단점이라고 하더라도 절대적인 단점은 거의 없어요. 보기 나름인 거죠. 아이가 '산만하다'라고 합시다. 그렇게 말하면 분명 단점입니다. 그런데 산만하다는 것은 다른 각도에서 보면 어떻다는 겁니까? 아마도 '호기심이 많다'라고 할 수 있을 거예요. 그건 장점인 거죠.

공부멘탈 기본과정에서 하는 강점 발굴은 그야말로 '발굴'입니다. 묻혀 있는 것, 숨겨져 있는 자신의 좋은 점을 찾는 것입니다. 어떤 면에서는 자신을 좋게 바라보게 하는 거죠. 아이들은 자신이 좋은 이유를 30개 씁니다. "나는 이래서 내가 좋다."라고 제목을 쓴 다음 자신이 좋은 이유를 씁니다. 가능한 구체적으로 쓰라고 하죠.

나를 사랑하는 마음이 강점 발굴의 시작이다.

아이들이 대부분 이런 것을 처음 써보기 때문에 뭐를 써야 할지 막막해하기도 하고, 이런 것을 써도 되나 하면서 쑥스러워하기도 하는데 시간이 지나면 잘 씁니다. 그리고 마음 뿌듯해해요. 자신이 좋은 점이 많은 사람이라는 것을 알게 됩니다. 이런 모습을 보는 코치들도 매우 기분이 좋습니다. 심지어는 이런 것을 쓰면서 평소 자신이 모르고 지냈던 자신의 강점을 발견했다는 아이도 있어요. 놀랍죠.

그런데 반대로 '내가 좋다.' 리스트를 거의 못 쓰는 아이들이 가끔 있어요. 옆에서 코치들이 도와준다고 하더라도 몇 개 못 쓰는 아이들이 있답니다.

[그림 2-2] K 양의 '내가 좋다'와 자기 정체성(중2)

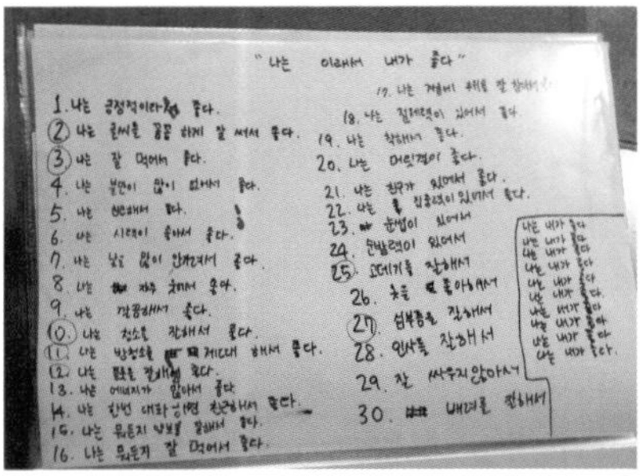

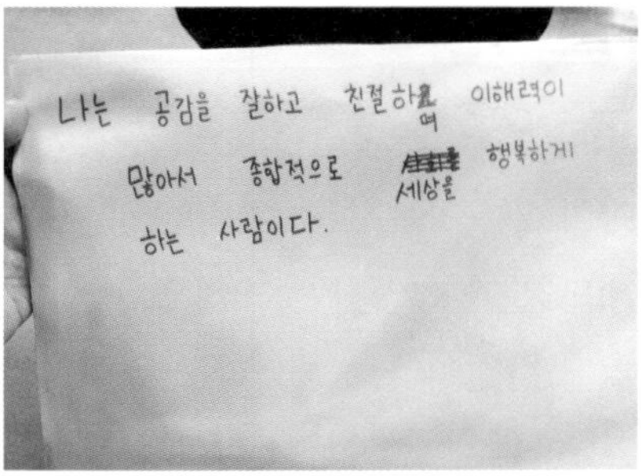

하나도 못 쓰는 아이도 보았어요. 자존감이 아주 낮은 아이들이죠. 이런 아이들을 보면 매우 안타깝습니다. 이런 아이들에게 억지로 뭐를 쓰라고 할 수는 없어요. 가만히 두고 봅니다. 그런데 다행히 이 아이도 조금씩 변해갑니다. 세상을 부정적으로만 보았던 아이들 속에 조그만 초록빛이 켜지는 겁니다.

진우 엄마

우리 진우와 민희도 이런 걸 해보라 해야겠어요. 걔들이 뭐라고 쓰는지 궁금하네요. 그런데 코치님, 자기가 자기를 좋아하는 이유를 찾았다고 해서 그것이 곧 그 아이의 강점이라고 말할 수는 없을 것 같은데요.

코치

어머니, 날카로운 지적이십니다. 그림에서 예를 보신 것처럼, 자신을 좋아하는 이유가 여러 가지가 있는데 이게 모두 장점이 되지는 못할 겁니다. 그래서 자신이 만든 리스트를 찬찬히 분석해 보게 합니다. 첫째는 두 가지 강점을 나눠 보게 합니다. 하나는 성과 강점이고, 다른 것은 성격 강점입니다. 성과 강점은 자기 능력에 관한 것입니다. 뭐를 잘한다고 쓴 것이 있을 거예요. 악기를 잘 다룬다, 운동을 잘한다, 또는 수학을 잘한다, 영어를 잘한다, 이런 거지요.

성격 강점은 자기 행동 성향에 대한 것입니다. 긍정적이다, 배려심 있다, 책임감 있다, 순발력 있다, 도전적이다, 이런 거죠. 성과 강점, 성격 강점 중 아무 데도 속하지 않는 것도 있습니다. 이것들은 대개 환경 요인입니다. 동생이 있다, 강아지가 있다, 대도시에서 산다 등 말입니다. 그런데 이런 것은 자신의 강점이라고 할 수 없겠지요.

그래서 성과 강점과 성격 강점 중에서 정말 자신이 나의 특징이고 남보다 좀 차별화가 되는 것을 고르게 합니다. 딱 세 개만요. 그럼 심각해지죠. 성과 강점을 고를 때는 좀 더 신중하라고 합니다. 이게 일시적일 수 있으니까요? 수학 시험을 한번 잘 보았다면 그걸 강점이라고 할 수는 없겠지만, 계속 잘 봐서 수학적인 재능이 있다면 그건 강점 목록에 들어갈 수 있을 거예요.

어쨌든 자신을 좋아하는 이유 목록에서 중요한 것 3가지를 뽑게 해서 그것으로 자신을 묘사하게 합니다.

K양의 경우, "나는 공감을 잘하고, 친절하며, 이해심이 많아서 종합적으로 세상을 행복하게 하는 사람이다."라고 했네요. 이렇게 묘사하는 것을 정체성이라고 합니다. 자신의 강점으로 정체성을 표시한 거죠. 이 학생의 강점은 공감, 친절, 이해력인 거구요.

이렇게 자신의 강점을 찾으면 이제는 그걸 어떻게 활용할 것인지 고민하게 합니다. 미래를 위해 어떻게 활용할지, 그리고 현재 공부를 하는 데에는 어떻게 활용할 지 말입니다. K양은 공감, 친절, 이해력을 바탕으로 향후 사람을 돕는 일, 예컨대 상담이나, 교사 같은 쪽을 해보겠다고 했고, 공부하는데 있어서도 아이들과 공부 소모임을 만들어서 같이 해보겠다 했습니다.

심리학자 리 워터스[2]는 강점 스위치를 켠다고 했습니다. 약점도 보완해야 합니다. 그러나 강점 스위치를 켜고 뭔가 이루어나가면서 자연스럽게 약점을 보완하거나 고쳐야 합니다. 영어를 잘하고, 수학을 못 하는 아이가 있다고 합시다. 보통은 못 하는 수학을 붙들고 끙끙거리겠지요. 그런데 별

---

2) 리 워터스, 『똑똑한 엄마는 강점 스위치를 켠다』 웅진리빙하우스, 2019.

공부멘탈코칭

로 효과가 없을 거예요. 원래 잘 못하는 과목이니까요. 그거보다는 잘하는 영어 실력으로 영어 점수를 확실히 올리는 겁니다. 그럼 자신감이 빵빵해지겠지요. 그 여세를 몰아 수학도 하는 겁니다. 그리고 자신과는 반대로 수학을 잘하고 영어를 못하는 아이가 있으면 이 아이에게 영어를 가르쳐주면서 반대로 수학을 배울 수 있겠지요.

성격 강점 스위치를 켜면 더 확실해집니다. A는 호기심이 많은 아이이고, B는 계획성이 있는 아이라고 합시다. 수학 공부를 위해 어떻게 하면 좋을까요? A는 A의 강점인 호기심을, B는 B의 강점인 계획성을 활용하는 게 좋겠지요. A는 지금 공부하는 것이 어디에 쓰이는지 알아보면서 공부하면 더 재미있을 거고, B는 시간표를 짜서 하면 효과적일 것입니다.

마음 다스리는 자기 대화

진우 엄마

그럼, 저도 우리 아이들하고 강점에 관해 이야기를 많이 해야겠네요. 진우는 조금 소극적이기는 하지만, 성격이 원만해서 아이들과 잘 어울리는 것 같아요. 그 점을 잘 활용해야겠네요. 민희는 좀 활발하고 호기심이 많아요. 민희에게는 또 이 점을 강조해줘야겠어요.

코치

이제 마음 다스리기 이야기를 좀 해볼까요? 어머니는 화가 날 때 어떻게 하세요?

진우 엄마

화날 때요? 보통은 그냥 참죠. 잠시 자리를 피하기도 하고 또 다른 상상을 해요. 여행 갔던 때라든가, 좋은 음식을 먹을 때라든가. 차를 마시면서 마음을 가라앉힌다든지, 음악을 듣기도 하네요. 생각해 보니 저도 여러 가지 방법을 쓰고 있네요.

코치

네. 현명하십니다. 화가 나면, 참지 말고 화를 내거나, 화나는 대상을 생각하면서 속으로라도 욕을 해주라고 하는 사람도 있죠. 그렇게 해야 정화가 된다고요. 그런데 심리학자들이 실제로 실험을 해보면, 이렇게 하면 오히려 화가 가라앉기보다는 더 올라온다고 합니다. 딴생각을 하는 것이 낫다는 거죠. 그런데 그것도 좋은 방법이 아닌 것 같아요, 화를 억제하는 것이니까요. 억제하면 괴롭습니다. 그리고 나중에 쌓이게 되면 폭발해요.

그래서 우리가 권하는 방법은 일단 화난 자신의 감정을 바라보는 것입니다. "화가 났구나", "화가 찾아왔구나" 하고 혼잣말하는 겁니다. 이것을 알아차림이라고 합니다. 알아차린다는 것은 자기를 또 다른 자기가 바라보는 것을 말합니다. 알아차림은 곧 자기 바라보기입니다. 감정은 대체로 즉각적으로, 저절로 일어납니다. 우리 뇌 중에서 사고를 담당하는 부분을 거치지 않고, 감정을 관장하는 편도체가 먼저 반응해버리는 것입니다.

다 그럴만한 이유가 있겠지요. 그러나 그 이유를 정확히 알지 못한 가운데 반응이 일어난다는 거죠. 우리의 대뇌는 감정이 생긴 이후 그 이유를 만들어낸다고 하네요. 그러면 일이 매우 복잡해집니다. 그래서 일단 그냥 바라봅니다. 아무런 분석과 비판도 가하지 않는 체로요. 그러면 감정은 대부분 금방 사라집니다.

아이들에게는 마치 자신 속에 코끼리가 한 마리 있다고 생각하라 합니다. "코끼리야 화가 났구나." 하고 알아주는 거죠. 이런 연습을 여러 번 합니다. 여기서 좀 더 나아가면 자기 대화를 할 수가 있습니다. 마음 다스리기에서 가장 중요한 것이 자기 대화입니다.

마음 다스리기에서 가장 중요한 것은 자기 대화

진우 엄마

자기 대화요? 스스로 대화를 한다는 거죠. 그거 저도 많이 합니다. 요즘은 조금만 먹어도 살이 찌거든요. 그래서 나 자신에게 이야기하죠. "그만 좀 먹자~" 그리고 아이들한테도 버럭 화를 낸 후에 후회하는 말도 하고요. 그런 것 말이죠!

코치

자기 대화, 그런 것 맞습니다. 그런데 이 점을 아셔야 해요. 보통 우리는 자기 대화를 하면서 자신을 비난하고 있어요. 부정적인 대화를 한다는 뜻입니다. 우리는 긍정적인 자기 대화를 권장합니다. 스스로 칭찬도 해주고, 격려도 해주고, 토론도 하고 말입니다.

만트라라고 들어보셨어요? 불교와 힌두교에서 유래한 것인데 진리라고 생각하는 구절을 주문처럼 외치는 것입니다. 일종의 명상이지요. 이것을 응용해서 자신에게 힘이 되는 구절을 만들어서 스스로 외치게 하는 것입니다. 예를 들어, "너는 할 수 있어.", "나는 너를 믿어." 이렇게 말입니다. 일종의 자기 최면이죠. 아이들이 발표를 앞두고 있거나, 시험을 칠 때 이런 것을 하면 마음이 안정됩니다.

또 아이들에게 인기 있는 것이 '딱 좋아!'입니다. 이건 나쁜 일을 좋은 쪽으로 전환하는 전략이에요. 가령, 맛집이라고 힘들게 찾아갔는데 사람들이 많아 한 시간 이상 줄을 서야 한다고 합시다. 아무리 맛집이지만 짜증

나는 상황이죠. 이때 "딱 좋아! 왜냐하면..."이라고 외칩니다. 엄지와 중지를 마찰시켜서 소리를 내면서[3] 하거나 손뼉을 쳐도 됩니다.

그러면서 이 상황에서 할 수 있는 것을 찾아봅니다. 그러면 여러 가지 방안이 나오겠지요. 유튜브를 볼 수도 있고, 친구들과 채팅을 할 수도 있고, 주변 산책을 할 수도 있고 말입니다. 이런 긍정적이고 창의적인 사고를 유발할 수 있도록 '딱 좋아'가 프레임을 바꿔주는 겁니다.

공부멘탈을 공부한 부영이라는 고등학생이 있는데요, 독후감 발표가 있었다고 합니다. 파워포인트 자료를 잘 만들어 갔는데 막상 발표 시간에 쓰려고 하니 파일이 깨져서 안 열리더랍니다. 매우 당황스러운 순간이죠. 근데 부영이는 '딱 좋아! 왜냐하면...'을 외쳤다네요. 그러니까 생각이 나더래요. 부영이는 아이들에게 이렇게 이야기했대요.

"미안하지만, PPT가 깨져서 열리지 않네요. 독후감 발표니까 여러분의 질문을 받겠습니다. 질문에 대해 답변하는 걸로 대신하게 해주시면 감사하겠습니다." 이때 아이들의 질문이 쏟아졌고, 부영이는 열심히 자기 생각을 이야기했답니다. 끝나고 나서 선생님이 그랬대요. "여태까지의 발표 중에서 가장 훌륭했다."고요. 이게 '딱 좋아'입니다.

그리고 마음 다스리기를 위해 명상도 짧은 시간이지만 실습을 합니다. 아이들의 관심이 많아 앞으로 명상 시간을 늘릴까 해요.

---

3) 영어로는 핑거 스냅(finger snap)이라고 함.

　　　　　　　　　　　　　　　　　　공부멘탈코칭

관계 맺기와 습관 만들기

진우 엄마

어찌 보면 마음 다스리기가 매우 어려운 일인 것 같은데 여기서 하는 것은 그냥 누구나 실천할 수 있는 거군요. 4주 차에 하는 관계 맺기는 무엇을 하는지 짐작이 갑니다. 친구들에게 고운 말 쓰고 잘해줘라 그런 이야기하는 거죠?

코치

어머니 짐작하신 대로 관계 맺기에서는 '서로 잘해 주어라.'가 결론입니다. 그러나 그 결론을 내기까지 과정이 있습니다. 친구가 어떻게 했을 때 내가 좋지? 또 반대로 친구가 어떻게 하면 내가 싫지? 하는 것을 생각하게 하죠. 거기서 얻은 것을 자신이 친구에게 해주거나, 하지 않거나 하는 것입니다. 저희는 티칭을 하는 것이 아니라 코칭을 하는 것이니까요.

그리고 저희는 아이들에게 관계망에 대해 생각해 보게 합니다. 모든 사람은 일정한 관계 그물 안에 놓여 있습니다. 그물 전체를 볼 줄 알아야죠. 관계망이 나를 응원하고 서로 성장시키는 망인가 그렇지 않은가 하는 것을 생각해 보게 해요. 어른들 같으면 '인맥' 하면 얼른 알겠지요. 그 관계망에 대해서도 감사한 점을 찾아보고 또 조금이라도 바꾸려면 내가 어떻게 해야 하는지 생각하게 합니다.

진우 엄마

코치님, 말씀을 들으니 전에 공부한 것이 생각이 나요. 사회적 자본이라는 것을 공부한 것 같아요. 나는 돈이 없지만, 내가 다른 사람에게서 돈을 빌려올 수 있으면 사회적 자본이 있는 거 그런 거 말이에요.

[그림 2-2] 자신의 생활 습관을 설계한 아이들(고1)

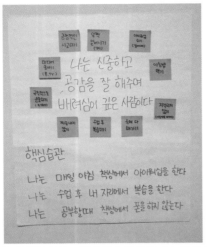
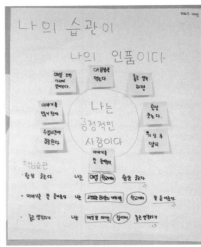

코치

맞는 말씀입니다. 좋은 사람을 만나면 부자가 되지만, 나쁜 사람을 만나면 빚만 쌓입니다. 개인이 갖는 개인적 자원보다 인간관계에서 나타나는 사회적 자본이 중요한 것 같아요. 나이가 들수록 말입니다.

진우 엄마

코치님, 5주째는 습관이네요. '습관이 형성되지 않으면 아무것도 아니다'는 말씀에 동의합니다.

코치

사실 아이들에게 습관 하나만 바꾸게 해도 공부멘탈이 성공했다고 할 정도로 습관이 중요하죠. 우리는 아이들의 습관 아주 작은 것이라도 시도해 보도록 유도합니다. 제일 중요한 것이 휴대폰 보는 습관이에요. 많은 아이가 휴대폰의 노예가 되어 있지요. 그래서 휴대폰에 대해 상당한 시간을 들이면서 함께 고민합니다.

휴대폰이 좋은 이유 그리고 나쁜 이유를 차례로 찾아보게 한 다음, 좋은 점은 유지하면서 나쁜 점을 줄일 수 있는 방법을 만들어보게 합니다. 구체적으로 어떻게 할 것인지 방안을 구상하게 하죠. 그럼 대부분 휴대폰 사용을 줄인다고 합니다. 그럼 어떻게 줄일 것인가에 대한 방안을 찾게 합니다.

나쁜 습관을 바꾸거나 좋은 습관을 새로 만들기 위해 공포를 이용하는 방법도 있지요. 대표적으로 "담배 끊지 않으면 폐암 걸린다"라고 말하는 거죠. 그런데 그런 부정적인 방법보다 긍정적인 방법이 효과가 있다고 해요. 담배 끊은 후 좋아진 모습을 상상하게 하는 거죠. 아이들의 경우는 좋은 습관이 형성된 후 달라진 생활 모습을 상상하게 합니다.

아이들이 많이 이야기하는 습관은 또 수면 습관이더라고요. 취침 시간과 기상 시간 말입니다. 아이들한테는 중요한 것 같아요. 그리고 정리 정돈을 이야기하는 경우도 많아요. 이렇게 생활에 밀착된 습관부터 다져 나가는 것이 사실 좋지요.
이렇게 해서 5주 차 프로그램이 끝나게 됩니다. 어머니, 전체적인 소감이 어떠세요?

진우 엄마

네. 제가 이미 이야기했다시피, 제가 생각했던 것보다는 다루는 내용이 많네요. 공부멘탈이니까 공부에 대한 마인드 조성, 예컨대 자신감, 집중력 이런 것만 다루지 않겠나 생각했는데 아이들의 생활 전체를 다루는군요. 우리 진우와 민희도 꼭 참가시킬게요. 감사합니다.

딱 좋은 나만의 멘탈코칭 여섯 **좋은 친구 만들기**

사전 지식 필요 없이 할 수 있는 멘탈코칭입니다.
아주 쉬운 멘탈코칭, 집에서는 아이와 학교에서는 학생들과 한번 해보세요.

1. 지금의 상태를 아래 그림에서 표시해 주세요(상태 점검).
   각각 몇 점인가요?

* 각각의 점수가 1점씩 올라갔다고 생각해 보세요. (생각만요)

2. 친구들이 어떻게 해줄 때 기분이 좋은가요?
   "친구들이 이렇게 할 땐 기분이 좋다."

①
②
③
④
⑤

3. 반대로 친구들이 어떻게 할 때 기분이 안 좋은가요?
   "친구들이 이렇게 할 땐 기분이 안 좋다."

①
②
③
④
⑤

4. 위에서 적은 것을 보면서 좋은 친구를 사귀기 위해 내가 해야 할 일은?

①
②
③

제7장
학습법의 정답을 찾아서

공부 잘하려면, 세 가지만 잘하면 돼요

진우 엄마

코치님, 지난번 공부멘탈 기본과정에 관해 이야기 나눌 때, 아이들의 장점을 많이 이야기해주라 하셨잖아요? 그게 계속 마음에 걸렸어요. 아무래도 저는 아이들 장점보다는 단점을 많이 이야기했던 것 같아요. 그래서 이번에는 일부러 아이들의 장점이 뭔지 관찰을 해보고 이야기도 나누어보았어요. 그랬더니, 아주 장점이 많더라고요~

코치

어떤 장점이 눈에 띄었습니까?

진우 엄마

중2인 큰 애 진우는 제가 좀 게으르다고 했지요. 가만히 살펴보니 걔가 남의 얘기를 잘 들어주고 배려심이 많더라고요. 여태까지는 그 점을 좀 간과했어요. 초등학교 5학년인 민희보다 저하고 이야기하는 것이 더 편했어요. 남자아이인데도 불구하고요. 그리고 민희는 엄마 아빠한테 뭐를 자꾸 자랑하려 하고 그래서 좀 욕심이 많다고 생각했었는데 자세히 보니 도전정신이 있었어요. 사회 공부를 하면 꼭 박물관 같은 데를 다녀오려 하고, 과학 공부를 할 때는 꼭 실험 같은 것을 해보려 하고 그러는 거예요.

아주 좋은 점이군요. 그러면 그 장점을 자주 이야기해주시면 좋겠습니다. 이제 학습법에 대해 이야기해볼까요? 학습법 하면, 어머니는 어떤 게 생각나세요?

저는 예습·복습밖에 생각나지 않아요. 하도 "예습을 해라", "복습을 해라" 하는 이야기를 많이 들어와서요. 그런데 솔직히 예습과 복습을 제대로 한 경우는 많지 않았던 것 같아요. 그래도 복습은 조금 했는데 예습은 거의 못 했던 것 같아요.

어머니나 저나 예습·복습 이야기를 귀가 따갑게 들었지요. 사실 예습·복습이 그만큼 중요할 거예요. 학생들이 예습·복습을 잘한다고 하면 걱정할 게 없죠. 공부 잘하는 애들은 예습·복습을 잘하는 게 틀림없습니다.

공부멘탈의 2단계 과정 '딱 좋은 나만의 학습법(딱나학)'에서는 학습법 자체를 가르쳐주지는 않습니다. 다만, 학습법에 대해 고민하게 하고 자신이 했던 것을 성찰하면서 자신에 맞는 학습법을 만들어 나가게 합니다.

네. 그 이야기는 이미 들었지요.

저희가 연구해보니, 공부를 잘하려면 다음 세 가지만 잘하면 되더군요.

공부멘탈코칭

세 가지라고요? 그거 간단하군요.

네. 어머니 간단합니다. 첫째는 이해를 잘하고요, 둘째는 암기를 잘하고요, 셋째는 시험을 잘 치는 것입니다.

세 가지가 그거라고요? 그거 너무 뻔한 거죠. 그거 모르는 사람이 어디 있어요?

그러면 어머니 좀 어렵게 이야기해볼까요? 어머니 PQ3R이라고 들어보셨어요?

아니요. 뭐 양자역학인가요? 뭐 그리 어려워요.

네. 좀 어렵지요. Preview(예습), Question(질문), Read(독서), Recite(외우기), Review(복습)를 줄인 표현입니다. 1970년대에 토마스, 로빈슨 같은 심리학자들에 의해 개발된 독서법입니다. Preview는 사전에 대충 훑어보는 겁니다. 그리고 읽기 전에 의문을 제기하고 질문을 던져보는 것이 Question이에요. 그리고는 의문에 대한 답을 찾는다 생각하고 책을 정독하는 겁니다. 그게 Read예요. 그 다음 읽은 것을 간간히 되뇌어 보고 암송하는 것이 Recite입니다. 마지막으로는 전체 내용을 재검토하고 복습합니다. Review지요.

멋진데요.

코치

네. 멋집니다. 이게 독서법의 정석이라 할 수 있어요. 그런데 이것은 어디까지나 독서법에 해당된다 할 수 있어요. 좀 범위가 좁은 거죠. 그래서 저희는 범위를 넓혀 공부 전체를 생각하고 아까 말씀드린 세 가지에다 두 가지를 더 붙여서 학습법 5대 과제를 정리했습니다. 이 속에 PQ3R도 포함이 되어 있습니다.

딱 좋은 나만의 학습법 5대 과제
1. 친해지기
2. 이해하기
3. 암기하기
4. 시험치기
5. 습관들이기

친해지기와 습관들이기가 추가된 것입니다.

우선 친해지기부터

진우 엄마

친해지기가 맨 먼저군요. 습관들이기는 설명 없이도 이해되고 당연하다 싶네요. 그런데 학습법이 친해지기로 시작한다는 것이 좀 색다르게 느껴져요. 그러면서도 직감적으로 이해는 됩니다.

어머니께서 친해지기를 바로 이해해주셔서 감사합니다. 어머니께서 뒤늦게 컴퓨터 엑셀 프로그램 공부를 시작하신다고 합시다. 어떻게 해야 할까요? 선생님이 가르쳐주신 것 이해 잘하고, 그리고 배운 것 까먹지 않게 암기 잘하고, 마지막으로는 자격증 시험 잘 보시면 되겠죠.

그런데 그 전에 해야 할 일이 있습니다. 제일 먼저 하셔야 할 것이 '친해지기'예요. 공부 시작하기 전에, 공부 시작하면서 바로 해야 하는 것이죠. 이해하고, 암기하고, 시험 잘 치기는 어려운 일인데 이건 쉬운 겁니다. 바로 이것부터 하라는 이야기죠. '친해지기' 말입니다. 어떤 것과 친해져야 할까요?

진우 엄마

코치님, 제가 생각할 때는 선생님과 친해지는 것이 1번 같아요. 제가 생각해 보니까 선생님과 친하게 지냈던 과목은 공부도 잘되고 성적도 좋았어요. 고등학교 때 저는 영어 선생님이 정말 좋았어요. 그래서 영어를 얼마나 열심히 했는지 몰라요.

코치

네. 영어 선생님이 좋으셨군요. 그런데 어머님은 영어 선생님이 그냥 좋으셨나 봐요. 사춘기의 여심을 사로잡으신 것 같아요. 그 선생님이 총각 선생님이었지요?

진우 엄마

네. 맞아요. 정말 잘생기셨는데….

어떤 이유로든 선생님과 친해지고, 좋아하게 되면 공부도 잘하게 됩니다. 그런데 이제는 생각을 거꾸로 해봅시다. 영어 선생님이 잘생기지 않으면 어떻게 하죠? 영어 공부를 잘하려면, 영어 선생님의 외모가 어떻든 상관없이 친해져야 해요. 이제 공부를 잘하기 위해 선생님과 의도적으로 친해지라는 겁니다.

선생님을 좋아하고 친해지면 공부도 잘된다.

저희가 아이들에게 물어봐요. "어떻게 하면 선생님과 친해질 수가 있을까?" 애들은 대개 이런 답을 합니다. 이 중에는 본인이 좀 하기 어려운 것도 있고 쉬운 것도 있습니다. 쉬운 것을 하면 됩니다.

선생님과 친해지는 법
- 질문을 한다.
- 학교에 일찍 간다.
- 손을 들고 대답한다.
- 일을 도와준다.
- 개인적인 것을 물어본다(왜 교사가 되었는지 등).
- 음료수를 드린다.

어머니, 친해야 할 대상이 선생님 말고 또 어떤 게 있을까요? 사람도 좋고, 물건도 좋고요~

글쎄요. 친구들도 친해지면 좋겠고요, 책은 어때요?

코치

맞습니다. 같이 공부하는 친구들하고도 친해지는 것이 좋지요. 친구하고 친해지기는 이미 공부를 많이 했지요? 그리고 책과 친해지는 것 이것도 필수입니다. 책을 사면 그 책을 내 책으로 만들어야 해요. 이름을 쓰는 것은 물론이고 그림을 그려놓거나 스티커를 붙일 수 있지요. 어떤 아이들은 책에 별명을 붙이기도 한답니다. 수학책을 '아인슈타인'이라고 한다든지 말입니다.

교실과 친해지고 학교와 친해지는 것이 중요합니다. 그러려면, 학교와 교실 구석구석을 살펴보고, 자신의 흔적을 남겨놓고 또 물건하고도 인사하고 이러는 겁니다.

이해를 잘하려면

진우 엄마

말씀 듣고 보니 '친해지기'가 엄청 중요하네요. 공부뿐만이 아니라 뭐든지 친해지기를 먼저 해야겠어요. 우리는 요리를 많이 하고 또 새로운 요리법을 배우고 하지요. 그때마다 친해지기를 먼저 해야겠어요. 그다음 이해하기에서는 뭐를 합니까?

코치

이제 이해하기 이야기 좀 해보실까요? '이해한다'라는 말뜻을 깊이 따져보면 한없이 어렵습니다. 그런데 사실 '이해된다.', '이해가 안 된다.' 이런 말을 일상적으로 쉽게 쓰지 않아요? 거기서 출발합니다. 어머니는 영화 좋아하세요?

네. 영화 좋아하는 편이에요. 가끔 극장에도 가지만 요즘은 집에서 많이 보죠.

코치

그런데 영화를 보면서 이해가 잘될 때가 있고, 이해가 안 될 때도 있지요? 어떤 경우가 이해가 잘 안 됩니까?

진우 엄마

음~ 가끔 SF 같은 영화를 볼 때 도대체 무슨 내용인지조차 알 수 없는 때도 있고요. 무슨 내용인지는 알겠는데 왜 그런 행동이 있었는지 이유가 납득이 안 되는 경우가 있지요. 이런 걸 이해가 안 된다고 하는 것 같아요. 하여튼 제 남편은 드라마를 보더라도 이해력이 많이 떨어져요. 제가 해설을 해줘야 겨우 이해한다니까요.

코치

맞아요. 이해가 안 된다는 말은 무슨 일이 벌어지고 있는지는 알겠는데, 그 일이 왜 일어났는지, 그 일과 다른 일과의 관계는 어떤지, 그 일 속에 담겨있는 의미가 무엇인지 모를 때 쓰죠.

자연현상에는 이해 안 되는 것이 참 많은데 공작새나 사자처럼 암컷보다는 수컷이 멋있게 생긴 경우가 많아요. 그렇죠? 사람들과는 반대라고 할수 있죠. 사람들은 여자들이 치장을 많이 하고 이쁘게 꾸미는데 공작새는 수컷이 암컷과는 비교할 수 없을 정도로 아름답죠. 이해가 안 됩니다. 그런데 진화론 이야기를 듣고 나면 사정이 달라집니다.

다윈이 진화론을 이야기하면서 '적자생존'을 말했죠. 환경에 적합한 것만이 선택받아 살아남는다고요. 그래서 종족을 보존하고 자기 유전자를 남기기 위해서 개체들은 온갖 노력을 기울이게 되겠지요. 그런데 종족 내에서 수컷들은 자연에서 선택받기 전에 암컷으로부터 선택받아야 합니다. 이를 다윈은 '성 선택(Sexual Selection)'이라고 했지요. 다른 수컷보다 더 멋있어야 선택이 되다 보니 수컷 공작은 더욱 화려한 날개를 갖게 되고, 수사자는 더 멋진 갈기를 갖게 되고, 사슴은 더욱 화려한 뿔을 갖게 되었다 할 수 있습니다.

실제로 이런 동물 종족에서 암컷은 더 멋진 외모를 가진 수컷을 선택하여 교미할 가능성이 높다고 하네요. 암컷은 멋진 외모를 가진 수컷이 더 강하다고 생각을 하는 거겠지요. 이제 이해가 되시지요? 이해란 것이 이런 것입니다.

진우 엄마

네. 이 야야기는 저도 과거에 들은 것 같아요. 이해가 됩니다. 그러니까 이해란 것은 배경지식이 있어야 하는군요. 그런데 이야기 나온 김에, 사람은 왜 남자가 아니라 여자가 이쁘게 치장하죠?

코치

어머니 인간사회는 동물 세계보다는 좀 복잡한 것 같아요. 동물 세계와는 달리 남자가 여자를 선택하는 구조로 되어 있는 것 같습니다. 그건 그렇고, 우리 아이들 이야기 이어갈까요?

남에게 설명하면서 내가 이해가 되지요

진우 엄마

네. 그러죠. 아이들이 이해를 잘하려면 어떻게 해야 합니까?

저희는 아이들에게 이렇게 물어봅니다. "학교나 학원에서 공부할 때 이해가 잘 될 때가 있고, 이해가 잘 안될 때가 있지요? 어떤 때 이해가 잘 되고 어떤 때 잘 안되나요? 그러면 아이들은 이런 대답합니다.

아이들이 말하는 '이해가 잘 되는 경우'
- 예습을 해갔을 때
- 아는 이야기를 할 때
- 집중해서 들을 때
- 그림으로 그려볼 때
- 선생님보다 친구가 설명해 줄 때
- 스스로 문제를 풀어볼 때
- 다른 친구에게 설명해 줄 때

아이들의 이런 이야기를 들으면, "바로 이거다"는 생각이 듭니다. 아주 실용적인 답이지요. 그리고 바로 정곡을 찌르는 학습법입니다. 이해는 예비 지식을 많이 가질수록 잘 되지요. 그리고 집중할 때, 자기가 해볼 때 비로소 이해되는 것 아니겠어요? 그러니까 자기가 듣기만 하면 안 되고 남에게 설명해 보고, 남을 가르쳐 보고, 해야 하는 겁니다. 여기서 바로 학습법이 나오는 거죠.

> 이해를 잘하려면 내가 아는 것을
> 남에게 설명해 보아야 한다.

그래서 배운 것을 설명하는 것이 중요한 학습법입니다. 여기에 고등학교 1학년 두 아이가 있습니다. 한 아이를 상수라고 하죠. 다른 아이는 해철이라고 합시다. 상수는 아버지가 좋은 대학을 나오고 치과 의사를 합니다.

상수도 그런대로 공부하는 편입니다. 그런데 아버지의 기대가 큽니다. 상수도 명문대를 나와서 자기처럼 의사가 되기를 바랍니다. 그래서 아버지가 거의 매일 저녁 상수를 앉혀놓고 과외를 해줍니다. 그래서 집에는 복사기와 화이트보드도 있습니다.

해철이도 공부를 꽤 잘합니다. 그런데 해철이 부모님은 그리 공부를 많이 하신 분이 아닙니다. 아버지는 배달 일을 합니다. 그런데 일주일에 이틀은 아버지가 일찍 퇴근해야 합니다. 왜냐하면 해철이의 강의를 들어야 하기 때문입니다. 일주일에 두 번 해철이는 아빠와 엄마를 앉혀놓고 강의를 합니다. 아빠와 엄마는 어려운 수학도 배워야 하고, 낯선 영어도 공부해야 합니다.

어머니, 상수와 해철이 공부법의 차이를 아시겠지요. 누가 공부를 잘할 것 같습니까? 얼른 생각하면 상수일 것 같습니다. 치과 의사인 아버지의 과외를 받으니까요. 그런데 사실은 반대입니다. 해철이 성적이 높습니다. 상수는 수동적인 학습을 하고 있고, 해철이는 능동적인 학습을 하는 겁니다. 해철이는 엄마 아빠를 가르치면서 애매했던 것을 확실히 이해하게 되었다고 합니다.

> **진우 엄마**
>
> 와우~ 정말 이해가 됩니다. 우리 아이들에게도 이 방법을 써보라 해야겠어요. 제가 아이들 설명을 들어주면 되는 거죠?

> **코치**
>
> 네. 그렇습니다. 아이들은 결국 '머리로 하는 이해하기'와 '몸으로 하는 이해하기'를 터득하게 됩니다. 머리로 이해하기는 예습하기, 아는 것과 연결해보기, 집중해서 듣기, 스스로 생각해 보기, 글로 쓰거나 그림으로 그려

보기 같은 것이고, 몸으로 이해하기는 다른 사람에게 설명해보기, 직접 해보기, 선생님이나 친구에게 물어보기 등입니다.

암기는 머리로 하지 말고 도구를 이용해야죠

진우 엄마

코치님, 학습법의 첫 번째가 친해지기이고, 두 번째가 이해하기이고, 세 번째는 암기하기네요. 암기하기는 저도 참 배우고 싶은 거네요. 제가 암기에 약하거든요. 암기의 비법이 뭔가요?

코치

어머니, 우리 공부멘탈에서는 비법은 없는 거 아시지요? 암기를 잘하는 비법은 말씀드릴 수 없지만, 암기에서 중요한 것이 무엇인지는 말씀드릴수 있을 것 같아요. 메타인지라고 들어보셨을 거예요. 영어로는 메타 커그니션(Meta-cognition)이라고 하죠. 인지는 '우리가 아는 것'을 말하는데 메타인지는 '아는 것을 아는 것'을 말합니다. 그러니까 인지가 좋은 사람은 아는 게 많은 사람입니다. 그런데 메타인지가 좋은 사람은 자신이 아는

[그림 2-3] 이해하기 방법을 스스로 제시한 아이(중3)

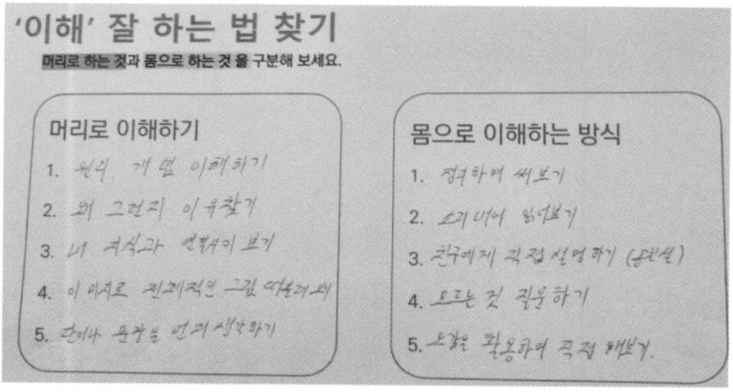

지 모르는지를 잘 아는 사람인 거지요.

공부를 잘하는 사람은 인지능력이 좋은 사람일 것 같지요. 그런데 심리학자들이 연구해보니 비록 인지능력은 떨어지더라도 메타인지 능력이 좋은 사람이 공부를 잘하더라는 겁니다. 가령, 단어 20개를 주고 2분 동안 외우라고 합니다. 어떤 사람은 15개 이상을 외우는 데 비해 어떤 사람은 10개도 못 외웁니다. 그런데 이 사람들에게 본인이 몇 개나 외웠을 것 같으냐고 물어보면, 자신이 외운 숫자를 잘 맞추는 사람이 있고, 잘못 맞추는 사람이 있어요.

> 공부는 인지능력이 높은 사람이 아니라
> 메타인지 능력이 높은 사람이 잘한다.

A는 15개를 외웠는데 10개쯤 외웠을 것 같다고 말합니다. 반면에 B는 9개 외웠는데 실제로 9개 외웠다고 맞춥니다. A는 15개나 외웠으니 기억력이 좋은 사람이죠. 인지능력이 좋은 사람이어요. 그런데 B는 9개밖에 못외웠으니 인지능력이 떨어지죠.

그런데 메타인지 능력은 어떻습니까? B가 A보다 높습니다. B는 자신이 외웠는지 못 외웠는지를 아는 사람인 거예요. B가 A보다 공부를 잘할 확률이 높다는 겁니다. 메타인지 능력이 높다는 것은 자기 인지능력의 장단점을 잘 안다는 겁니다. 그래서 이렇게 하면 잘 외울 수 있겠다 하고 인지작전을 많이 생각하고 또 인지에 대한 연장을 많이 확보한다는 겁니다.

공부 잘하는 애들 보면 그냥 뭐든 척척 해내는 경우도 있지만 대체로 자신의 공부법이 있어요. 중요한 단어에는 형광펜으로 밑줄을 긋고, 입으로 중얼거리기도 하고, 오답 노트를 만들기도 하고 그러죠. 그게 다 그냥은 잘 안되니까 방법을 개발한 것입니다. 인지를 위한 연장을 많이 만들어서 연장통에 넣고 다니는 거나 다름없어요.

말씀을 듣고 보니 저도 조금은 위안이 되네요. 제가 기억력에 자신이 없다고 했잖아요. 그런데 다행히 제가 그걸 잘 알고 있어요. 그러니까 메타인지는 괜찮은 편이네요.

그럼 어머니는 약한 기억력을 보완하기 위해 어떤 연장을 활용하시나요?

제가 가장 많이 활용하는 것은 포스트잇이에요. 뭐든지 써서 붙여놓지요. 주로 냉장고 위에다가요.

바로 그겁니다. 아이들이 어릴 때는 기억할 것도 적고 공부 내용도 단순하기 때문에 자신이 타고난 인지능력을 가지고 실력을 발휘합니다. 그런데 아이들이 고학년으로 올라가면, 인지능력이 아니라 메타인지 능력이 결정적인 역할을 합니다. 아무리 개인차가 있다고 하더라도 인간의 인지능력은 한계가 있거든요. 그리고 타고난 인지능력을 높이는 것은 거의 불가능한 거예요. 그러나 메타인지 능력은 얼마든지 높일 수 있다고 합니다. 두뇌를 부리는 요령이 느는 거죠.

자신의 인지능력을 보완하는 각종 도구를
준비하는 사람이 승자이다.

공부멘탈코칭

아주 작은 예로 사람이 어떤 문제를 풀거나, 깊은 생각을 할 때는 시선을 어디다 고정하지 않고 허공을 보거나 눈동자를 마구 돌립니다. 아이들도 선생님을 빤히 쳐다보면서 산수 문제를 풀라 하면 잘 못 풀어요. 대신 딴 데를 보고 풀라고 하면 잘 풀지요. 두뇌가 어떤 작업을 할 때 그 작업에 필요한 기억장치를 활용해야 하는데 이것을 '작업기억'이라고 합니다.

이 작업기억에 정보를 올려놓고 활용해야 하는데 한계가 있어요. 그래서 작업에 몰두하려면 이 작업기억 공간을 충분히 확보해야 해요. 다른 기억을 지워내고 빈공간을 많이 만들어 두어야 해요. 그런데 선생님을 빤히 쳐다보고 있으면 선생님 얼굴에 대한 정보가 작업기억을 상당히 차지하게 되어 정작 다른 생각을 할 공간이 부족한 거예요. 그래서 아무것도 보지 않고 생각만 하기 위해 허공을 보고 눈을 돌리는 거예요.

이렇게 자기 기억공간의 한계를 인지하고 이를 관리하는 것이 메타인지 능력입니다. 아이들도 누구한테 배운 것도 아닌데 이런 능력을 갖추고 있어요. 그런데 아이들이 이것을 다 잘하는 게 아니에요. 아이들에게 이것을 적극적으로 가르쳐 주면 아이들이 더 잘하고 산수 문제도 더 잘 풀게 됩니다. 메타인지 능력은 이렇게 확대되는 거예요.

암기는 저장이 아니라 인출

진우 엄마

아이참 신기하군요. 눈을 돌리는 것이 그리 중요한지 몰랐습니다. 아이들이 암기를 잘하기 위해 메타인지 능력을 어떻게 활용해야 할까요?

암기에 대한 생각을 바꿀 필요가 있어요. 암기가 뭡니까? 정보를 저장하는 것이잖아요. 그래서 머릿속에다 정보를 집어넣는 것만 생각해요. 외우고, 외우고, 또 외우는 거죠. 책을 읽고 또 읽고 읽는 겁니다. 암기를 잘하기 위해서는 정보를 집어넣는 것보다 들어있는 정보를 꺼내는 게 중요합니다. 영어로는 리트리벌(retrieval) 이라고 해요. 검색 또는 인출이라고 합니다.

집어넣기만 하면 일단 단기기억은 합니다. 일단 몇 분은 기억하는 거죠. 장기기억으로 가더라도 불완전한 장기기억 상태입니다. 그래서 한번 넣은 기억도 얼마 후엔 싹 사라집니다. 벼락치기 시험공부를 하면 시험 끝나면 깡그리 망각하는 거죠. 식당에서 서비스하는 사람들이 손님들로부터 주문받는데 일과가 끝나면 영업 중에 주문받은 내용을 거의 다 망각한다고 합니다. 단기기억 상태에 있다가 사라지는 거죠.

단기기억이 장기기억으로 넘어가려면, 있는 정보를 자꾸 꺼내 보아야 합니다. 핵심은 저장에 있는 것이 아니라 인출에 있습니다. 정보를 인출하다 보면 뇌세포가 많이 움직입니다. 뇌세포의 연결망이 자꾸 늘어나는 겁니다. 그러면서 이 정보는 중요하구나 하고 인식해서 그 정보가 더 강한 연결망을 갖게 되고, 다른 생각을 할 때도 자꾸 떠오르고 그럽니다.

진우 엄마

코치님, 이건 좀 충격적인 이야기네요. 암기는 저장이 아니라 인출이라니….

코치

컴퓨터에는 정보를 하드 메모리에 저장해 놓고 몇 년 후에 찾아보아도 그대로 있습니다. 그런데 뇌 속에 있는 정보는 꺼내 보지 않으면 사라집니다. 아시다시피 우리 뇌는 우리 몸에서 2%를 차지하는데 사용하는 에너지는 20%라고 합니다. 잘못 사용하면 에너지 낭비가 커집니다. 효율적으로 가동을 해야지요. 그래서 주인이 찾지 않는 정보는 사라지는 겁니다.

그래서 공부할 때도 인출을 자주자주 해줘야 기억이 됩니다. KBS에서 고등학생을 대상으로 실험했는데요. 수달과 비슷한 해달[4]에 관한 글을 주고 학생들에게 외우게 합니다. 그런데 반을 둘로 나누어서 한 반에서는 7분 동안 외우고(공부), 5분 쉬고, 다시 7분을 외웁니다(공부). 다른 반에서는 7분 동안 외우고(공부) 5분을 쉰 다음, 얼마나 외웠는지 모의시험을 칩니다. 그러고는 5분을 쉬고 두 반 다 정식 시험을 칩니다. 공부를 두 번 한 반은 평균이 61점이었고, 공부를 한번 하고 시험을 친 반에서는 평균이 55점 나왔습니다.

아무래도 공부를 두 번 한 반이 성적이 좀 높은 것 같지요. 그런데 그로부터 1주 후가 문제였습니다. 다시 시험을 예고 없이 쳤습니다. 어떻게 되었을까요? 놀라운 일이 벌어졌습니다. 두 반의 성적이 뒤집혔습니다. 공부를 두 번 한 반은 45점으로 떨어지고, 공부를 한번 하고 시험을 친 반은 53점으로 1주 전 시험과 큰 차이가 없었습니다.

기억은 자꾸 집어넣는다고 되는 게 아니라는 겁니다. 집어넣은 정보를 자꾸 인출하지 않으면 장기기억으로 남아 있기 힘들다는 겁니다. 모의시험을 치고 또 시험을 친 반에서는 아이들이 왜 시험을 두 번 치느냐고 불평들을 했지만, 결국 그런 식으로 인출을 두 번이나 하다 보니 기억한 것이 오래 간 것입니다.

---

4) 같은 족제비과이지만, 수달은 강에서 살고, 해달은 바다에서 삶.

그래서 공부 방법 중에 '백지 인출'이라는 것이 있습니다. 학교를 마치고, 집에 돌아와서 백지를 한 장 꺼냅니다. 거기다 그날 배운 내용을 무엇이든지 써보는 거예요. 순서와 관계없이 모두 말입니다. 처음에는 별로 생각이 안 나 몇 개 못 씁니다. 그런데 나중에는 많이 쓰게 돼요. 이렇게 공부한 것을 자꾸 써보는 것이 중요해요. 쓰면서 인출을 하게 되고 인출을 하면서 정보가 서로 연결이 됩니다. 백지 인출을 자꾸 하게 되면 아무래도 듣는 것도 집중하게 되고 또 자신도 모르는 사이에 쉴 때나 통학 시간에 머릿속으로 인출하게 됩니다. 백지 인출이 무의식적 인출을 촉진하는 거죠.

진우 엄마

야, 이거 대단한 거네요. 저는 많이 외우면 많이 남는 줄 알았거든요. 그러니까 학교 갔다 와서 학원 가고 학원에서 여러 과목을 듣고 온다고 해도 별 소용이 없겠네요. 틈틈이 자기 공부하는 시간 즉 인출하는 시간이 없으면 말이에요.

코치

어머니 맞습니다. 실험에서 보았듯이 그냥 외우는 공부만 계속해서는 소용없어요. 더구나 주입식으로 듣는 공부는 흘러가는 겁니다. 스스로 외우

[그림 2-4] 두 번 외우는 경우와 한번 외우고 시험을 친 경우

KBS, 시사기획 창, 2014. 9. 30

고 있는지 점검해야 해요. 셀프테스트라고 하죠. 자기가 시험문제를 내서 맞춰보는 것 말이에요. 그런 걸 해야 합니다.

또 다른 실험 하나 소개해드릴까요? 영어 단어 20개를 외우는데 두 가지 방법을 써 봅니다. 하나는 4분씩 끊어서 외우게 합니다. 4분 외우고, 4분 쉬고 이렇게 다섯 번을 하는 거죠. 다른 방법은 20분 동안 쉬지 않고 단어를 외우게 합니다. 5분 후 바로 시험을 쳤더니 4분씩 끊어서 외운 반은 95.8점을 받았습니다. 20분 동안 계속 왼 반은 96.9를 받았고요. 거의 비슷하죠.

그런데 이번에도 1주 후 다시 시험을 쳐 보았습니다. 그랬더니 4분 단위로 외운 단어는 54.2를 받았고, 20분 계속 왼 단어는 32.7점으로 뚝 떨어졌습니다. 이것을 분산학습이라고 합니다. 공부를 한꺼번에 왕창 하는 것보다 중간중간 끊어서 하는 것이 좋다는 겁니다. 근육운동도 그렇지요. 1시간 운동을 쉬지 않고 하는 것보다 10분씩 끊어서 하는 게 좋다고 하죠.

저희는 학습에 대한 이런 이론들을 아이들에게 소개하고 직접 체험을 해보게 합니다. 그러면서 아이들은 자신에 맞는 학습법을 터득해 갑니다. 처음에는 이거다 생각했는데 그게 효과가 없을 수 있어요. 그러면 또 다른

[그림 2-5] **분산학습의 효과**

KBS, 시사기획 창, 2014. 9. 30

방법을 시도합니다. 이런 과정이 바로 메타인지 능력을 키우는 겁니다.

시험을 잘 치려면

진우 엄마

학습법에 오묘한 것이 많네요. 참 재미있습니다. 시험은 어떻게 잘 칠 수가 있습니까?

코치

이제 이해도 잘했고, 암기도 잘했으니 시험만 잘 보면 되지요. 저희 '딱나학' 프로그램 4주 차에 있는 시험치기는 없는 실력을 짜내서 점수를 올리는 것을 다루지는 않습니다. 시험을 잘 친다는 것은 자신의 실력을 잘 발휘했다는 거죠.

공부 잘하는 아이들도 시험 칠 때는 떨립니다. 유독 시험에 대한 불안이 심한 경우도 있고요. 실력은 있는데 시험을 망쳤다 하면 너무나 안타깝죠. 이런 상황을 막아보자고 하는 겁니다. 두 가지를 다루는데요. 하나는 시험장에서의 멘탈입니다. 다른 것은 시험 임박해서 약 2주 정도 준비하는 것입니다.

공부하는 학생도 그렇고, 스포츠 선수도 그렇고 시험이나 실전에 임해서는 마음을 편안하게 가져야 합니다. 그러기 위해서는 결과를 염두에 두지 말고, 과정에 초점을 두라 합니다. "금메달을 따야지", "1등을 해야지" 이런 생각을 하지 말고, "재미있게 해야지", "검산해야지", "차분하게 풀어야지" 이렇게 하라는 겁니다. 금메달을 따거나 1등을 하는 것은 제 노력만으로 되는 것이 아니잖아요. 다른 사람이 못해 주어야 하니까요.

그래서 내가 할 수 있는 것에 집중하는 것입니다. 그리고 자신의 마음을 진정시킬 수 있는 자기 대화를 해야 합니다. 아이들이 준비한 만트라를 외운다든지, 너는 "준비되어 있어"하고 스스로 응원한다든지 하는 겁니다. 이런 것은 간단하지만, 연습이 필요합니다. 물론 명상을 하면 정말 좋습니다.

저도 어떤 중요한 순간에는 제 마음을 가라앉히기 위해 셀프 토킹(자기 대화)을 하는 것 같아요. "떨지마! 잘못되면 어때?"하고 응원합니다.

코치

바로 그겁니다. 그리고 시험치기 전 2주 혹은 10일에 대한 계획을 세우게 합니다. 시간이 좀 있을 때는 어려운 과목 공부를 많이 하게 하고, 시험 날짜가 다가오면 쉬운 과목이나 암기 과목을 주로 하게 하죠. 또 한 과목을 오래 공부하는 것보다 여러 과목을 돌아가며 공부하게 합니다. 이것도 분산학습이 필요해요.

그리고 마지막 차시에는 '습관만들기'죠. 저희 프로그램은 항상 '습관만들기'로 마무리를 짓습니다. 지금까지 이런 것 하겠다 또는 안 하겠다고 했는데 그것을 습관으로 만드는 거죠. 친해지기에 관한 것, 이해하기에 관한 것, 암기하기에 관한 것, 시험치기에 관한 것, 다양한 것들을 정리하고 중요한 '핵심습관'을 골라야죠.

진우 엄마

처음에 말씀드렸다시피, 공부멘탈이 단순한 멘탈에만 그치지 않고, 학습법의 자세한 것을 다뤄줘서 좋아요. 그렇긴 해도 모든 것이 멘탈로 귀결이 되네요.

딱 좋은 나만의 멘탈코칭 일곱 **우리 선생님이 좋다**

사전 지식 필요 없이 할 수 있는 멘탈코칭입니다.
아주 쉬운 멘탈코칭, 집에서는 아이와 학교에서는 학생들과 한번 해보세요.

1. 지금의 상태를 아래 그림에서 표시해 주세요(상태 점검).
   각각 몇 점인가요?

```
              0                5                10
공부에 대한 의욕  |----------------|----------------|
   삶의 행복감   |----------------|----------------|
   몸 컨디션    |----------------|----------------|
```
   각각의 점수가 1점씩 올라갔다고 생각해 보세요. (생각만요)

2. "나는 이래서 우리 선생님이 좋다."
   (담임 선생님이 좋은 이유 20가지를 찾아보세요. '좋다'로 문장이 끝나야 함)
   예: 우리 담임 선생님은 키가 커서 좋다.

① ⑪
② ⑫
③ ⑬
④ ⑭
⑤ ⑮
⑥ ⑯
⑦ ⑰
⑧ ⑱
⑨ ⑲
⑩ ⑳

3. 담임 선생님께 좋다는 이야기를 어떻게 전달할 수 있을까요?

4. 기분이 어떠세요? (1번에 표시한 점수가 조금 변화되었는지요?)

제8장
없어지는 직업 세계에서의 진로[5] 탐색

꿈이 아니라 미래의 삶

진우 엄마

코치님, 우리 아이들이 무엇을 하며 살아야 할까요? 솔직히 아이들의 미래를 생각하면 답답합니다. 지난번에도 미래 사회에 대해 이야기 나누었잖아요. 우리 아이들이 살아갈 10년 후, 20년 후에는 지금의 직업이 상당수 사라질 거라고요. 어떻게 해야 하죠?

코치

네. 저도 손자가 3명이 있는데 이 아이들이 무엇을 하며 살지 자못 궁금합니다. 지금 중학교 1학년인 첫째 손자는 원래 야구 선수가 되겠다고 했었거든요. 쟤 아빠가 야구를 좋아해서 야구장엘 자주 따라다녔거든요. 그러다가 생각이 바뀌었어요. 야구 선수가 아니라 '야구 전략가'가 되겠다 하는 것이었어요. 야구 전략가는 어떻게 알게 된 것인지~

야구를 좀 해보니 야구 선수로 뛰는 것이 만만치 않다고 느낀 것 같아요. 신체 조건도 좋아야 하고 또 운동 감각도 있어야 하고요. 자기하고는 안 맞다 생각한 것 같아요. 그런데 요즘은 또 바뀌었습니다. '빅데이터 전문

---

5) 진로를 영어로 하면 커리어(career)임. 그런데 우리나라에서는 이 커리어를 직장에서는 경력이라고 하고 학교에서는 진로라고 함. 그런데 사실 경력은 과거에 해온 일을 말하고, 진로는 앞으로 할 일을 말함. 과거와 미래를 포괄하는 말이 우리나라에는 없으므로 경력이나 진로를 이야기할 때 과거와 미래 전체를 아우르는 의미로 쓰이기도 함.

가'가 되고 싶다는 거예요. 아마도 빅데이터 시대가 온다는 말을 많이 들은 것 같아요. 그 녀석이 지금도 야구는 열심히 하는데 직업을 찾는 것은 야구에서 벗어난 거죠. 하지만 앞으로 또 어떻게 바뀔지 모르죠.

아이들이 제일 싫어하는 말이 무언지 아세요? "꿈이 무어냐?"고 물어보는 거래요. 어른들은 아이들을 만나면 으레 꿈이 무엇이냐고 물어봐요. 어머니는 어렸을 때 꿈이 확실히 있었나요? 꿈을 확실히 가지고 있는 사람은 많지 않을 거예요. 그리고 있다고 하더라도 꿈을 위해 사는 삶이 가능할까요?

진우 엄마

생각해보니 그렇네요. 저도 조금은 생각한 게 있기는 했지만, '이거다' 하고 내놓을만한 꿈은 없었어요. 꿈을 쓰라고 하는 주문이 많았는데 항상 난감했어요. 매번 적당히 둘러댔지요. '회사원', '교사' 이런 것 말이에요. 그때마다 핀잔받기 일쑤였어요. 야심이 없다나~

코치

그래서 저희는 아이들에게 꿈이 무어냐고 묻지 않아요. 대신 이렇게 묻지요. "10년 후 이맘때 어디서 무엇을 할 것 같아?"

진우 엄마

꿈을 묻는 거보다는 훨씬 부담이 덜 하네요. 저도 한번 생각해볼까요? 10년 후라~ 우리 아이들이 대학을 졸업할 것 같고요. 그때는 저도 여유가 좀 생겨서 사회 활동을 할 것 같아요. 사실은 제가 손재주가 좀 있거든요. 그래서 공방을 하나 운영하고 싶어요.

코치

그러시군요. 좋은 구상이십니다. 그럼 좀 더 구체적으로 공방 운영하는 장면을 상상해보실까요? 위치는 어디쯤일까요? 도시인가요 시골인가요? 공방에 무엇이 보이세요? 어떤 물건이 있나요? 어떤 소리가 들리나요? 어떤 냄새가 나나요? 무슨 연장을 가지고 어떤 물건을 만들고 계시나요? 누구랑 있으세요?

네. 상상되시나요? 공방을 실제로 운영하고 있다는 느낌이 드시나요? 기분이 어떠세요?

진로에 대해 던져야 할 질문

진우 엄마

기분이 묘합니다. 실제로 제가 공방을 운영하는 것 같아요. 제 친정 부모님께 드리려고 의자를 하나 만들고 있었어요.

코치

네. 바로 그겁니다. 아이들과 진로를 이야기하고, 직업을 이야기하는 것도 이런 식으로 편하게 합니다. 진로 코칭을 시험 치듯이, 정답 찾아가듯이 하면 안 되는 거죠. 진로 코칭이야말로 삶을 살아가는 과정으로, 아이들이 가보고, 상상하고, 느껴보게 해야 합니다.

저희 프로그램은 우선 진로를 설정하기 전에 진로에 대해 눈을 뜨게 합니다. '진로에 대한 감각'이라고 할까요? '진로 의식'이라 할까요? 세상에 어떤 직업들이 존재하는지, 내가 좋은 직업을 가져야 하는 이유가 무엇인지, 그리고 과연 좋은 직업이란 무엇인지에 대한 눈을 뜨게 합니다.

아이들에게 필요한 것은 진로를 서둘러
설정하는 것이 아니라, 진로를 보는 눈을 기르는 거다.

진로를 보는 눈을 갖기 위해서는 다음과 같은 것을 생각해보아야 해요. 다음 다섯 가지 질문에 대해 생각해보아야 하는 거죠. 성급하게 답을 찾으라는 것은 아닙니다. 계속 질문을 던지고, 계속 생각을 하자는 거죠.

진로를 위해 던져야 하는 질문
1. 나는 미래에 어떤 삶을 살까?
2. 좋은 직업이란 무엇일까?
3. 나는 어떤 직업을 목표로 해야 할까?
4. 내가 하는 일을 어떻게 멋있게 만들 수 있을까?
5. 나의 진로를 위해 지금 준비해야 할 것은 무엇인가?

진우 엄마

네. 동의합니다. 멋진 질문이라고 생각해요. 미래에 대한 삶을 그려보는 것은 이미 해본 것 같네요. 이제는 좋은 직업에 관해 이야기해보는 것이 좋겠어요. 좋은 직업이 뭡니까?

코치

어머니, 그 이야기하기 전에, 우리가 아이들에게 좋은 직업을 가져야 한다

[그림 2-6] 자신이 좋은 직업을 가져야 하는 이유 (고1)

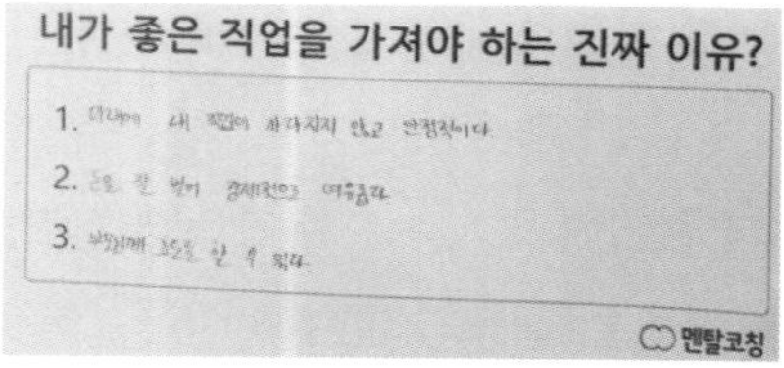

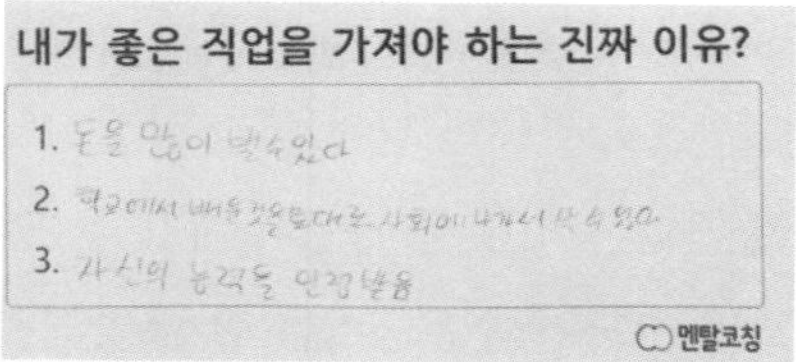

고 이야기하는데 좋은 직업을 가져야 하는 이유가 뭘까요?

진우 엄마

좋은 직업을 가져야 하는 이유요? 그거야 잘 살기 위해서죠. 좋은 직업을 가져야 수입도 생기고, 어느 정도 명예도 얻게 되고 또 결혼도 잘하는 게 사실 아닌가요? 또 멋진 이야기가 있지요~ '자아실현' 말이죠.

코치

자아실현까지 말씀해주셔서 감사합니다.

진우 엄마

저라고 돈 이야기만 할 줄 아셨어요? 저도 그런 거 생각하는 사람입니다.

코치

네. 알겠습니다. 그런데 우리 아이들에게 물어보면 어떤 대답을 할까요? 돈, 안정적 생활, 명예, 결혼 이런 걸 많이 이야기합니다.

진우 엄마

결혼을 이야기한다고요? 다소 뜻밖이기는 하네요. 아마도 주변에 어른들 이야기를 들어서 그럴 거예요.

코치

좋은 직업을 가져야 하는 이유를 찬찬히 생각해보는 것은 매우 중요한 일입니다. 대부분 아이들은 직업을 갖는다는 것, 진로를 탐색하는 것을 남의 일로 생각해요. 부모들이 그리고 선생님이 좋은 직업을 가져야 한다고 하니까 좋은 직업을 가져야지 하는 거죠. 아이들이 '자신을 위해' 직업을 생각해 보게 해야 해요.

좋은 직업을 가져야 하는 이유는 다 비슷하기는 해요. 그런데 가끔 특별한 것들이 있어요. 어떤 아이가 '효도하기 위해' 좋은 직업을 가져야 한다는 거예요. 이야기를 들어보니 부모님이 무척 고생하신다는 겁니다. 그래서 본인이 좋은 곳에 빨리 취업해서 부모님의 고생을 덜어주어야 한다는 겁니다. 얼마나 갸륵합니까?

그리고 어떤 아이는 '자기 능력을 인정받음'이라고 썼어요. 이 아이는 만화를 잘 그린대요. 그래서 애니메이션 작가가 되고 싶답니다. 거기서 자기 재주를 인정받고 싶은 거죠. 이런 과정을 통해 아이들의 진로 의식이 마음속에서 싹트는 겁니다.

좋은 직업, 나쁜 직업

진우 엄마

본인이 좋은 직업을 가져야 하는 이유를 생각해보는 것은 필요한 일 같습니다. 그런데 본인이 원하는 직업이 곧 좋은 직업이라고 할 수 있나요?

코치

이제 좋은 직업이 무엇인지 본격적으로 살펴보죠. 한국고용정보원에서는 주기적으로 우리나라에 어떤 직업이 있는지 조사하여 발표합니다. 2019년 발표한 자료에 의하면, 우리나라에는 16,800여 개의 직업이 있다고 하네요. 미국은 이보다 불만족도를 3만 개가 넘는다고 합니다. 이 많은 직업 중에 어떤 직업이 가치 있는 직업일까요? 직업의 가치를 논하는 것 자체가 의미없는 일일지 몰라요. "직업에 귀천이 없다"고들 말하잖아요?

하지만 이것은 이론적인 이야기이고, 현실적으로는 직업에 귀천이 없다고 말하기는 어려울 것 같습니다. 산업사회가 되면서 노동에 대한 개념이 많이 달라졌지요. 노동은 그 자체로서 의미를 갖는 것보다는 생계 수단으로 인식됐지요. '일은 힘들고 귀찮은 것이지만, 먹고 살자니 어쩔 수 없이 한다.'는 거죠.

그래서 직업의 가치는 그것이 얼마나 수단으로서 구실을 하느냐로 평가되었습니다. 쉽게 이야기해서 월급이 얼마냐, 얼마나 안정적이냐, 얼마나 알아주느냐, 그리고 인맥을 쌓거나 다른 일을 찾는 데 있어 얼마나 도움이 되느냐 하는 것 말입니다. 이런 것들은 '외적 가치'라고 할 수 있을 것 같아요. 일 밖에서 주어지는 거니까요.

그런데 사실 일이라는 것이 이게 전부가 아니지 않아요? 일에 대해 연구한 허즈버그라는 심리학자가 있어요. 그 분이 '2요인 이론'을 제안했어요. 일에 대한 여러 요인 중에 어떤 요인은 근로자의 불만족도를 낮추는 데 기여하지만, 만족도를 높이는 데는 기여하지 못하고, 반대로 다른 요인은 근로자의 불만족도를 낮추는 데는 기여하지 못하지만, 만족도를 높이는 데는 기여한다는 겁니다. 불만족도를 낮추는 요인을 '위생요인'이라 하고, 만족도를 높이는 요인을 '동기요인'이라고 했어요.

진우 엄마

그거 얼른 이해가 안 되는 이론이네요. 불만족을 없애면 만족이 되고, 만족이 안 되면 불만족이 되고 그런 거 아닌가요?

코치

2요인 이론은 불만족을 만드는 것과 만족을 만드는 것은 다르다는 겁니다. 임금을 한번 생각해보죠. 임금을 적게 주거나 잘못 주면 어떻게 될까요? 불만족이 생기겠지요. 그런데 임금을 많이 주면 어떻게 될까요? 물론 불만족이 없어지겠지요. 그렇다고 해서 만족도가 증가하지는 않는다는 겁니다. 2요인 이론에 의하면 임금은 위생요인이에요. 불만을 없애는 요인이지, 만족을 증진하는 것이 아니라는 겁니다.

그럼, 만족도를 높이는 요인은 무엇일까요? 성취감, 도전감, 성장감 이런 겁니다. 다른 말로 하면 일 자체에서 느끼는 재미, 보람, 의미 같은 거죠. 이런 건 내적 가치입니다. 일을 하는 가운데 일 속에서 생기는 거죠. 외적 가치는 외부에서 잘 보이기 때문에 사람들이 이 외적 가치만 보고 직업을 선택하는 경향이 있습니다. 그런데 일을 해보면, 이제 내적 가치가 중요하게 됩니다. 그래서 내적 가치가 근로자의 진정한 동기를 결정하는 거죠. 그래서 그게 중요합니다.

위생요인과 동기요인, 즉 외적 가치와 내적 가치 어느 것이 중요할까요? 사람에 따라 다르기도 하고, 시대에 따라 다르기도 합니다. 그리고 나아가서는 나라마다 사회마다 다르기도 하죠.

행동과학자들이 본격적으로 연구를 하면서 1960년대 이후에는 직업의 내적 가치에 대한 인식이 많이 개선되었습니다. 일반적으로 생각하는 것보다 내적 가치가 중요하다고요. 우리는 내적 가치와 외적 가치가 둘 다 중요하다고 생각합니다. 외적 가치는 사회적인 생활 여건과 관련이 있고, 내적 가치는 주관적인 행복도와 관련이 있습니다.

> 가치 있는 일이란 일 자체가 재미있고,
> 그 일을 함으로써 따르는 외적인 보상도 큰 일이다.

진우 엄마

2인자 요인을 가정에 비유해보니 좀 이해가 됩니다. 가정에 돈이 없으면

공부멘탈코칭

[표 2-2] 직업(일)을 평가하는 기준

기준	의미	세부 요소
내적 가치	그 일 자체가 얼마나 재미있고 의미 있는 일인가?	• 보람, 성취감 • 자율성 • 학습, 성장
외적 가치	그 일을 함으로써 외부에서 얻어지는 것은 무엇인가?	• 외적 기여 • 경제적 보상 • 인맥 형성 • 타 경력으로의 이동
적합도	그 일이 나에게 얼마나 적합하고 내가 얻을 수 있는 것인가?	• 욕구 • 적성 • 가능성

뭐든지 힘들고 답답하죠. 그렇다고 돈이 많으면 행복하냐? 그게 아니죠. 행복은 가족 간에 우애가 있어야 하고 서로 격려해주고 해야 하는 거죠. 그런 거죠?

코치

딱 맞는 말씀이네요. 다시 말씀드리지만, 저희는 내적 가치와 외적 가치가 둘 다 중요하다고 아이들에게 이야기합니다. 그런데 직업의 가치를 이야기할 때는 하나를 더 생각해야 해요. 그것은 아무리 내적 가치와 외적 가치가 크다고 하더라도 내가 하고 싶지 않고 내가 할 수 없는 일이라면 그것은 그림의 떡이지요.

의사라는 직업을 생각해보면, 내적 가치도 크고, 외적 가치도 클 수 있어요. 하지만 아무나 의사가 될 수 없지 않습니까? 그래서 우리는 '적합도'를 가치 척도의 하나로 생각합니다. 내적 가치, 외적 가치 그리고 적합도, 이 세 가지로 직업을 평가하도록 합니다.

이렇게 직업에 대한 기준을 공부한 이후 이 기준에 맞추어 여러 가지를 생각해보게 합니다. 우선 자신이 왜 좋은 직업을 가져야 하는지 그 이유를 썼는데 그게 제대로 된 것인지 살펴보게 하죠. 아이들은 대체로 반성을 합니다. 자신이 너무 외적 가치만을 생각하고 있구나 하고요. 그리고 여러 직업을 비교해 보게 합니다. 직업의 가치를 100점 만점으로 점수를 내게 하는 척도가 있어요. 그 척도에 따라 점수를 매겨보게 합니다. 비슷한 점수일 줄 알았는데 점수를 계산해보니 차이가 크게 날 수도 있고, 반대로 차이가 클 줄 알았는데 막상 차이가 작을 수도 있어요. 좀 계수적으로 직업을 평가해 볼 수 있는 역량이 생깁니다.

진우 엄마

아이들이 아직 직업생활을 해보지 않았는데 점수를 매길 수 있을까요?

코치

옳은 지적입니다. 일단은 자기들이 아는 지식으로, 그리고 주관적인 느낌으로 점수를 매기게 될 겁니다. 그러면서 자연스럽게 직업에 대한 정보를 궁금해할 것입니다. 그리고 관심 있는 직업에 대해서는 정보 탐색을 해보게 되겠지요. 그런데 이 세 가지 기준으로 평가해 본 아이들은 어떤 정보가 필요한지를 알겠죠. 그리고 훨씬 적극적으로 그리고 체계적으로 직업을 탐색하게 됩니다. 점수를 매겨보는 목적이 바로 그겁니다. 한마디로 직업의식을 높이자는 거죠.

내적 가치에 대한 정보, 외적 가치에 대한 정보, 적합도에 관한 정보를 찾게 될 것입니다. 정보를 찾는 방법도 다양합니다. 이미 인터넷에 정보가 넘쳐나죠. 그리고 인터뷰를 할 수도 있고요. 관찰하거나 실제로 체험해 볼 수도 있어요. 그런 것도 구체적으로 학습합니다.

플랜 A, B, C와 피보팅

그러면 이제는 목표 직업을 정해야 할 텐데 어떻게 정합니까?

코치
아이들이 꿈이 무어냐는 질문을 제일 싫어한다고 했지요. 그런데 저희와 공부를 하다 보면, 상당한 직업의식을 갖게 되고 서서히 꿈을 그리게 됩니다. 목표가 되는 직업을 생각하게 돼요. 내적 가치가 크고, 외적 가치도 상당 수준 되고 그리고 나에게 적합한 직업 말입니다.

그런데 아이들이 가지고 있는 정보도 부족할 뿐 아니라 자기 능력과 생각도 계속 변하고 또 세상도 바뀌기 때문에 목표를 정하는 것은 쉽지 않습니다. 그래서 목표는 현재 수준에서 정하되 최대한 유연성을 갖게 합니다. 그래서 저희는 플랜 A, 플랜 B, 플랜 C를 생각하게 하죠. 플랜 A는 정말 갖고 싶은 직업을 말합니다. 본인이 원하는 최고 높은 직업이죠. 좀 도전하기 어려운 것 말이죠. 두 번째는 만일 플랜 A가 너무 어렵다고 하면, 차선책으로 생각할 수 있는 목표입니다. 이에 반해 플랜 C는 비교적 쉽게 달성할 수 있는 목표를 말합니다. 쉽게 비빌 언덕이 있으면 좀 더 여유 있게 플랜 A에 도전할 수 있겠지요.

> 진로 목표는 플랜 A, B, C로 유연하게 정해야 한다.

말하자면, 플랜 A를 변호사라고 할 수 있겠지요. 그런데 변호사가 너무 어렵다고 생각하면, 변리사나 세무사에 도전할 수 있을 겁니다. 이게 플랜 B입니다. 그리고 플랜 C는 이에 비해 쉬운 공인 중개사나 9급 공무원이 될

[표 2-3] 진로 플랜 A, B, C

플랜	의미	예 1	예 2
플랜 A	어렵지만 꼭 도전하고 싶은 직업	변호사	세계적인 호텔 쉐프
플랜 B	플랜 A가 안 될 경우, 도전할 직업	변리사, 세무사	보통 호텔 요리사
플랜 C	비교적 쉽게 얻을 수 있는 직업	공인 중개사, 9급 공무원	식당 자영업자

수 있습니다.

어머니, 피보팅이라고 들어 보셨어요?

진우 엄마

아니요.

코치

네. 피보팅(pivoting)은 축은 그대로 두고 방향을 전환하는 겁니다. 농구 선수가 볼을 몰고 가다가 골대 앞에서 상대 수비에 막히게 되지요. 그러면 방향을 틀어 같은 편 선수에게 볼을 패스합니다. 이런 걸 피보팅이라고 합니다. 직업을 준비해 나갈 때는 피보팅이 중요해요. 공부를 하다 보면 새로운 사실을 알게 되죠. 그러면 방향을 좀 틀 수가 있어요. 좀 더 높은 목표를 향할 수도 있고, 좀 더 낮은 쪽으로 수정할 수 있고, 분야가 다른 인접 분야로 선회를 하는 겁니다.

이게 무척 중요해요. 처음 목표한 대로 살고 있는 사람은 얼마 되지 않을 겁니다. 어느 순간 방향을 바꾸는 겁니다. 바꿀 수 있어야 하고요. 그것을 좀 더 지혜롭게 하려면 처음부터 열린 마음이 필요합니다. 항상 다양한 대

공부멘탈코칭

안을 생각하는 탄력성이 있어야 해요.

진우 엄마

맞는 말씀이에요. 제가 바로 그렇게 했어요. 원래 저는 미술을 전공하고 싶었어요. 그런데 미대에 가려니 학원비도 너무 많이 들고 경쟁도 너무 치열해서 안 되겠더라고요. 그래서 화학과를 선택했어요. 인문계는 싫고 이공계로 가야겠는데 화학이 여자들에게 더 맞을 것 같았지요. 대학 졸업 후엔 화장품 회사에 취업했어요. 화장품 회사 인기가 많았는데 운이 좋았습니다. 그런데 어떻게 된 줄 아세요?

코치

신제품을 개발하셨군요?

진우 엄마

아니에요. 처음엔 개발부에 근무했었는데 홍보실로 자리를 옮기게 되었어요. 제 그림 솜씨가 발휘된 것이지요. 제가 일을 하면서 디자인을 좀 센스있게 했더니 그리로 발령을 내주더라고요. 그래서 미대는 못 갔지만 내가 하고 싶은 것을 할 수 있었답니다. 그게 피보팅이라고 할 수 있나요?

코치

와! 훌륭하십니다. 그런 게 정말 인생이 아닌가 싶네요. 열심히 하다 보면 새로운 기회의 창문이 열리고, 조금만 몸을 돌리면 새로운 세계를 경험하게 되는 거죠. 지혜롭게 전환하는 능력이 필요한 것 같습니다.

진로를 설정하는 데 있어서 정말 중요한 것이 있습니다.

직업은 선택하는 것이 아니라면

진우 엄마

아니 지금까지 중요한 이야기를 많이 했는데, 진짜 중요한 게 남아 있다는 말인가요?

코치

네. 그렇습니다. 진짜 중요한 것입니다. 직업은 선택하는 게 아니라고 했지요. 선택하는 것이 아니라 만들어가는 것입니다. 진로는 찾는 것이 아니라 설계하는 것이고요.

어머니, 준오헤어라는 미장원 아시죠? 그런데 그냥 미장원이 아니더라고요. 매장이 160개나 되고 직원이 3,000명이 넘는대요.[6] 1982년에 만들어졌으니 역사가 40년이 넘는 거죠. 이 정도 되면 미장 기업이라 해야 할까요? 미장 재벌이라 해야 할까요? 그 준오헤어를 만든 사람이 강윤선 회장이라는 분입니다. 저는 그 분 책도 보고, 그 분 강연도 듣고 만나서 식사도 하고 했답니다. 그런데 그 분이 대단하시더라고요.

그는 전수학교에서 미용 기술을 배워 17살에 동네에 미장원을 차렸다고 합니다. 워낙 열심이고 또 재주가 있어서 미장원이 잘 되었답니다. 직원도 늘어서 10명이 넘고요. 그런데 미용사를 하면서 계속 찜찜한 생각이 들었다는 거죠. '왜 우리는 좋은 기술을 가지고 있고 꼭 필요한 일을 하는데 사회에서 제대로 대접을 못 받는 걸까?' 그리고 그가 깨달은 것은 제대로 교육받지 못해서 그렇다고 생각했다고 합니다.

---

6) 준오헤어 홈페이지(2023.7.)

공부멘탈코칭

미용사 교육을 제대로 하는 데가 어딜까 찾다가 영국의 비달사순 아카데미를 알게 되었어요. 그때 강윤선 씨는 결단을 내립니다. 거기 가서 교육을 제대로 받고 와야겠다. 그동안 열심히 일해 장만한 집 한 채가 있었는데, 이를 팔아서 2억 정도 마련하여 직원 16명을 모두 데리고 영국으로 가서 교육받고 왔다고 합니다.

그런데 교육만 받고 온 게 아니었어요. 교육 내용이 너무 좋아서 한국에서 비달사순 과정을 운영할 수 있는 면허를 땄다고 합니다. 영국에 가지 않고 한국에서 비달사순 자격을 따게 하는 거죠. 그런데 그 과정을 이수하면서 졸업식 때 패션쇼를 했다고 하네요. 헤어디자인 패션쇼 말입니다.

진우 엄마

정말 대단하군요. 저는 그런 비하인드 스토리가 있는지 몰랐습니다. 그저 '비즈니스를 잘하는구나' 하고 생각했을 뿐이지요. 직업은 선택하는 것이 아니라 만들어가는 것이라는 것을 실감하게 되네요.

코치

강윤선 씨는 미용사를 그냥 선택한 게 아니에요. 미용사라는 직업을 완전히 새롭게 만든 사람인 거죠. '머리 만지는 사람'을 '헤어디자이너'로 전환시켰다고나 할까요? '어떤 직업이냐'가 문제가 아니라 '어떻게 하느냐'가 진짜 문제 아닐까요?

사실 과거에는 "시킨 일이나 잘해!" 하는 게 있었습니다. 뭔가 다르게 그리고 새롭게 해보려고 하면 야단맞기도 했지요. 지금도 그런 면이 없는 게 아니지요. 그러나 앞으로는 많이 달라질 겁니다.

직업이라는 게 편의상 분류해 놓은 것에 불과합니다. 의사라고 하더라도 수많은 의사가 있고, 변호사라고 하더라도 수많은 변호사가 있는 거죠. 어떤 태도로 직업을 맞이하느냐, 어떤 마음가짐으로 일을 수행하느냐 하는 것이 무척이나 중요합니다. 사실 적극적이고 긍정적인 사람들은 일을 결코 수동적으로 하지 않아요. 일의 목적을 재정의하고 일하는 방식을 싹 바꾸어 놓습니다. 보다 가치 있게 하는 거죠. 내적 가치는 물론이고 외적 가치도 바꾸는 것이죠.

강윤선 씨가 배출한 헤어디자이너는 훨씬 보람있게 일을 할 뿐만 아니라 수입도 억대를 넘는 사람이 많다고 합니다. 물론 사회에서 알아주고요.

지금 하는 일을 바꿀 수 있는 아이라면

진우 엄마
코치님, 그럼 아이들의 직업설계 능력을 어떻게 기를 수가 있을까요?

코치
그렇게 하려면, 지금 자신들이 하고 있는 일에 대해 생각해보게 해야 합니다. 지금 하고 있는 일을 바꿀 수 없다면 미래에 하는 일도 바꾸기 어려울 겁니다. 학창 시절에 일을 전환해 본 경험이 있는 사람은 나중에 무엇을 하든지 자신의 방식으로 다르게 해나갈 수 있어요.

아이들이 집에서도 맡은 일이 있을 거고, 학교에서도 하는 일이 있을 텐데 그 일을 애정을 가지고 바라보고, 더 재미있게, 더 의미 있게, 더 자신에 맞게 하는 방법을 찾아보라고 해야 합니다.

대우그룹의 창업자 김우중 씨가 어렸을 때 신문팔이한 이야기 못 들어 보셨지요? 6·25 때 그는 14살이었답니다.[7] 6남매 중 4째였지만 그는 가장 역할을 해야 했대요. 아버지가 납북되었고 형들은 군대에 입대해서 어머니와 동생 둘의 생계를 챙겨야 했습니다. 그래서 신문팔이로 나섰답니다. 신문을 받아 들면 곧장 대구 방천 시장으로 뛰어갔답니다. 사람들이 많이 모이는 데로 가야 한 장이라도 더 팔 수 있기 때문이지요. 똘똘한 그는 항상 시장에 1등으로 도착하여 신문을 팔기 시작했답니다.

그런데 시장에서 신문을 팔고 있다 보면 어느새 다른 신문팔이 아이들이 나타났대요. 그리고는 그 아이들이 자신을 앞질러 신문을 판 거죠. "좀 더 빨리 움직일 수 없나?" 그는 궁리했습니다. 하루에 100장은 팔아야 네 식구 끼니를 해결할 수 있었으니까요. 거스름돈을 미리 준비했습니다. 삼각형으로 거스름돈을 미리 접어서 주머니에 가득 넣고 있다가 필요할 때 잽싸게 꺼내주면서 앞으로 빨리 전진해 갈 수 있었습니다.

그렇게 하면서 다른 아이들을 많이 따돌릴 수 있었습니다. 그런데 아무리 빨리 간다고 해도 시장을 3분의 2쯤 가면 다른 아이들이 자신을 앞질러 가고 있었지요. 김우중은 그 아이들까지 따돌리는 방법을 연구했습니다. 그는 아예 신문값을 받지 않고, 그냥 신문만 던져 주고 나서 나중에 거꾸로 돌아오면서 느긋하게 수금하였답니다. 물론 신문값을 떼이는 일도 있었지만 그래도 그 방법이 최선이었던 거죠.

진우 엄마

김우중 씨는 어렸을 때부터 남달랐군요. 그래서 그 분이 전 세계를 누비며 사업을 했군요. 신문팔이라는 것이 다 그게 그거다 생각했는데 김우중 씨처럼 기발하게 할 수가 있군요. 아이들이 문제가 아니네요. 저도 살림을

---

7) 김우중, 『세상은 넓고 할 일은 많다』, 김영사, 1989, pp.100-101.

하면서 저 나름대로 바꿀 것이 없나 생각해보아야겠어요. 저의 일을 재설계해 보아야죠.

코치

배달의 민족으로 알려진 우아한 형제들에는 피플(people)실이 있더라고요. 거기서는 일하기 좋은 회사를 만들기 위해 조직구성원들을 챙겨주는 일을 합니다. 피플실 실장인 안연주 씨는 이렇게 이야기하시더라고요. "나는 워킹맘이라고 생각하지 않는다. 나는 N잡러다"고 말이죠. 결혼이라는 것도 하나의 업이고 그 안에서 아내, 엄마도 또 다른 직업이라는 거죠. 그래서 아이와 놀이하는 것도 기념일을 하나 챙기는 것도 직업인답게 신경써서 한다고 합니다.[8]

진우 엄마

'N잡러다.' 그거 재미있는 발상이네요. 하기는 '살림의 여왕'으로 불리는 마사 스튜어트가 있지요. 그분은 정말 살림도 전문직업이라는 것을 보여준 분이죠.

코치

어머니, 진우와 민희도 집안일을 하나요? 본인이 맡아서 하는 일이 정해져 있습니까?

진우 엄마

진우, 민희도 집안일을 도와주기는 하죠. 그런데 딱히 고정적으로 맡은 일은 없어요.

---

8) 안연주 우아한형제들 피플실장이 출연하는 유튜브.

코치

네. 그러니까 진우와 민희는 일을 하더라도 자기 일을 하는 게 아니라 엄마나 아빠 일, 특히 엄마 일을 도와주는 거군요. 그러면 아이들이 어떤 생각을 할까요? 아이들 방 청소도 엄마 일이라고 하면 방 청소가 안 되어 있으면 엄마를 탓하게 될 것이고, 어쩌다 자기 방을 자기가 치운다면 엄마 일을 도와준다고 큰소리치겠네요. 이거 매우 불공평한데요.

육아 전문가들은 아이들이 작은 일이라도 가사를 맡아서 하는 것이 좋다고 해요. 집안일은 모든 가족이 참여해서 함께해야 하는 거고요. 그래야 공동체의 규율이 서는 거고, 시민의식도 생기는 거죠. 그런데 그것이 또한 직업 교육의 시작입니다.

아이들이 자기 일을 가짐으로써 일이 무엇인가 알게 되고, 일을 어떻게 하는 게 좋은지 고민도 하게 됩니다. 그리고 부모는 아이가 자기 일을 하는 과정과 방법에 대해 대화를 나누는 것이 좋을 것 같아요. 어떻게 하면 더 재미있게 할 수 있을까? 어떻게 하면 더 편하게 할 수 있을까? 하는 질문을 던지고 고민하는 시간을 가져야죠.
더 나아가서 부모가 할 일이 있어요.

진우 엄마

부모가 해야 할 일이요? '부모가 모범을 보이라.' 이 말이죠?

코치

어떻게 아셨어요?

진우 엄마

그거야, 너무 많이 듣는 이야기죠.

[그림 2-7] 아이들의 가사 참여(프랑스와 한국)

▶스스로 음식을 먹고, 스스로 옷을 입고, 음식물 쓰레기까지 버리는 프랑스 아이(7세, 좌)와 밥도 먹여주고, 옷도 입혀주고 집안일은 아무 것도 하지 않는 한국 아이(5세, 우) 〈EBS 다큐프라임, 가족 쇼크 5부 행복한 훈육 (2014. 11. 25)

코치

네. 많이 들으셨을 거예요. 그게 진리니까요. 부모가 자신이 하는 일에 대해 긍정적인 마인드를 가져야 하고 부모가 자기 일을 개척하고 설계하고 피보팅하고 하는 과정을 아이들과 이야기 나누는 것이 좋습니다.

진우 엄마

우리도 그렇게 해야겠네요. 진우 아빠도 일 이야기는 아이들하고 전혀 하질 않거든요. 코치님과 이야기를 나누다 보니, 진로 교육이 바로 생활 교육이고 바로 오늘의 일상이군요. 감사합니다.

공부멘탈코칭

딱 좋은 나만의 멘탈코칭 **여덟**

내가 좋은 직업을 가져야 하는 이유

사전 지식 필요 없이 할 수 있는 멘탈코칭입니다.
아주 쉬운 멘탈코칭, 집에서는 아이와 학교에서는 학생들과 한번 해보세요.

1. 지금의 상태를 아래 그림에서 표시해 주세요(상태 점검).
   각각 몇 점인가요?

* 각각의 점수가 1점씩 올라갔다고 생각해 보세요. (생각만요)

2. 내가 좋은 직업을 가져야 하는 이유를 10가지 써보세요.
   예: 내가 가진 재주를 발휘하기 위하여

①

②

③

④

⑤

⑥

⑦

⑧

⑨

⑩

3. 위 10가지 중에서 정말 절실한 것 세 가지를 골라 보세요.

①

②

③

4. 기분이 어떠세요? (1번에 표시한 점수가 조금 변화되었는지요?)

제9장
깨어난 공부본능,
어떻게 지속할 것인가?

오래 남는 교육

진우 엄마

코치님, 지난주 진로에 대한 이야기도 여운이 많이 남습니다. "진로는 선택하는 것이 아니라 설계하는 것이다"라고 말씀하셨지요. 그 말씀을 듣고 제 주변에 일하는 사람들을 만나 이야기를 나눠 보았어요. 그런데 잘 나가는 사람들은 정말 주어진 일만 하는 게 아니더라고요. 나름 자신의 일을 만든다는 걸 알게 되었습니다.

그런데 코치님, 공부멘탈에 대해 근본적인 질문이 생겼어요. 교육 효과라는 것이 있지 않습니까? 배운 내용이 얼마나 오래 지속될까요? 바람직한 변화가 지속되어야 하는 건데…. 공부멘탈 학습은 어떤가요?

코치

저희 공부멘탈 학습이 각 5주 과정 입니다. 기본 과정, 학습 그리고 진로 코칭까지 하면 모두 15주가 되지요. 한 학기 분량이에요. 이 과정을 마치고 아이들이 정말 달라 져야 하는 거죠. 일반적으로 교육 끝나면 기분이 좋습니다. 큰 것을 얻은 것 같기도 하지요. 그래서 만족도 조사하면 점수도 잘 나와요. 그런데 거기서 그치면 안 되지요. 그런데 유감스럽게도 많은 교육이 그렇게 되는 게 현실입니다. 공부 끝나면 금방 까먹고요. "공부는 공부고, 현실은 현실이다."하면서 변화가 없어요.

콩나물시루 이야기 들어보셨어요? 교육하는 사람들이 하는 이야기입니다. 콩나물을 기를 때는 콩나물시루에 물을 주어야지요. 그런데 물은 시루 밑이 뚫려 있어서 그대로 빠져나옵니다. 물이 아무 역할을 안 하는 것 같지만 그래도 콩나물은 자랍니다. 교육도 이와 같은 것이 아니냐 하는 주장이에요. 배운 것 중에 대부분이 유실되지만 그래도 남는 것이 있다, 이거죠. 소위 '콩나물시루 이론'이라고 합니다.

보통 아이들이 책을 덮는 순간 뭐 배웠는지 가물가물해 해요. 그런데 다행히 우리 과정은 아이들이 공부한 것을 비교적 생생히 기억합니다. 아마도 저희 공부법이 주입식이 아니라 그럴 거예요. 아시다시피 저희는 코칭이 잖아요. 코치는 질문을 하고 아이들은 생각해 쓰거나, 그리거나, 움직이거나, 만들거나, 발표하거나 합니다. 아이들이 적극적으로 참여하는 수업이지요.

시청각 교육법을 처음 개발한 에드거 데일 교수가 있어요. 그는 우리가 무언가를 배울 때, 감각기관을 많이 사용할수록 효과가 높다고 했습니다. 읽기만 하는 것보다 읽고 듣는 게 좋고, 읽고 듣는 것보다 읽고 듣고 보기까지 하면 더 좋다는 거예요. 나아가서 현장을 관찰하거나 체험할 수 있다면 훨씬 좋은 거죠. 이렇게 해서 데일 교수는 학습 피라미드를 제안했답니다. 아래 그림에서 보시는 것이 그 '데일의 학습 피라미드'입니다.

감각기관을 많이 사용하는
능동적 학습일수록 학습효과가 오래 남는다.

이게 워낙 유명하다 보니 이 자료가 조금씩 변형되게 되었고, 구체적인 숫자가 등장했습니다. 읽기만 하면 10%만 기억하고, 읽고 들으면 20%를 기억하고, 읽고 듣고 보기까지 하면 30%를 기억하고, 나아가서 말하고 쓰면

70%를 기억하고, 실제로 해보면 90%를 기억한다. 이런 식이에요. 이렇게 구체적인 %가 제시되니 더욱 실감이 나고 신뢰가 가지요. 그런데 사실 누구도 이 숫자를 과학적으로 연구한 사람은 없다고 합니다. 누가 주관적으로 제시한 것이 사실로 받아들여진 것 같아요.

그런데 숫자를 믿진 않더라도 전체적인 맥락은 누구도 부인하지 않는답니다. 학습효과를 높이려면, 감각기관을 최대한 여럿 사용해야 한다는 것, 그리고 수동적인 학습이 아니라 능동적인 학습을 해야 한다는 사실 말입니다.

[그림 2-8] 교육학자 에드거 데일의 학습 피라미드[9)]

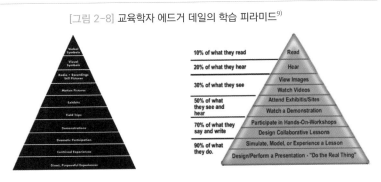

▶Edgar Dale이 1946년 제시한 학습법 피라미드(좌), 그 후 미국 NTL 등에서 숫자 정보를 추가하여 수정한 학습 피라미드(우). 수치화된 것은 과학적 근거가 없다고 밝혀졌지만, 경험적으로 의미 있다고 여겨지고 있다.

진우 엄마

네. 그렇지요. 굳이 교육학 이론이 아니더라도 우리도 알고 있는 겁니다. 그래서 저도 주입식 교육을 싫어하는 거고요. 공부멘탈에서는 아이들이 다양한 활동을 한다. 이거군요.

9) Qing Zhang et al., Dr. Edgar Dale, TechTrends, 63(2019), pp.240-242.

공부멘탈코칭

그렇습니다. 인생 축 세우기를 예로 들어볼까요? 인생 축 세우기는 사실 과거를 돌아보고 미래를 상상해보는 겁니다. 이것을 앉아서 A4 용지에다 멋지게 쓰고 그릴 수 있어요. 하지만 우리 공부멘탈에서는 바닥에다 마스킹 테이프로 선을 그리고 그 선위를 왔다 갔다 하게 해요. 몸을 움직이는 거죠. 이건 앉아서 머리만 쓰는 것하고 전혀 다른 겁니다.

과거에 있었던 일 중에서도 '기뻤던 일', '슬펐던 일', '감사한 일', '존재감을 느꼈던 일' 이런 것을 생각하며 걸어보면 아이들에게는 참으로 색다른 경험이 됩니다. 이걸 누가 잊어버리겠어요?

자기 대화와 '딱 좋아'는 잊히지 않아

진우 엄마

그렇긴 하네요. 인생 축 세우기는 아이들에게 강한 인상을 남겼을 것 같습니다. 그런데 실제로 자주 써먹을 수 있는 건 아니지요.

코치

네. 그렇습니다. 아이들이 배운 기법 중에서 가장 많이 활용하고 있다고 한 것은 '자기 대화'와 '딱 좋아'인 것 같아요. 저희가 공부멘탈을 학습한 후 1학기가 지난 아이들에게 설문을 보내 아직 활용하고 있는 것이 무엇이냐고 물었더니, 거의 모든 아이가 이 두 가지를 이야기했어요. 특히 '딱 좋아'는 놀이처럼 친구들하고 같이 활용하기도 하더라고요.

저희가 '딱 좋아'를 교육하고 몇 주 후에 학교를 찾아갔는데 우리를 알아본 학생들이 '딱 좋아 선생님'이 오셨다고 이야기하더라고요. 그만큼 '딱 좋아'가 뇌리에 박힌 것 같아요.

그럴 것 같아요. 저도 많이 써먹는걸요. 쓸 일이 아주 많아요. 뭐 복잡한 것도 없고요. 그런데 이건 지엽적인 거지 본질은 아니잖아요? 공부에 대한 태도가 달라져야 하는데~.

네. 어머니, 이미 공부에 대한 태도가 많이 달라졌다는 이야기는 나누었던 것 같습니다. 문제는 6개월 후, 1년 후에도 효과가 남아 있느냐 하는 건데요. 아까 말씀드린 설문조사에서 보면, 아이들이 공부에 대해 가지고 있는 태도도 계속해서 좋아지고 있었습니다.

중학교 1학년 H군의 예를 볼까요? 그는 1년 전에 공부멘탈을 학습했어요. 그런데 설문에 이렇게 썼어요.

> "예전엔 공부가 나를 힘들게 한다는 생각을 많이 했었는데
> 이제는 공부는 인생을 위해 필수적인 부분이라고 생각하니
> 조금 참고 견디는 힘이 생겼어요.
> 그리고 목표가 조금 뚜렷해져
> 내가 잘하는 게 무엇일까 찾고 있어요."

학생 M양의 경험도 한번 공유할까요? 이 학생은 공부멘탈에 대해 계속 고민하고 코칭을 받아온 학생입니다. 그는 설문조사에서 이렇게 썼습니다.

> "우선 학습하는 방법에 대해 생각하게 된 것이
> 하나의 변화라고 볼 수 있을 것 같습니다.

수업을 받기 전에는 그저 공부하기만 했다면

이 수업을 통해 공부하는 방법, 효율적으로 자신의 목표를

달성하는 방법 등에 대해 스스로 자신에게 의문점을 가지며

나만의 공부 방법, 공부를 하기 위한 최상의 조건 만족시키기,

공부할 때의 멘탈 다스리기 등 공부를 학습으로만 보는 것이 아닌, 나

와 함께 하는 친구와 같이 친근감 있으면서도

나에게 도움이 되는 것으로 바라본 것이

이 수업을 통해 발전한 모습이라 볼 수 있을 것 같습니다."

새로운 습관이 형성되려면

진우 엄마

네. 코치님, 우수한 애들은 어떤 경우도 우수한 것 같아요.

코치

물론 말씀하신 대로 개인차가 많이 있습니다. 하나를 배우면 열을 실천하는 애들도 있고, 열을 배워도 하나도 실천하지 않는 아이들이 있습니다. 저희가 관찰해보니, 시간이 지났음에도 불구하고 공부멘탈의 효과가 지속되는 데는 특별한 이유가 있는 것 같아요.

공부멘탈 교육 효과를 장기화시키는 방법

1. 개인 코칭을 받거나 후속 활동에 참여한다.

2. 또래 코칭 활동을 한다.

3. 우호적인 사회적 환경의 도움을 받는다.

아무리 참여식 수업을 받는다고 하더라도 시간이 지남에 따라 그 효과는 점점 소멸하기 마련입니다. 특히 새로운 행동이 습관으로 자리 잡기까지는 어떤 형태든 재교육이 필요합니다. 그래서 공부멘탈 학습 이후에도 개인적으로 코칭을 받거나 세미나나 워크숍과 같은 관련 활동에 참여하여, 하던 것도 재점검하고, 잊고 지내던 것도 되살리고 해야 해요.

저희 코치들이 원하는 학생들에게 주간 단위로 케어를 해주고 있습니다. 자신의 습관에 대한 다이어리도 기입하고 말이죠. 매일 다이어리만 기입해도 효과가 큽니다.

어머니, '습관 형성 66일 법칙'을 아세요? 새로운 습관이 하나 형성되려면, 66일은 반복을 해야 한다는 겁니다. 66일 법칙 이전에 '21일 법칙'이 있었습니다. 미국의 정형외과 전문의였던 맥스웰 몰츠에 의해 시작된 것이예요. 그는 정형외과 의사로서 환자들 수술을 하고 회복 과정을 지켜보았습니다. 팔다리를 절단하는 경우도 있고, 또 손상된 얼굴을 수술하는 경우도 있었습니다. 이런 경우 물리적인 상처 치유도 치유지만, 정신적으로 안정을 찾기가 쉬운 일이 아니었습니다. 그런데 시간이 지나면 대체로 사람들이 적응하더라는 겁니다. 심지어는 팔다리를 절단한 경우에도 결국에는 자신의 새로운 모습을 받아들이는 거죠.

사람마다 차이가 있지만 최소한 21일은 지나야 새로운 자기를 받아들이더라는 겁니다. 그런데 변화를 받아들이는 데 있어서 중요한 것은 환자가 자신의 이미지를 긍정적이면서도 정확히 그리는 것이라는 것을 몰츠 박사가 이해했고, 이런 내용을 책[10]으로 썼는데 자기계발서로서 유명한 책이 되었습니다.

---

10) Malts, Maxwell(1960), Psycho-Cybernetics: A New Way to Get More Living out of Life, Prentice-Hall

　　　　　　　　　　　　　　　　　　　공부멘탈코칭

몰츠 박사의 21일 이야기는 자신의 임상 관찰에서 비롯된 것이고, 새로운 습관을 형성하거나 새로운 상황을 받아들이는 데는 '최소한' 21일이 필요하다고 주장한 것인데 대중들은 새로운 습관을 형성하려면 21일이 되는 것으로 인식하게 되었습니다. 어쨌든 몰츠 박사는 습관 형성과 관련하여 구체적인 숫자를 제시한 최초의 인물이 되었습니다.

진우 엄마

21일이면 3주군요. 제가 생각하기에는 3주 만에 새로운 습관이 형성된다면 이건 상당히 빠른 것이 아닌가 하는 생각이 듭니다. 다이어트도 성공하려면, 최소한 한 달은 해야 하거든요.

코치

다이어트는 한 달을 잡는군요. 습관 형성에 대해 좀 더 과학적인 연구가 2000년대 들어와서 영국에서 있었습니다. 영국의 필리파 랠리 교수팀이 습관 형성과정을 체계적으로 연구했습니다.[11] 연구에 참여하겠다고 자원하는 대학원생 96명(이 중 2명은 학부생)을 모집했습니다. 그러고는 본인이 새로 습관으로 만들고 싶은 것을 하나씩 정하게 했습니다. "점심 먹을 때 과일을 먹겠다." "아침에 팔굽혀펴기 50번을 하겠다." "아침 식사 후 생수를 한잔하겠다." 이런 것들입니다.

참가자들은 매일 그 행동을 했는지 실험 웹사이트에 들어가서 기록하고 또 그 행동이 얼마나 자동적인 행동인지를 체크하게 했습니다. 자동으로 하는 행동이어야 습관이라고 할 수 있으니까요. 실험은 12주 동안 계속되었다고 해요.

---

11) Lally, Phillippa et al.(2010), How are habits formed: Modeling habit formation in the real world, European Journal of Social Psychology, 40, 998-1009.

96명 중 14명은 중도에 탈락했습니다. 그러나 나머지 82명 중에서도 신뢰할만한 데이터를 제공한 사람은 39명이었어요. 반 정도가 또 탈락한 거죠. 그래서 최종적으로 39명이 자동으로 행동했다고 하는 날짜가 66일로 나온 겁니다. 그렇게 해서 66일 법칙이 나온 겁니다.

습관형성의 66일 법칙:
새로운 습관을 형성하는 데는
평균 66일의 반복이 필요하다.

진우 엄마

66일이 아주 힘들게 나왔군요. 과학적인 연구라고 하지만, 96명이 시작했는데 중도에 탈락한 사람이 오히려 더 많은데 이런 결과를 신뢰할 수 있을까요?

코치

그러게 말입니다. 게다가 평균이 66일이라는 거지, 사실 짧게는 18일부터 길게는 254일까지 편차가 매우 컸습니다.

또래 코칭은 아이들을 성숙하게 만들어

진우 엄마

그럼, 이런 연구에서 우리가 얻을 수 있는 교훈이 뭘까요?

코치

물론 66일에 큰 기대를 하셨다면 분명 실망하실 겁니다. 하지만 이러한 연구에서 얻을 수 있는 교훈이 많다고 생각합니다. 분명한 것은 습관은 반

공부멘탈코칭

복으로 만들어진다는 거죠. 반복하는 횟수나 날짜는 경우에 따라 다르지만, 어쨌든 꾸준히 반복하면 행동이 자동화되는 겁니다.

습관 형성 연구가 또 가르쳐주는 것은 습관을 만드는데 반복을 어떻게 하느냐에 따라 그 효과는 금방 나타날 수도 있고, 반대로 오랜 시간 후에 나타날 수도 있다는 거죠. 그러니까 우리 하기 나름이라는 것을 가르쳐주고 있습니다.

진우 엄마

그야 당연하죠. 엄마들 다이어트하는 걸 보면 알아요. 진정성있게 몰입해서 하는 사람하고 건성으로 하는 사람하고는 전혀 달라요.

코치

충남 아산에 충남 삼성고등학교가 있어요. 아산에 삼성의 디스플레이 생산단지가 만들어지면서 그곳에 고등학교가 만들어졌어요. 도에서 부탁해서 삼성그룹이 운영한다고 합니다. 2014년에 개교를 했는데 그 학교에서는 1학년 입학을 하면 전원 66박 67일 기숙사 생활을 해요.[12] 그 기간에는 집에도 못 갑니다. 왜 이렇게 하는지 아시겠어요?

진우 엄마

혹시 새로운 습관을 만들기 위해 그런 건가요?

코치

맞아요. 바로 그겁니다. 중학교 3학년까지 만들어진 잘못된 습관을 바로 잡기 위해 하는 입문 과정이랍니다. 아이들은 과거 생활했던 환경과 단절

---

12) 충남 삼성고등학교 홈페이지에 나와 있음.

하면서 새로운 기초 생활 습관을 습득합니다. 취침 시간, 기상 시간, 자기 자리 정리하기, 아침 인사하기, 아침 운동하기, 예습하기, 음식 남기지 않고 먹기 등 말입니다. 삼성 학교에서는 이를 '66일 기적의 용광로'라 부르더군요.

정말 그런 곳이 있어요? 놀랍네요. 삼성 느낌이 나네요. 66박을 하는 이유는 앞에서 말씀하신 그런 이유이겠군요. 우리 아이들을 모두 삼성 학교에 보낼 수도 없고~

어쨌든 아이들이 스스로 뭔가를 반복해야 하는데 그것이 쉽지 않기 때문에 계속 누군가의 도움을 받는 것이 좋습니다. 공부멘탈 후속 활동에 참여하는 것이 일단 그 하나의 방법입니다.

그리고 저희가 중요한 것을 발견했습니다. 공부멘탈에서 학습한 것을 지속시키는 아이들은 학습 내용을 자신에만 쓰지 않고 친구들에게 쓰고 있더라는 겁니다. '또래 코칭'이라 할까요? 적극적인 아이들은 이미 공부할 때부터 배운 것을 집에 와서 부모님들에게 풀어 놓습니다.

진숙이라는 아이는 그런 아이였습니다. 진숙이는 공부멘탈에서 강점 발굴을 배웠으면, 집에 가서 엄마한테 그대로 전수하는 거예요.
"엄마 이리 와서 앉아봐. 엄마는 자신을 얼마나 좋아해? 여기에다 '나는 이래서 내가 좋다'를 20개 써봐."
"그 20개 중에서 베스트 3개를 뽑아봐."

이런 식인 거죠. 그런데 진숙이는 엄마하고만 그러는 게 아니었어요. 친구

　　　　　　　　　　　　　공부멘탈코칭

들한테도 똑같이 한 것입니다. 그리고 친구들에게 만트라도 만들어보라하고 또 '딱 좋아!'도 가르쳐주고 말이죠. 이렇게 되니까 진숙이는 반에서 고민 상담을 해주는 코치가 된 것입니다.

진우 엄마

그거 멋지군요. 그건 진숙이한테도 좋은 일이고, 반 전체에도 좋은 일이네요. 사실 전문가에게 코칭을 받는 것도 좋지만, 어떤 때는 자신과 비슷한 처지에 있는 사람들로부터 도움을 받는 것이 좋아요. 부담이 없을 뿐만 아니라, 같은 처지에 있으니 이해도 잘해주고 현실에 딱 맞는 방안을 제시하기도 하거든요. 저도 제 친구들에게 이런 역할을 좀 하는 편이에요.

코치

말씀대로 또래 코칭은 어른, 아이 할 것 없이 누구나 할 수 있는 거고요, 또 실제로 많이 행해지고 있습니다. 적극적으로 하느냐, 아니냐의 차이죠.

저는 조금 다른 목적으로 옆 사람들을 이용합니다. 제가 어떤 이론을 새로 학습했거나 문제를 해결할 수 있는 새로운 방안이 떠오르면, 옆에 있는 사람들에게 마구 떠듭니다. 우리 가족이 걸릴 수도 있고, 직장 동료들이 될 수도 있지요. 그들에게 뭐를 가르쳐주려고 그러는 것이 아니라 이야기함으로써 저의 생각이 정리되기 때문에 그러는 거예요. 그래서 어떤 때는 미리 양해를 구해요. 이거 저 자신을 위해 떠드는 것이니 그냥 들어주라고요.

또래 코칭을 하는 아이들도 분명 이런 효과를 느낄 거예요. 남을 코칭하는 것 같지만 사실은 자신을 코칭하고 있는 거라는 걸요. 남에게 변화를 이야기하고 있지만 사실은 자신의 변화를 더욱 가속하고 있는 거죠.

교육 효과를 지속시키는 사회적 환경

진우 엄마

코치님, 그러면 아이들에게 자신이 배운 것을 다른 아이들에게 써보라고 권해야겠네요.

코치

네, 어머니. 권해도 좋습니다. 그런데 더 중요한 것은 부모님들이나 교사들이 좋은 환경을 만들어주는 것이 무척 중요합니다. 학습한 것이 실제 생활현장에서 발휘되느냐 안 되느냐를 결정하는 것은 개인의 노력도 중요하지만 사회적 환경이 무척 중요합니다.

예를 들어, 기업에서 직원들이 연수를 다녀옵니다. 일주일 동안 소통 교육을 받고 온다고 칩시다. 그 교육 시간에 좋은 것을 많이 배우겠지요. 경청, 공감, 아이 메시지, 비폭력 대화, 이런 것들 말이죠. 배울 때는 이런 생각을 할 겁니다. '직장에 복귀하면, 배운 것을 잘 써먹고 좋은 직장 문화를 만드는 데 이바지하겠다.'이렇게 말이죠.
그런데 그게 잘 안 돼요. 왜냐하면, 기존의 직장문화가 새로운 행동을 수용하지 않는 거죠. 배운 것을 써먹으려 하면 이상한 사람 취급합니다. 아는 체한다거나 튀는 행동 한다고 오히려 왕따를 시키는 겁니다.

진우 엄마

그것도 맞는 말씀이네요. 그럼 어떻게 하면 좋습니까? 교육이 필요 없는 거네요.

코치

방법이 있습니다. 이럴 때 리더십이 필요합니다. 리더가 중간 역할을 해주어야 해요. 새로운 교육을 받고 온 사람들이 새로운 행동을 하도록 격려해주고, 기회를 주고 또 실수하더라도 보호해주어야 합니다. 그런 노력을 꾸준히 하면 문화가 바뀌게 돼요.

저희도 여러 기관을 상대하고, 여러 학교와 일을 합니다. 그런데 교육 효과가 좋은 곳은 리더십이 달라요. 수원에 있는 지역아동센터와 저희가 일을 많이 했어요. 아동센터마다 분위기가 다르더라고요. 어떤 곳은 따뜻하게 느껴지고 어떤 곳은 차갑게 느껴져요. 따뜻하게 느껴지는 곳은 리더가 따뜻하더라고요, 차가운 곳은 리더가 차갑고요.

따뜻한 리더들은 우리 프로그램에 관심이 많으시고 또 저희 코치들하고 대화도 많이 하세요. 그런데 차가운 리더들은 저희를 만나주지도 않으세요. 관심을 안 보입니다. 교육 효과는 하늘과 땅 차이입니다.

진우 엄마

지역아동센터만 그렇겠어요? 가정도 똑같지요. 변화를 만드는 것은 교육이겠지만, 변화를 안착시키는 것은 부모의 리더십이겠구나 하는 생각이 듭니다.

> 변화를 만드는 것은 교육이지만,
> 변화를 안착시키는 것은 사회환경이다.

코치

네. 정확히 말씀하셨어요. 그리고 그룹으로 한꺼번에 교육을 받는 것이 변화를 안착시키는 데 큰 도움이 됩니다. 기업에서 교육 보낼 때, 10명 팀원 중에 한 사람만 교육을 보내는 것이 아니라 10명이 모두 가면 좋지 않겠어요? 적어도 2~3명이 가면 효과가 다를 겁니다.

맞네요. 그럼 우리는 진우와 민희를 같이 보내야겠어요. 우리 부모들도 내용을 알아야겠고요.

네. 어머님. 좋은 교육을 받으면 아이들이 잘 해보겠다는 각오가 섭니다. 그런데 막상 해보려고 하면 다른 유혹이 막 끼어들어 방해해요. 악마의 유혹이라 할까요? 이 유혹을 이겨내는 것이 성공과 실패를 가르는 관건입니다. 엄마 아빠가 그리고 학교의 선생님들이 악마의 유혹을 이겨낼 수 있도록 격려를 해주셔야 해요.

마음먹는 것은 순간에 올 수도 있어요. 우리는 이것을 영감을 받는다고 하죠. 그러나 습관을 만드는 것은 쇠를 녹여서 연장으로 만들 듯이 담금질과 띄움질을 반복해야 해요. 변화는 직선적으로 만들어지지 않아요. 가다가 돌아오기도 하고 나락으로 떨어지기도 해요. 그럴 때 엄마가 필요하고 선생님이 필요해요. 지지자와 격려자가 필요한 거죠.[13]

네. 알겠습니다. 그럼, 다음번에는 지지자로서 어떻게 해야 하는지 자세히 이야기 나누어 보았으면 합니다.

---

13) 금연, 다이어트, 우울증 치료 등 변화를 스스로 성공시킨 사람들을 연구한 제임스 프로차스카 교수는 변화는 직선적이 아니라 나선형이라고 이야기함. 제임스 프로차스카·존 노크로스·카를로 디클레멘트(강수정 옮김), 『자기혁신 프로그램(Change for Good)』. 에코리브르, 2007.

공부멘탈코칭

딱 좋은 나만의 멘탈코칭 아홉 내가 공부가 잘될 때

사전 지식 필요 없이 할 수 있는 멘탈코칭입니다.
아주 쉬운 멘탈코칭, 집에서는 아이와 학교에서는 학생들과 한번 해보세요.

1. 지금의 상태를 아래 그림에서 표시해 주세요(상태 점검).
각각 몇 점인가요?

* 각각의 점수가 1점씩 올라갔다고 생각해 보세요. (생각만요)

2. 나는 언제 공부가 잘되나요?
(내가 공부가 잘 되는 장소, 시간대, 그리고 환경 특성들을 찾아보세요.)
예: 주변이 조용할 때

①
②
③
④
⑤
⑥
⑦
⑧
⑨
⑩

3. 공부를 더 잘하기 위해 조금 바꿔보고 싶은 것은?

①
②
③

제10장
부모와 교사의 역할이
결국 공부멘탈을 완성한다

부모와 교사의 영향력

`진우 엄마`

코치님, 공부멘탈이 어떤 것이고, 학습법과 진로지도도 이제 어떤 것인지 알게 되어 기뻐요. 그리고 변화를 습관으로 만들고 유지하려면 부모와 교사의 역할이 크다고 하셨지요. 우리 어른들이 구체적으로 어떻게 해야 하는지 정리해보면 좋을 것 같아요.

`코치`

네, 어머니. 그게 좋겠습니다. 우리 코치들이 아이들에게 주는 것은 사실 미미합니다. 기껏해야 한 프로그램에서 15시간 남짓 만나는 거잖아요. 아이들의 공부멘탈을 결정하는 것은 부모님과 학교 교사라고 보시면 돼요. 저희가 아이들을 코칭하고 있는 철학과 부모님이 가지고 계시는 육아 방침, 그리고 선생님이 실천하고 있는 지도 방향이 엇박자가 나지 않는 게 가장 중요한 것 같아요.

아이들이 저희한테서 배운 것을 부모님이나 선생님에게 이야기하면 "그런 걸 배웠니?", "너한테 도움이 되겠구나." 이런 식으로 반응해 주시면 좋아요. 근데 트집을 잡거나 깎아내리는 분들이 있어요. "그런 것 소용없어.", "되지도 않는 이야기들을 하는구나." 이렇게 하면 아이들이 혼란을 겪게 되고 교육 효과는 사라지게 됩니다.

그럼, 좀 구체적으로 이야기해 볼까요? 부모와 교사의 역할을 제대로 정리하려면, 원점으로 돌아가서 생각해보아야 해요. 공부멘탈의 기본 취지가 뭐였지요? 우리 아이들을 인생의 주인이 되게 하는 겁니다. 주도권을 빼앗기고 끌려서 사는 아이들에게 주도권을 돌려주자는 겁니다. 아무리 아이들의 주업이 공부라고 하더라도 공부를 자기가 끌고 가야지 자기가 공부에 끌려가서는 안 되겠지요.

이런 대전제에서 볼 때, 부모님과 선생님이 꼭 해주었으면 하는 것을 5가지로 추려볼 수 있겠습니다.

아이들의 공부멘탈을 위해 부모와 교사가 할 것
1. 긍정 스위치를 켠다.
(가만히 있으면 부정성이 지배한다.)
2. 아이의 감정은 모두 받아준다.
(행동이 아니라 감정을 받아주는 것이다.)
3. 아이에게 선택권을 준다.
(선택은 책임을 낳는다.)
4. 작은 변화를 응원한다.
(작은 게 작은 게 아니다.)
5. 부모와 교사 자신의 멘탈을 다잡는다.
(멘탈은 전염된다)

부정성 편향의 극복: 긍정 스위치를 켠다

진우 엄마

아니 저는 부모가 해야 할 일이 적어도 10개는 될 줄 알았는데요. 그래서 부모 십계명이 나올 줄 알고 기대하고 있었지요. 5개밖에 안 된다니 너무 다행이네요.

코치

네. 부모와 교사가 해야 할 리스트를 만든다면 엄청 길어지겠지요. 저희가 최소한으로 추려본 것입니다. 핵심적인 것만요. 그리고 보통 어른들이 잘 못하는 거, 이거를 골랐습니다.

1번으로 필요한 것이 무얼까요? 바로 긍정 스위치를 켜는 겁니다. 인간의 정서는 크게 긍정 정서와 부정 정서로 나누어집니다. 긍정 정서는 한마디로 좋게 생각하는 겁니다. 희망, 사랑, 우애, 성취, 공감 이런 거죠. 부정 정서는 그 반대입니다. 나쁘게 생각하는 거죠. 불안, 두려움, 분노, 거부, 불신, 증오 이런 거요.

그런데 인간은 긍정 정서보다 부정 정서가 강하다는 겁니다. 이것을 학자들은 '부정성 편향(negativity bias)'[14]라고 합니다. 부정성 지배, 부정성 효과 이렇게 여러 가지로 부르기도 하지요. 10가지 중 9가지가 좋고 나쁜 것은 한 가지인데도 이 나쁜 것이 뇌리에 꽂히는 겁니다. 부하가 일을 다 잘했는데 한가지 잘못한 것이 있다 합시다. 기한을 잘못 지킨 것 말입니다. 그것 때문에 부하는 점수를 제대로 받을 수가 없습니다. 기한 지키는 것이 엄청 중요할 수도 있지만 그렇지 않을 때도 말입니다.

---

14) 존 티어니·로이 바우마이스터(정태연·신기원 옮김), 『부정성 편향, 어떻게 이용하고 어떻게 극복할 것인가』, 에코리브르, 2020에 자세히 기술되어 있음.

공부멘탈코칭

부부관계를 한번 보실까요? 어떤 부부가 이혼하지 않고 오래 좋은 관계를 유지할까요? 서로 잘해주는 부부가 아니라, 서로 상처를 주지 않는 부부라고 합니다. 부부는 상대가 잘해주는 것은 당연한 것으로 생각하고 얼른 잊어버리는 데 잘못한 것은 두고두고 곱씹고 써먹으니까요.

이제 이해가 되네요. 대학 때부터 CC로 유명한 커플이 있었어요. 두 사람은 너무너무 서로 잘해주는 정말 환상적인 커플이었는데 결혼 후 얼마 못 가서 이혼하더라고요. 우리가 볼 때는 너무 잘하는데 이상하게 서로 티격태격하는 경우가 있었어요. 여자가 시간을 좀 안 지키는 습성이 있고, 남자는 자꾸 딴 눈 질을 하는 것 같았어요. 결국 그것 때문에 헤어졌나 봐요. 그러니까 10-1은 9가 아니고 빵이군요.

코치

통장이 2개 따로 있다고 생각하시면 될 거예요. 마이너스 통장과 플러스 통장이요. 마이너스 통장에는 부정적인 사건들이 기록되고요, 플러스 통장에는 긍정적인 사건들이 기록됩니다. 서로 사건들이 쌓이는 거죠. 플러스 통장에 아무리 여러 건이 쌓여있어도 마이너스 통장에 뭔가 있으면 안 되는 거죠. 마이너스 통장에 있는 것을 하나 지우려면, 플러스 통장에 좋은 것을 4개 정도 쌓아야 한다는 것도 알게 되었어요. 이를 '4의 법칙'이라고 합니다.

> 4의 법칙: 나쁜 것 하나를 극복하려면
> 좋은 것 네 개가 필요하다.[15]

---

15) 위의 책, p.37.

저도 젊었을 때 집사람에게 잘못한 게 있어서 엄청나게 조심하고 있습니다. 사실 개수로는 몇 개 안 되는데 집사람이 두고두고 이야기해요~ㅎㅎ

진우 엄마

그럼, 인간이 왜 이런 부정성 편향을 갖게 되었을까요? 좋은 긍정을 놔두고 말이죠.

코치

학자들은 진화의 산물로 이해하고 있어요. 인류가 지금과 같은 문명 생활을 한 것은 겨우 1만 년밖에 안 된 거예요. 그전에는 그야말로 야생에서 살았지요. 생존을 위해서는 위험을 피하는 것이 최우선 과업이었죠. 아무리 맛있는 열매를 발견해서 즐기면 뭐 합니까? 독버섯 한번 잘못 먹으면 바로 죽는 겁니다. 아무리 맛있는 고깃감을 사냥하면 무엇합니까? 숨어있는 맹수에 잡히면 끝장입니다.

그러니까 매사를 의심하고, 경계하고, 대비해야 하는 거죠. 부정성 편향은 생존을 위한 장치라고 생각해야 합니다. 그런데 이게 문제인 거죠. 지금과 같은 문명사회에서 굳이 그럴 필요가 없어졌는데도 불구하고 과도하게 부정성 편향이 작동하는 겁니다. 낯선 사람도 만나야 하고, 낯선 곳도 가보아야 하고, 새로운 시도도 해보아야 하고, 나와 다른 사람과도 협력해야 하고 등등 해야 할 것이 많은데 부정성 편향 때문에 발목이 잡히는 겁니다.

우리 부모들도 아이들을 볼 때 자신도 모르게 아이들을 부정적으로 봅니다. 생존본능이 작동한 거죠. 그래 놓고 그게 아이들을 위한 것이라고 착각하고 있습니다. 학교 선생님들은 또 아이들이 배운 대로 하지 않는 그런 것은 크게 봅니다. 배운 대로 한 건 작게 보고 말이죠.

공부멘탈코칭

부정적 정서는 생존을 위한 것이라면, 긍정적 정서는 '확장과 구축 (Broaden-and-Build)'[16]을 위한 것입니다. 긍정적 정서가 있어야 새로운 세계도 경험하게 되고, 미래도 상상해보고, 안 해본 것도 해보게 되고 하는 거죠. 결국 그렇게 해서 우리의 시야가 넓어지고 역량이 구축되는 겁니다.

> 부정 정서는 생존을 위한 거고,
> 긍정 정서는 확장과 구축(발전)을 위한 거다.

사람은 가만히 있으면 디폴트가 '부정성'이에요. 그래서 일부러 긍정 스위치를 켜야 하는 겁니다. 부모님들이 아침에 일어나면 화장실에 가면서 불을 켜잖아요. 그때 마음의 스위치도 긍정 스위치로 바꾸세요. 선생님들은 학교 문을 들어서는 순간 한 번 더 긍정 스위치를 확인해 보셔야 해요.

일단 좀 웃어 보시고요. 좋은 일이 있을 거로 생각하세요. 나쁜 것이 보이거든 적어도 그 숫자만큼 좋은 것을 찾아보세요. 사실은 나쁜 것보다 4배는 더 찾아야 공평해요. 아이들과 이야기할 때도 충고·조언·평가·판단하기 전에 공감하고 이해해 보세요. 평가, 조언하기 전에 아이를 인정하는 이야기를 해보세요.

아이들 감정을 어떻게 다 받아주나?

진우 엄마
'긍정 스위치를 켠다.' 참 중요해 보입니다. 저부터도 아침에 아이들과 싸

---

16) 바버라 프레드릭슨(Barbara Fredricson)이 1998년에 발표한 이론.

우는 게 일과거든요. 일단 좀 웃어 보아야겠네요.

코치

두 번째 역할로 가볼까요? 아이들과의 관계에서 중요한 것이 대화잖아요. 긍정 스위치를 켜고 대화하면 잘될 것 같습니다. 대화에서 중요한 게 뭘까요? 공감이지요. 말을 잘하는 사람이란 자신의 이야기를 잘하는 사람이 아니라, 남의 이야기를 잘 들어주는 사람인 거죠.

그런데 공감이라는 것이 다른 게 아니라 아이의 마음 즉 감정을 받아주는 겁니다. 아이의 감정은 무슨 감정이든지 모두 받아주어야 합니다. 좋은 감정, 나쁜 감정, 말도 안 되는 감정, 말 되는 감정 모두요. 아이들이 사고 싶다고 하면 사고 싶은 감정, 하기 싫다고 하면 하기 싫은 감정 말입니다.

[표 2-4] 아이 행동에 대한 어른의 대응(예)

아이의 발언	어른의 거부적 대응	어른의 수용적 대응
엄마 더워.	• 이 정도를 뭐 덥다 그래! • 누가 뛰어오라 그랬어?	• 덥구나! • 꽤 더운가 보네.

엄마 밥 빨리 줘!	• 너는 뱃속에 거지가 들었니?
	  항상 밥 빨리 주라 하게.
	• 엄마가 지금 놀고 있니?
		• 우리 아이 배가 많이 고프구나
		• 빨리 먹고 싶어? 그래 빨리
		  준비할게.

아빠 휴대폰
사줘요.
	• 공부도 못하는 게
	  무슨 휴대폰이냐.
	• 용돈 모아서 네가 사라.
		• 휴대폰 갖고 싶구나!
		• 그래 휴대폰? 왜 휴대폰이
		  갖고 싶을까?

학원 가기 싫어.	• 말이 되는 소리를 해라. • 학원 안 가면 뭐 할 건데?	• 학원 가기가 싫구나. • 학원 다니는 게 많이 힘들어?

TV 좀 더 볼게요.	• 이미 얼마나 봤는데 그래.
	• 넌 미적미적하는 게
	  문제야.
		• TV 더 보고 싶구나.
		• TV에서 재미있는 게
		  있나 보네.

그래서 아이가 덥다고 이야기하면, '덥구나' 하고 받아주면 됩니다. 그런데 부모들이 이걸 잘 못 해요. 아이가 덥다고 하는데 엄마는 "별로 안 더운데 덥다 그래?"라고 응수하든지, "아니 그러게 누가 뛰어오라 했어?"하고 나무라기까지 합니다. 아이가 학원 가기 싫다고 하면 어떻게 하죠? 학원 가기 싫다고 느끼는 그 마음을 받아들여야 한다는 거죠. "그래. 학원 가기가 싫어? 얼마나 싫은데?" 이렇게 일단은 받아들이는 겁니다. 마음을 받아들이라는 것이지 행동에 찬성하라는 것은 아닙니다.

아이의 마음 상태가 어떻다는 것 그 자체를 인정하고, 그런 마음이 드는 이유도 이해하고 그 다음에는 엄마나 선생님의 생각을 이야기하면 됩니다. 그런데 아이의 감정이 잘못되었다고 말하고 그 감정을 고치라고 이야기하는 것은 아이와의 관계를 파괴하는 겁니다.

진우 엄마

코치님, 참 어려운 주문이네요. 아이가 잘못된 생각을 하고 있는데 부모로서 어떻게 그걸 받아들입니까?

코치

네, 어머니. 그 마음 저도 이해합니다. 아이를 바로 잡고 싶으시죠. 아이가 잘못되고 있다는 생각이 드실 거예요. 아이가 학원에 안 가고 싶다고 하는데 그걸 좋다고 할 부모가 어디 있어요. 학원비도 다 냈는데….

그런데 다시 말씀드리지만, 아이의 생각과 행동까지를 받아들이라는 뜻이 아니라 일단 아이의 '감정' 또는 '심정'을 받아들이자는 겁니다. 학원이 아니라 학교에 가고 싶지 않다고 해도 그 심정은 받아들이자는 거죠. 심지어는 아이가 '죽고 싶다'고 해도 그 감정은 이해하자는 겁니다.

감정은 원초적인 겁니다. 대부분 아이 자신도 모르는 사이에 저절로 생깁니다. 아마도 우리 속에 있는 생존본능의 DNA가 작동한 것이라고 봐야 할 것 같아요. 그런데 놀라운 것은 그 감정을 부정하거나 억제하면 더 힘이 세집니다. 생존에 위협을 느끼는 거죠. 그런데 인정하고 받아들이면 금방 사라집니다.

화가 난 아이에게 왜 화가 나느냐고 따지고 들 필요가 없습니다. '화가 났구나' '화가 날 만한 그런 일이 있겠지.' 하는 겁니다. 뇌과학자들의 연구에 의하면 감정은 우리 뇌의 깊숙한 부분인 편도체에서 일어나는데 이 편도체가 활성화되면 다른 뇌가 가동이 잘 안된다 합니다. 일단 이 부분을 안정시켜야 해요. 인간의 감정은 저절로 생긴다 생각하는 게 좋아요. 저절로 생기는 것을 어떻게 하시겠어요. 일단 받아들인 다음 찬찬히, 안정된 후에 풀어보면, 진실이 보이고 다양한 문제를 살필 수가 있지요. 그래서 감정을 수용한다는 것이 무조건 아이의 생각을 따라가거나 잘못을 용인하거나 그런 것이 아닙니다. 아이들이 제대로 생각하고, 제대로 문제를 풀어갈 수 있게 열쇠를 돌리는 거죠.

진우 엄마

코치님 이야기를 듣다 보니 이해가 되었어요. 제가 며칠 전에 진우와 크게 다툰 적이 있어요. 휴대폰을 오전에 한 시간만 보기로 했었거든요. 그리고 한 시간만 보았다는 기록을 캡처해서 저에게 보내기로 했어요. 그 정도로 해서 서로 믿기로 했지요. 그런데 그날 집에서 휴대폰 한 것이 이미 한 시간이 넘었는데 저한테 온 캡처 자료는 1시간이 안 된 거예요. 이상해서 휴대폰을 압수하여 검사했지요. 진우가 저를 속인 거예요. 미리 준비해 놓은 엉뚱한 캡처를 보낸 거죠. 그동안에 가졌던 신뢰가 모조리 허물어져서 한바탕 퍼부었어요. 그랬더니 걔도 말도 안 되는 이야기를 하고 나가더라고요.

코치

그런 일이 있었군요. 어머님이 화를 내실만 하시네요. 그러니까 화나는 이유가 진우가 휴대폰을 약속 이상으로 많이 한 것도 한 것이지만, 엄마를 속인 게 더 크겠네요. 아아쿠 이를 어쩌나? 휴대폰이 참 문제예요. 그래서 그다음 어떻게 하셨어요?

진우 엄마

지금은 냉전 중에 있어요. 서로 말도 안 하죠. 휴대폰은 계속 압수 상태에 있고요.

코치

누가 먼저 입을 열기가 그렇겠네요. 그래도 어머니가 먼저 대화의 물꼬를 터 보시겠어요?

진우 엄마

그래야겠지요. 무슨 말을 어떻게 해야 할지 모르겠어요.

코치

그러시면, 일단 진우와 대화 자리를 만들어 보기로 해요. 어머니가 화를 낸 것에 대해 사과하고 시작하실 수 있으시겠어요?

진우 엄마

어른이 먼저 져야죠.

코치

네. 감사합니다. 어머니가 먼저 사과 표시를 한 다음 진우 이야기를 들어 보기로 해요. '내 아이다'고 생각하면 흥분될 수 있으니 남의 아이라고 생각하고 아무 이야기나 들어보세요. 이야기를 안 하면 질문을 해도 좋습니다. 하지만 따지는 질문이 아니라 그냥 사실을 묻는 질문, 아이의 마음 상태를 묻는 질문이면 좋겠어요.

아이 마음을 충분히 파악하신 다음에는 엄마 마음을 전달하세요. 이때는 아이 메시지(I-message)가 좋아요. 주어를 나로 하는 것을 말합니다. "너는 왜 약속을 안 지키니?", "네가 엄마를 속이니까 엄마가 화가 나는 거 아냐?" 이런 식으로 이야기하는 것은 유 메시지(You-message)입니다. 주어가 '너'지 않아요?

<blockquote>
너를 주어로 한 유 메시지가 아니라
나를 주어로 하는 아이 메시지로 대화한다.
</blockquote>

아이 메시지로 아이에게 말한다면 이렇게 되겠지요. "진우가 가짜 캡처를 보낸 것을 알게 되어 엄마가 무척 놀랐다." "진우가 하루 4시간 이상 휴대폰을 한다면 공부는 언제 할까? 엄마는 무척 걱정된다." 이런 식으로 말입니다.

이렇게 대화하다 보면, 서로 감정이 좀 가라앉게 됩니다.

안의 선택은 아이가 한다

진우 엄마
그런 다음엔 어떻게 하죠?

코치

네. 마음을 서로 나누고 공감하다 보면 마음이 안정되겠지요. 그때부터는 행동 대안을 설계해야 합니다. "자 그럼 어떻게 할까?" 서로 아이디어를 냅니다. 처음에는 현실성이 없는 아이디어라도 서로 제안해보는 겁니다. 엄마도 당연히 아이디어를 내셔야죠. 어디까지나 아이디어니까 많이 제안을 하자고 하면 좋겠어요. 회사에서 브레인스토밍이라고 아이디어 회의를 하지 않습니까? 그렇게 하는 겁니다.

그런 다음엔 정말 실천할 수 있는 아이디어 두세 개로 압축해야 해요. 그리고 그중에서 아이가 선택하게 합니다. 아이와 부모님이 합작해서 대안을 만들고 최종 선택은 아이가 하도록 하는 것이죠.

진우 엄마

참 민주적이군요. 인내심이 많이 필요할 것 같아요.

코치

맞는 말씀입니다. 인내심이 많이 필요해요. 그래도 보통 아빠들보다 엄마들이 인내심이 좋은 것 같아요. 아빠들은 성질을 못 참는 사람이 많아요.

진우 휴대폰 이야기로 돌아가 봅시다. 어떤 행동 대안이 가능할까요?

> 1. 반성하게 한 후 한 번 더 기회를 주고 관찰한다.
> 2. 휴대폰에 1시간 이상 볼 수 없게 하는 앱을 설치한다.
> 3. 아침 시간에는 휴대폰을 엄마에게 맡긴다.
> 4. 이틀에 한 번 엄마가 휴대폰을 직접 검사한다.

이 중에서 엄마가 허용할 수 있는 게 뭘까요?

진우 엄마

1번만 빼고는 다 오케이입니다.

코치

그런데 진우가 1번을 고집할 수 있습니다. 그때는 어떻게 하시겠어요?

진우 엄마

그건 안되지요. 정 그렇다면 잘못한 건 잘못한 거니까 한 달간 휴대폰 사용을 금지하고 그다음 한 번 더 기회를 줄 수 있겠어요.

코치

어머니 그거 좋은 생각이십니다. 아이들과 대안을 마련할 때는 일정 부분 주고받는 협상을 할 필요가 있습니다. 이 과정에서 서로 많이 배울 수 있어요. 자존심을 죽이지 않으면서도 뭔가를 양보하고 또 얻고 할 수 있는 지혜를 얻는 거죠.

선택권을 주는 것은 어린애에게도 필요합니다. 이거는 제가 제 딸한테서 배웁니다.

제 딸아이가 아들 둘을 키우면서 이런 걸 잘하더라고요. 어릴 때 옷을 사주더라도 초록색과 파랑색 중에서 고르게 한다든지, 장난감도 같은 가격대 안에서 애들이 스스로 고르게 했어요.

심지어는 학원 선택도 아이들이 하게 했어요. 그렇다고 아이들에게 전적으로 맡겨서 하는 것이 아니라, 엄마하고 아이가 정보수집을 함께한 후 서로 장단점을 비교해서 결정을 최종적으로 아이에게 하게 하는 거죠.

비록 별것 아닌 것 같더라도 작은 변화를 응원한다

진우 엄마

저희도 아이들에게 선택권을 많이 줍니다. 그런데 대안을 서로 설계하고, 서로 협의하고 이런 과정이 없었던 것 같습니다. 앞으로는 이런 노력을 많이 해보고 싶네요.

코치

이제 네 번째로 가보실까요? 네 번째는 '작은 변화를 응원한다'입니다. 아이들은 사실 학습활동이 왕성합니다. 배우는 것이 빠르고 무엇이든지 배우려고 합니다. 끊임없이 배우고 시도합니다. 그런데 어른들이 볼 때는 변화가 없어 보여요. 변화가 기대에 못 미치는 거죠. 바로 그게 문제에요. 자세히 보아야 보입니다. 가까이서 보아야 보이고요.

나태주 시인이 풀꽃을 보고 노래한 것처럼, 자세히 보아야 아름답고 오래 보아야 사랑스러운 거죠. 공부멘탈에 참여하는 아이들이 초기에 보이는 현상 중 하나가 표정이 밝아지는 거예요. 이걸 변화로 알아차리기는 쉽지 않죠.

진우 엄마

코치님, 사실 맨날 같이 사는 사람에 대해서는 변화가 조금 생겨도 그걸 알아차리기 쉽지 않은 것 같아요. 아주 큰 변화가 생기면 몰라도요.

코치

맞아요. 지난번에 우리 아이들의 변화에 대해 이야기 나눈 적이 있습니다. 그리고 우리 프로그램을 마친 아이들이 어떤 변화를 했는지 조사 자료도 보여드린 적이 있지요. 아이들의 행동 습관에서 가장 많이 변했다고 하는 것이 이런 것이었어요.

<u>가장 많이 변했다고 하는 행동습관</u>
- 핸드폰 사용을 줄였다.
- 일찍 자는 습관이 생겼다.
- 예습, 복습을 한다.
- 주변 환경을 깨끗이 치운다(정리 정돈)
- 명상을 한다.

첫 번째 이야기한 핸드폰 사용을 생각해봅시다. 아이들이 핸드폰 사용을 줄였다고 해도 한꺼번에 몇 시간을 줄이지는 않았을 거예요. 엄마 아빠들 보기에는 전혀 변화가 없다고 느낄 정도로 조금일 가능성이 높습니다. 그런데 10분을 줄이건, 30분을 줄이건 그건 아이들 입장에서는 상당히 큰 사건이죠. 그걸 알아주고 그런 변화를 시도한 아이들을 격려해주는 겁니다.

그런 변화에 대해 큰 보상을 내릴 필요는 없습니다. 그렇게 되면 오히려 부담을 느끼고 어색해하겠지요. 단지 알아주고 격려하는 겁니다. 어머니, 이 '격려'라는 단어 정말 중요합니다. 칭찬이 아니라 격려입니다. '칭찬은 고래도 춤추게 한다'라고 해서 한때는 칭찬을 엄청나게 강조했지요. 그런데 칭찬의 역효과에 관한 연구도 많습니다.

결과에 하는 칭찬이 아니라, 과정에 하는 격려가 필요

진우 엄마
아니 칭찬은 좋은 줄로만 알았는데 칭찬이 나쁘다는 겁니까?

공부멘탈코칭

네. 칭찬을 잘못하면 오히려 나쁜 결과가 생깁니다. 아이들 잘하면 많이 쓰는 것 있잖아요. 칭찬스티커요. 아이들에게 책을 한 권씩 읽으면 칭찬스티커를 붙여준다고 합시다. 그러면 아이들이 책을 많이 읽겠지요. 그런데 아이들이 어떤 책을 읽을까요? 쉬운 책을 읽게 됩니다. 실제로 실험해보니 아이들은 동생들이 읽을 쉬운 책을 읽는 거예요. 그렇지 않겠어요? 어려운 책을 붙들고 있으면 칭찬스티커를 받을 수 없으니까요.

칭찬이 효과를 발휘한 것입니다. 엉뚱한 쪽으로요. 칭찬스티커로 훈련받은 애들은 독서의 맛을 느끼기가 어려울 겁니다. 그렇다고 아무것도 안 하고 아이들에게 책만 읽으라 한다고 해서 되는 것도 아니죠. 어른들이 관심을 보여야 합니다. 알아주고, 읽은 것에 대해 같이 대화하고, 끈기있게 읽고 있는 모습에 대해서는 칭찬을 하는 겁니다.

결과에 대해 하는 칭찬보다

과정과 노력을 알아주는 격려가 아이를 변화시킨다.

칭찬하지 말자는 것이 아니고 제대로 하자는 거죠. 칭찬은 보통 결과에 하게 되고, 능력에 하게 됩니다. 그런 칭찬은 장기적으로 좋지 않아요. 노력과 과정을 알아주는 칭찬을 해야 하는 거죠. 그것을 격려라고 합니다. 응원이라고 할 수도 있겠지요. 격려나 응원은 언제 합니까? 잘 못할 때 하는 것이고, 한참 노력을 기울일 때 하는 것이고, 실패를 극복하려는 모습을 보고, 그리고 그 사람의 됨됨이에 하는 것입니다.

말씀 들어보니 참 중요한 포인트네요. 저희는 여태까지 칭찬만 하면 되는 줄 알았어요. 그런데 칭찬보다는 격려를 많이 해야겠네요. 칭찬도 격려도 다 필요한 것 같아요. 잘했는데 칭찬이 없으면 안 되지 않나요? 근데 칭찬보다는 격려를 많이 해야겠어요.

코치

네. 맞아요. 격려를 많이 해야 해요. 변화를 유도하려면, 아이가 작은 변화를 시도할 때 그 변화에 대해 응원하시라는 겁니다. "휴대폰 보는 시간을 조금 줄였다고? 그거 쉽지 않은 걸 해냈구나. 잘했어." 하면 되는 거예요. 아이가 계속 휴대폰 시간을 줄여나가서 휴대폰 문제가 해결되면 좋겠지만, 그렇지 못하고 다시 원래 대로 돌아올 수 있습니다. 그럴 때는 "지난번에 휴대폰 쓰는 시간을 줄인다고 하더니 요즘은 어때? 엄마가 좀 도와줄까?" 이렇게 해보는 거죠.

이때도 아이 메시지로 이야기하면 더 부드럽고 좋습니다. "진우가 휴대폰 시간을 조금 줄였다고 하니 엄마가 기쁘다." 이렇게 말이죠.

우리가 지금 부모와 선생님이 해야 할 일에 관해 이야기하고 있는데 뭐를 이야기했지요?

부모와 교사의 마음은 누가 달래나?

진우 엄마

네. 4가지를 이야기했습니다. 첫째는 긍정 스위치를 켠다, 둘째는 아이의 감정은 모두 받아들인다, 셋째는 선택권을 준다, 넷째는 작은 변화를 응원한다였지요.

코치

네. 다섯 번째를 이야기할 차례네요. 위의 네 개를 잘하겠다고 마음먹어도 사실 잘 안되는 수가 많습니다. 왜 그럴까요? 부모도, 교사도 사람이지요. 그래서 본인의 마음이 정리가 안 되었다거나, 본인이 어떤 불안감, 우울함 이런 게 있으면 여유 있게 행동하기가 어렵고, 타인에 대해서 긍정적인 모습을 보이기 어렵습니다.

어머니, 갓난아이 기를 때로 돌아가 볼까요? 벌써 옛날 일이 되셨을 텐데요, 갓난아이를 사랑으로 키우고 싶고, 참 잘해주셨을 거예요. 그런데 시도 때도 없이 젖을 달라하고 밤에도 데리고 자 달라하고 하면 어떻게 됩니까? 엄마들은 처음에는 잘해주다가도 나중에는 지쳐 쓰러지게 됩니다. 몸도 마음도 붕괴가 되지요.

엄마의 몸과 마음을 추스르지 않으면 결국 아이한테도 잘해줄 수가 없지요. 그래서 유럽 엄마들은 좀 냉정하게 아이들을 기르는 것 같아요. 젖도 시간 정해놓고 주고, 재울 때도 일찌감치 혼자 재우고 말입니다.

진우 엄마

저도 아이들 키우면서 시행착오를 많이 겪었지요. 큰아이 진우 기를 때는 뭐를 몰라서 아이가 조금이라도 울면 큰일 나는 줄 알고 매달리고 했지요. 그런데 그러다 보니 코치님 말씀대로 제가 지치더라고요. 그래서 둘째 기를 때는 좀 지혜를 발휘했어요. 시간도 지켰을 뿐만 아니라 밥 먹을 때도 어른이 먼저 먹고 난 다음 애를 먹였지요.

코치

잘하셨습니다. 우리가 비행기 타면 비상시에 대비하는 안전 수칙을 교육받지요. 거기서도 그래요. 비상시에 산소마스크가 머리 위에서 떨어지면, 어른이 먼저 착용하고 나중에 아이를 착용시키라고요. 그게 맞지 않겠어요?

어른들이 평소에 멘탈관리를 하셔야 해요. 자신의 마음을 따뜻하게 하는 겁니다. 마음에 결핍이 생기고, 안정이 안 되면 매사를 부정적으로 보게 되고, 조금이라도 나쁜 자극이 오면 과잉 반응을 하게 돼요. 그럼 어떻게 자신의 마음을 따뜻하게 할 수 있을까요?

공부멘탈에서 아이들에게 권하는 방법을 말씀드릴까요? 자기 대화를 하는 겁니다. 자기를 이해해주고 공감해주고 또 격려해주는 것을 스스로 하는 겁니다. 타인으로부터 공감받고 격려받으면 좋겠지요. 그러나 그건 또 노력이 필요한 것이고, 신세를 지는 것이기도 합니다. 확실하지도 않고요. 그런 것에 비해 자기 대화는 확실하죠. 언제나 할 수 있습니다. 자신에게 "수고했다"라고 이야기해 주고 "사랑한다"라고 하고 또 "너는 잘할 수 있어."라고도 해주세요.

진우 엄마

나 스스로 그렇게 하라고요? 그거 쑥스럽네요. 저는 제가 잘못했을 때는 나 자신에게 질책하는 이야기를 하는데 좋은 이야기는 별로 안 해본 것 같네요.

코치

그러실 거예요. 사람들은 저절로 자기 대화를 합니다. 의식하든 안 하든 말이죠. 그런데 많은 사람이 긍정적인 자기 대화보다 부정적인 자기 대화를 많이 한다는 거죠. 그래서 의식적으로 '긍정적인' 자기 대화를 해야 해요.

자신의 마음을 따뜻하게 하는 방법으로서 자기 대화 말고 어떤 게 있을까요?

독서하는 거요? 음악을 듣는 것, 여행하는 것, 운동하는 것. 아 명상도 있군요.

코치

다 좋습니다. 자기 대화도 좋고 지금 말씀하신 것들도 다 좋습니다. 그런데 어머니, 말씀하신 것 중에 정기적으로 하고 계신 것이 있나요?

진우 엄마

솔직히 말해서 정기적으로 하는 건 없어요. 명상이 좋다는 말은 들었는데 실제로 해본 적은 없고요. 다른 것도 짬 나는 대로 생각나면 하는 거고요.

코치

네. 어머니뿐만이 아니에요. 많은 분이 그래요. 멘탈이 중요하다고 말은 하지만, 멘탈을 위해 노력하는 것은 별로 많지 않을 거예요. 운동선수들이 근육훈련을 하듯이 멘탈도 정기적으로 마음 근력을 키운다 생각하고 노력해야 해요.

제가 자기 대화 말고, 두 가지를 더 권하고 싶어요. 하나는 명상이고, 또 하나는 감사일기 쓰기입니다. 명상은 유튜브에도 방법들이 많이 나와 있습니다. 초보자들은 이 중에서 좀 쉽게 할 수 있는 것을 따라 하면 됩니다. 가부좌를 틀고 할 수 있으면 좋지만, 못 해도 상관없어요. 허리를 똑바로 세우고 앉아서 눈을 지그시 감고 숨을 들이마시고 내뱉습니다. 천천히요. 들이마실 때는 코로, 내뱉을 때는 입으로 하는 것이 좋습니다. 이때 마음을 코에 집중합니다. 하나 둘...열까지 세는 것도 좋습니다. 이렇게 5분만 해도 좋습니다. 10분 정도 하시면 더 좋고요. 아까도 말씀드렸지만, 꾸준히 규칙적으로 해야 합니다.

진우 엄마

옛날에 한 번 해본 적이 있는데 집중이 안 되던데요.

코치

네. 집중이 잘 안 됩니다. 그런데 이를 알아차리고 다시 시작하면 됩니다. '내가 딴생각하고 있구나.' 그러고서는 다시 코에 집중하는 거죠.

명상은 마음을 안정시키는 작업이기도 하지만, 내가 나를 바라보는 일입니다. 이것을 '알아차림'[17]이라고 하죠. 자기가 호흡하는 것을 알아차리고 또 딴생각하고 있다는 것도 알아차리고, 자기 심장이 뛰고 있다는 것도, 화가 나 있다는 것도 알아차리면 마음 관리는 반 이상 된 겁니다.

감사일기를 쓰고 싶다면

진우 엄마

감사일기는 어떻게 쓰는 거예요. 저도 해보고 싶은데 엄두가 안 나요.

코치

감사일기요? 하루를 정리하면서 그날 있었던 일 중에서 혹은 그때 생각나는 것 중에서 감사한 것을 간단히 적는 겁니다. 감사일기 노트를 마련하거나 저처럼 휴대폰에도 적을 수 있습니다. 저는 저녁 식사 후 좀 편한 시간에 잠시 시간을 내어 하루를 죽 돌아보면서 그날 있었던 일을 중심으로 대체로 순서를 밟아서 감사일기를 씁니다.

---

17) 영어로는 Mindfulness라고 함.

뭐, 거창한 이야기가 아니고 구체적이고 사사로운 것을 쓰는 것이 좋습니다. 근데 문장이 '감사하다'로 끝나야 해요.

- 아내가 아침에 샌드위치를 만들어주었는데 계란후라이와 오이를 곁들여 맛볼 수 있어 감사하다.
- 커피숍에서 커피를 시켰는데 친절하게 응대해 준 종업원에게 감사하다.
- 매일 나를 태워주는 자동차에 감사하다.
- 저녁에 야구 경기 중계를 볼 수 있어 감사하다.
- 매주 목요일은 신문 칼럼을 쓰는데 덕분에 새로운 주제에 대해 공부를 할 수 있어 감사하다.

이런 식으로 쓰는 겁니다.

`진우 엄마`

감사일기를 쓰면 무엇이 좋아요?

`코치`

글쎄요? 제 경우에는 감사일기를 쓰고 나면 하루가 꽉 차 있는 것처럼 느껴집니다. 그전에는 하루 전체를 의식하지 못한 경우가 많았지요. 이제는 하루 전체가 알찬 시간으로 느껴져요. 그리고 많은 분께 신세를 졌구나. 진짜 고맙다고 하면서 제 마음이 따뜻해져요. 긍정적인 마음이 들어요. 행복하게 느껴지기도 하고요.

`진우 엄마`

저도 써보아야겠네요. 몇 개나 쓰나요?

코치

저는 5개 정도 쓴다고 생각하고 씁니다. 하다 보면 대개 다섯 개가 넘지요. 그런데 5개가 안 될 때도 있습니다. 어쨌든 5개 정도 쓰자고 생각하고 감사할 일을 찾아보는 게 중요해요. 감사하는 것은 감사할 일이 많아서 감사하는 게 아니라, 감사하게 생각하는 버릇을 기르는 것이거든요. 그러려면 5개 이상 쓰자고 노력해 보세요. 그렇다고 너무 부담을 주면 안 돼요. 처음에는 3개도 훌륭합니다.

진우 엄마

코치님하고 좋은 이야기 나누어서 감사하다고 제 감사 노트에 쓸게요. 감사합니다.

코치

아 참, 잠깐만요. 이 모든 것을 잘하려면 프로그램이 있음 좋은데 가족회의를 한번 해보세요.

진우 엄마

가족회의요? 저희도 합니다. 가끔 식구들이 다 같이 모여 의논해요.

코치

그러시군요. 정기적으로 하고 또 기록도 하시나요?

진우 엄마

그렇게 해야 하나요?

코치

그렇게 한번 해보세요. 가족회의는 주 1회 내지는 2주 1회 정도가 좋다고

공부멘탈코칭

합니다. 시간은 30분 정도로요. 의제를 가지고 하는 게 좋고, 사회자와 기록자가 있어야 합니다. 처음에는 아빠나 엄마가 사회를 보지요. 회의니까 모두 평등해야 하지 않아요? 그래서 회의 때는 부모가 아이들에게 경청을 쓰는 게 좋습니다. 그리고 끝나고 맛있는 것을 먹으면 금상첨화죠.

저도 아이들 어릴 때 가족회의를 했는데 그 회의록을 최근에 발견했습니다. 가족들 모두 그때를 생각하며 흐뭇해했습니다.

진우 엄마
저희가 한 건 제대로 한 게 아니군요. 우리도 제대로 한번 해볼게요. 감사합니다.

딱 좋은 나만의 멘탈코칭 열 **핵심 습관 만들기**

사전 지식 필요 없이 할 수 있는 멘탈코칭입니다.
아주 쉬운 멘탈코칭, 집에서는 아이와 학교에서는 학생들과 한번 해보세요.

1. 지금의 상태를 아래 그림에서 표시해 주세요(상태 점검).
  각각 몇 점인가요?

* 각각의 점수가 1점씩 올라갔다고 생각해 보세요. (생각만요)

2. 나의 습관 살피기(평소 나는 어떤 습관을 가지고 있는가?)

내가 가진 좋은 습관   내가 고쳐야 할 습관

① 　　　　　　　　　　　　　　　　　①

② 　　　　　　　　　　　　　　　　　②

③ 　　　　　　　　　　　　　　　　　③

④ 　　　　　　　　　　　　　　　　　④

⑤ 　　　　　　　　　　　　　　　　　⑤

3. 이번에 새롭게 도전하고 싶은 습관 세 가지는?

	습관 이름	언제	어디서	무엇을
예	명상하기	아침 기상 후	내 방에서	5분 동안 명상하기
1				
2				
3				

4. '딱 좋은 나만의 멘탈코칭'을 해본 소감은?

제3부

멘탈코칭,
기법이 아니라
인성이다

제11장
멘탈코칭은 교학상장(敎學相長)

조 영 호 코치*

진우 엄마
코치님은 어떻게 멘탈을 관리하시나요?

조코치

저는 어렸을 때 좀 어렵게 자랐습니다. 저희 나이 또래에 어렵지 않은 사람이 어디 있겠습니까마는 유독 우리 집은 어려운 편이었어요. 저희 아버님이 시골에서 정치를 하시다가 재산을 날리시는 바람에 집이 없이 남의 집 살이를 했습니다. 그러다 보니 초등학교 6년을 다니는 사이 이사를 네 번 했습니다. 중학교에도 못 갈 뻔했는데 부산시청에 근무하던 형님이 뒷 바라지해주셔서 부산에서 학교를 다녔습니다.

제가 중고등학교 다니던 때는 등록금을 제대로 내 본 적이 없습니다. 학교도 1차는 낙방을 했었고요. 형수님 밑에서 혹독한 훈련도 받았지요. 그런 과정에서 마음 근육이 생긴 것 같습니다. '끈질기게 버텨내면 내일이 온다'고 생각했습니다.

---

* 경영학 박사, 아주대학교 경영대학 명예교수, 수원시글로벌평생학습관 관장, 청소년코칭 프로그램인 공부멘탈과 학습법, 진로코칭 프로그램 개발. 저서: 『긍정리더십』, 『사람을 위한 조직관리』 등 다수

공부멘탈코칭

저는 어렸을 때부터 천성적으로 긍정적인 면이 있었습니다. 집안 내력인 것 같기도 하고요. 매사를 긍정적으로 생각했어요. 역경에 굴하지 않고 내일은 좋은 일이 있을 거라 생각했습니다. 그러다가 대학부터는 풀리기 시작했어요. 장학금을 많이 받았거든요.

멘탈코칭을 배운 지금은 더욱 적극적으로 긍정마인드를 키우고 있습니다. 매일 감사일기를 쓰면서 하루 중 일어난 일을 생각합니다. 감사일기를 쓰면 매사가 좋게 보이고 감사할 일이 자꾸자꾸 늘어납니다. '딱 좋아!'도 많이 쓰고 있습니다. 딱 좋아는 나쁜 일이 생겼을 때 혼자 '딱 좋아!'를 외친 다음 좋은 일을 찾아내는 방법입니다.

최근에 제 처와 함께 결혼 기념으로 제주도 여행을 갔습니다. 모처럼 간 여행인데 날씨가 썩 좋지 않았어요. 다행히 비행기가 뜨는 데는 지장이 없었는데 제주에 도착하니 비가 오고 바람이 많이 불었어요. 맑은 날씨라면 올레길도 걷고 오름도 오르고 하려 했었는데 실망스러웠어요. 이럴 때 쓰는 것이 '딱 좋아!'입니다.

"딱 좋아! 왜냐하면~"을 여러 번 외쳤습니다. 그러고선 관광지를 살펴보니 실내에서 즐길 수 있는 곳이 많았어요. 실내 식물원도 있지만, 각종 공연장도 있었고, 풍광 좋은 커피숍도 있었습니다. 게다가 더 좋은 것은 인터넷으로 구입할 수 있는 프리 패스권이 있었지요. 2~3곳 방문하는 비용으로 10곳 이상을 볼 수 있었어요. 우리 부부는 딱 좋아 덕택으로 생각지 않은 관광을 하게 되었습니다.

진우 엄마
코치님도 괴로운 일이 있으셨나요?

저라고 괴로운 일이 왜 없었겠어요? 경제적으로 어려운 일도 있었고 시험에 낙방하여 상심한 일도 있었지만, 역시 제일 괴로운 일은 인간관계에서 생기는 문제더라고요. 제가 성격이 비교적 무난하고 다른 사람하고 싸우는 편이 아니지만, 그런 저에게도 어려운 시기가 있었습니다.

저는 아주대학교를 졸업하여 아주대학교에서 교수 생활을 오래 했습니다. 모교 출신 교수다 보니 학교에서 보직도 많이 했습니다. 행정 일을 했다는 뜻입니다. 제가 경영대학 학장과 경영대학원 원장에 겸직 임명될 때였습니다. 한 교수가 저를 비방하기 시작했지요. 이분은 다른 교수들 하고도 자주 부딪혀서 싸움닭이라는 별명을 얻고 있는 분이었습니다. 제가 그 전 경영대학원 원장을 할 때를 들먹이면서 부정행위가 있었다고 문제를 제기했습니다. 가령, '학교 공금으로 자신에게 화환을 보냈다.', '수업을 빼먹고 골프를 쳤다.' 그런 것이었습니다.

살펴보니 오해에서 비롯된 것이 대부분이었습니다. 그래서 저는 학교가 조사든 감사든 해서 판단해 주도록 요청했습니다. 그런데 그분은 이런 내용을 연일 교수들에게 이메일로 발송하는 것이었어요. 제가 해명을 했으나 막무가내였지요. 그러면서 그분이 공개토론을 제의해 왔습니다. 저는 떳떳했기 때문에 "그러자. 한번 해보자"라면서 제의를 받아들였습니다. 저도 이참에 모든 것을 해명하자고 작정을 했지요.

그런데 제가 착각한 게 하나 있었습니다. 경영대학원 최고경영자과정 골프 행사가 있었는데 저는 그 자리에 참석하지 않았다고 생각했습니다. 그때 행사를 주관한 분들도 제가 그 자리에 없었다고 이야기를 해주었거든요. 그런데 웬걸. 그 싸움닭 교수에게 걸리고 말았습니다. 제가 골프 행사에 참석한 사진을 찾아서 공개하는 것이었습니다. 그 시간에 제가 수업이 있었는데 수업을 빼고 골프를 친 것이지요. 그때 저는 경영대학원 원장이 아니었지만, 당시 원장이 골프를 치지 않는 분이라 부탁을 받고 제가 대신 가준 행사였습니다. 근데 이상하게 그게 기억 속에서 사라졌던 겁니다. 다른 분들 기억에서도 말입니다.

그날 공개토론회는 그것 하나로 제가 참패하고 말았습니다. 사실, 나쁜 짓은 그 교수가 더 많이 했고, 저는 모교 출신 교수로서 온갖 희생을 하고 일을 했었는데 '골프 교수'로 낙인 찍히게 되었습니다. 학교 조사위원회에서 모든 게 밝혀지기는 했으나 교수로서 너무 치욕스러웠습니다. 얼굴을 들 수가 없었습니다.

그때 저는 멘탈코칭을 배우기 전이었었는데 용타 스님의 가르침을 떠 올렸습니다. 용타 스님은 경남 함양에서 '동사섭'이라는 마음 수양 프로그램을 운영하시는 분인데 제가 그분으로부터 공부를 좀 했습니다. 용타 스님에게서 배운 것 중에 '비아(非我) 명상'이 있습니다. 비아 명상은 내가 아니라고 외치는 것입니다.

저는 이것을 계속 외쳤습니다. 비아 명상을 하다 보니 이상하게 처음에는 눈물이 났습니다. 그러고는 마음이 편안해지더군요. 생각해 보세요. 저의 명예도, 재산도 모든 게 내가 아닌데 뭐가 창피할 게 있고, 뭐가 분할 게 있겠습니까? 해명을 하면 무어 하고, 변명을 하면 무어 하겠습니까? 남이 알아주면 무어 하고 오해한들 무어 하겠습니까?

믿으실지 모르겠는데 나를 버리니 모든 게 사라졌습니다. 그리고 난 다음 저는 그 교수에게 감사하는 마음이 생겼습니다. 결국 그 교수 때문에 제가 창피도 당했지만, 제가 아주대에서 얼마나 많은 일을 했는지 더욱더 자세히 알게 되었고 또 제 나름 더욱 겸손하게 되었습니다. 그 후로 저는 그 교

■ 비아(非我) 명상

나는 내가 아니다.

나의 몸도 내가 아니다.

나의 재산도 내가 아니다.

나의 명예도 내가 아니다.

나의 환경도 내가 아니다.

나의 의식도 내가 아니다.

나의 초의식도 내가 아니다.

수에게 감사하는 '감사 명상'도 많이 했습니다. 감사 명상은 어떤 대상에게 감사하다는 말을 마음속으로 외치거나 글로 쓰는 것을 말합니다.

저는 그래서 아주 괴로움이 클 때 '비아 명상'을 합니다. 제가 가지고 있는 비장의 무기지요. 그런데 가끔은 그렇게 괴롭지 않아도 조금 스트레스가 쌓인다 싶으면 비아 명상을 하죠. 그러면 개운해집니다. 내가 없다고 느껴지는 순간, 온 우주가 내가 되는 느낌이 돼요. 소아(小我)를 버리면 대아(大我)를 얻는다 할까요.

진우 엄마

사모님과 합동으로 주례를 서신다면서요?

조코치

저희가 열심히 하는 것 중 하나가 주례를 서는 겁니다. 제가 교수 생활을 했기 때문에 제자들 주례 서는 것은 일찍부터 각오하고 있었습니다. 그런데 기왕 주례를 선다면 의미 있게 서야겠다고 생각했습니다. 그래서 미리 주례서는 원칙을 정해두고 있었습니다. 첫째는 '50 이후부터 선다'였습니다. 너무 나이가 어릴 때 서는 것은 주제넘기도 하거니와 주말을 너무 많이 빼앗길 것 같았기 때문입니다.

공부멘탈코칭

둘째는 '부부 합동으로 선다'였습니다. 결혼은 남자와 여자가 가정을 꾸리는 건데 서로 평등해야 하지 않아요? 결혼식 주례를 남자만 서는 것이 불평등하다고 생각했습니다. 그리고 세 번째는 '가족 중심 소규모 결혼식 주례만 선다'였습니다. 그런데 이 세 번째는 포기했습니다. 한국에서는 불가능한 일이었으니까요.

그래서 50 넘어서부터 제 아내와 함께 부부 합동으로 주례를 서기 시작해서 2023년말 현재 104쌍을 섰습니다. 이 정도면 가히 전문 주례라고 할수 있지요? 한동안 주례 요청이 쇄도했었는데 제가 은퇴도 했을 뿐만 아니라, 주례 없는 결혼식이 유행하다 보니 근래 들어서는 요청이 아주 드물게 들어옵니다. 부부 합동 주례라고 별 게 없어요. 둘이 단상에 올라가서 번갈아 역할을 합니다. 혼인 서약을 제가 하고, 성혼 선언은 제 아내가 하고 또 주례사도 번갈아 한마디씩 하는 거죠.

부부 합동 주례도 특이하지만, 저희가 강조하고 싶은 것은 그게 아니라, 신랑과 신부가 '사랑의 약속'이라는 것을 만든다는 겁니다. 주례 요청이 오면, 저희가 신랑 신부에게, 함께 살아가면서 지킬 약속을 7가지 정도로 압축해서 만들라고 숙제를 줍니다. 조건이 있지요. 무조건 좋은 말만 쓰지 말고, 구체적이고 측정 가능하게(Specific & Measurable) 적으라 합니다. 가령, '서로 사랑한다.' 이렇게만 쓰면 안 되고 '사랑한다는 말을 하루 세 번 이상 한다.'이렇게 말입니다. '다투더라도 각방은 쓰지 않는다.' 이런 거 참 좋습니다.

신랑 신부가 이렇게 정해서 우리에게 보내주면 우리가 검토해서 오케이를 놓습니다. 그런 다음 이것을 크리스털로 이쁘게 새겨 결혼식장에 가져오죠. 그러면 주례사 순서에서 신랑과 신부가 사랑의 약속에 적은 것을 하나씩 읽습니다. 그리고 우리 주례가 코멘트를 합니다. 그게 주례사예요.

신랑과 신부가 함께 살아가면서 지킬 약속을 미리 '생각하고', '의논하고', '정한다'. 이게 중요한 겁니다. 저희도 결혼 생활 시작하면서 초창기에는 부딪힘이 많았어요. 단지 사랑한다는 마음만 가지고 살림을 사는 게 아니잖아요? 룰이 있어야 해요. 우리도 룰을 만들고 가훈도 세우고 했습니다. 그런데 이를 미리 하고, 사전에 준비해두면 얼마나 좋겠어요.

진우 엄마

기업인들도 코칭을 하시나요?

조코치

네. 기업을 경영하는 분들 코칭은 제가 꾸준히 하고 있습니다. 주로 아주대 경영대학원에서 만난 제자들을 코칭하고 있습니다.

진우 엄마

프롤로그에서 말씀하신 명오 남매들은 어떻게 되었나요?

조코치

네. 제가 명오 남매들을 2019년 2월부터 만났다고 했지요. 지금도 만나고 있습니다. 2주에 한 번씩요. 끈질긴 아이들이지요. 명오는 중2에 만났었는데 명문 외대부고에 들어가서 지금 고3입니다. 국제반에 들어가서 미국 유학을 준비하고 있는데 일단 위스콘신 대학으로부터 입학허가를 받았다 합니다. 부영이는 중1이었는데 지금 고2입니다. 자기도 언니처럼 외대부고를 가겠다고 했는데 역부족이었어요. 일반 고등학교에 다니고 있답니다. 창진이는 지금 고1입니다.

그러니까, 이 아이들을 2023년 11월 현재 5년째 만나고 있는 셈이지요. 횟수로 치니 82회나 되더라고요. 개별적으로 이 아이들만 만난 게 그렇고, 공부멘탈 프로그램에서 다른 아이들과 함께 만난 것까지 치면 그보다 훨씬 많습니다. 부영이는 공부멘탈을 무려 3번이나 했고요, 명오는 2번 했습니다. 창진이는 한번 했어요. 부영이와 명오 이야기를 들으면, 했던 프로그램도 다시 들으면 새롭다고 해요. 어쨌든 그 아이들은 이런 것을 참 좋아해요.

진우 엄마

5년째 코치님의 코칭을 받고 있으니 멘탈 갑이 되었겠네요.

조코치

멘탈을 단련시키는 것도 마음 근육을 단련한다고 하지 않아요? 육체 근육을 단련하는 것처럼 마음 근육도 꾸준히 노력해야 하는 것 같아요. 근육 운동하다가 며칠 쉬어 보세요. 금방 근육이 약해집니다. 마음 근육도 마찬가지죠. 벽돌 쌓듯이 항상 위로만 올라가지 않더라고요. 태풍 불면 흔들리고, 장마 오면 무너져요.

사교성 넘치고 자신감 넘치던 부영이도 외대부고 떨어지고 엄청 실망하더라고요. 창진이는 중2가 되니 게임에 빠져 1년 이상 저를 안 만났습니다. 가족들하고 사이도 안 좋았고요. 그러다 이제는 노트북을 아빠에게 반납하고 저를 다시 만나기 시작했어요. 명오는 외대부고에 들어갔지만 성적 때문에 계속 고민했습니다. 거긴 모두 잘하는 애들만 모여있으니까요. 그들이 고민하고 성장하는 것을 보는 것이 저로서는 큰 영광이지요.

진우 엄마

셋 중에 누가 가장 많이 변했을까요?

글쎄요. 모두가 변했다고 할까, 모두 다 성장한 것 같아요. 사실 아이들 못지않게 어른도 변했어요. 아버지인 이희당 사장 말입니다. 본인 스스로 자기가 가장 큰 수혜자라는 겁니다. 이희당 사장은 처음에는 아이들 데리고 매번 코칭 자리에 왔어요. 그러다가 최근에는 어쩌다 한번 와서 애들 옆에 앉아 애들하고 똑같은 액티비티를 해요. 그러면서 자신이 변했다는 겁니다.

원래 이희당 사장은 좀 무뚝뚝하고 지시적이었는데 코칭을 받으면서 엄청 부드러워지고 참을성도 많이 생겼다고 합니다. 그래서 창진이가 1년이나 게임에 빠져 있었어도 참고 이겨낼 수 있었다는군요. 비즈니스 하면서 고객에 대한 배려심도 커졌고요. 그래서 그런지 사업장을 확장했어요.

저도 수혜자 중 한 사람이에요. 코칭은 남을 변화시키는 것이 아니라 오히려 나를 변화시키는 것이 맞아요. 교학상장이라는 말이 딱 맞습니다. 가르치면서 함께 성장하는 것이죠.

어쨌든 모두들 대단하십니다.

제12장
멘탈관리는 부부싸움에 최고

곽 훈 코치*

진우 엄마

코치님은 원래 멘탈코칭을 하셨어요?

곽코치

아니요. 저는 주로 기업체 경영컨설팅을 했었습니다. 그런데 코칭에 대한 관심이 생겨서 제가 하는 컨설팅 역량을 높여볼까 해서 스포츠 멘탈코칭 강좌를 듣게 되었어요. 그런데 저는 20년 이상 컨설팅을 하면서 논리적인 접근과 팩트 중심의 비판적 사고에 젖어있었는데 새로 배우는 코칭이 잘 와 닿지 않더라고요. 너무 감성적인 것 같고, 뭐든지 수용하라고 하는 것 같고 그랬어요.

한번은 차를 같이 타고 가는 다른 코치님과 대화를 나누게 되었어요.
"김코치님 지금 배우고 있는 멘탈코칭이 어떻게 도움이 되세요?"
제가 물었지요.

---

* 경영학(인사조직) 석사, PMC컨설팅 대표(경영컨설턴트), 한양대 교육공학과 겸임교수, 멘탈코칭사회적협동조합 이사, 공공기관 성과관리 자문, 면접관, 300여개 기업 컨설팅 및 강의(성과관리/리더십/조직풍토/역량개발/협업 등)

근데 그 코치님이 제게 되묻더라고요.
"곽코치님은 생활에 어떻게 활용하세요?"

저는 대답할 말이 없었습니다. 제가 멘탈코칭 수업을 듣는 이유는 배워서 제가 하는 컨설팅에 써먹으려는 거였지 저 자신을 위한 것이 아니었거든요.

진우 엄마
김코치님은 뭐 하시던 분이었나요?

곽코치
산업교육을 하시면서 코칭도 하시던 분이었습니다. 그분이 갑자기 책 이야기를 꺼내시는 것이었어요.
"혹시 『3가지 소원 100일의 기적』이란 책 아세요?"

자신이 원하는 소원 3가지를 정해보고 한가지 소원을 100일간 매일 적고 성취한 자기 모습을 상상해 보면 소원이 이루어지는 내용이 담겨있다고 합니다.
자기암시인 거죠.

그리고 나서 그분은 그리 맑고 푸르지 않은 하늘을 보면서 이렇게 외쳤습니다.
"공부하기에 아~~주 좋은 날씨네. 기분 좋~~~은 소식이 오고 있네"
갑작스러운 외침에 내가 물었습니다.
"코치님 오늘 뭐 좋은 소식이 있나 봐요?"
그는 이렇게 말했습니다.
"아뇨. 아주 좋은 날씨는 아니지만 내가 이런 날씨 때문에 기분이 우울해

공부멘탈코칭

질 필요는 없잖아요. 내 멘탈과 기분을 위해서 일부러 그렇게 생각하자는 거예요"

그날 저는 그 코치의 말에 한 대 맞은 기분이었습니다.
'멘탈코칭은 코칭이라는 단어가 붙어있어 다른 누군가의 멘탈을 위해 질문이나 기법으로 타인을 자극한다고 생각하기 쉽지만, 사실은 스스로 질문하고 답하면서 최적의 생각, 말, 행동을 찾는 것이다.'라는 것을 깨달았습니다.

그렇게 해서 저는 멘탈코칭의 세계에 푹 빠져들게 되었답니다.

진우 엄마
처음 공부하신 것은 스포츠 멘탈코칭이었나 봐요?

곽코치
네. 그렇습니다. 스포츠 선수들이 멘탈 때문에 많이 무너지거든요. 공부하는 과정에서 스포츠 선수들을 많이 만났습니다. 한번은 대학 야구 선수를 코칭하게 되었어요. 이 선수는 대학 2학년 때 부상으로 1년을 쉬었고, 부상 회복 후 다시 운동을 하고 있으나 예전 같은 구속, 몸 컨디션은 안 나온다고 했습니다. 대학 3학년이면 프로야구단으로부터 슬슬 스카우트 제의가 들어오고 하는 시점인데 어느 구단도 자신에게 관심을 안 보인다는 겁니다. 기가 죽어 있었고 미래 뭐 먹고 살아야 할지 고민 중이었습니다.

저는 이 친구하고 '인생 축 세우기'를 해보기로 했어요. 현재를 기점으로 자신의 과거를 돌아보고 열심히 살았음을 느끼고, 미래를 상상해 성공한 자신을 그려 봄으로써 자신감을 얻고, 그 미래 모습을 위해 현재 무엇에 집중해야 하는지 찾아가게 하는 활동이죠.

이 친구는 초 4학년 때 야구를 시작해서 중고교를 야구로 진학해서 현재 대학에 왔다고 했습니다. 대학 2학년 때 시합 중에 슬라이딩을 잘못해서 어깨가 꺾이는 부상을 입었고 1년간 투병과 재활 생활을 해서 지금은 3학년으로 복귀한 시점이었고요. 과거를 돌아보면서 부모님 생각, 자신이 힘들었던 운동연습, 우승했을 때 기쁨, 대학에 진학했을 때 포부 등을 떠올렸습니다. 참 열심히 잘 살아왔다고 말했습니다. 이 말을 할 때는 눈시울이 붉어졌지만 애써 태연한 척 하는 모습이 안쓰러웠습니다.

두 번째로 미래를 상상해 보았지요. 1년 뒤 졸업 후가 궁금해서 1년 뒤를 물어봤고, 10년 뒤, 20년 뒤 자기 모습을 상상해 보도록 했습니다.

졸업 후 프로구단에 스카우트 되어 꿈에 그리던 프로야구 선수가 되어있을 거라는 말을 하리라 기대했지만 뜻밖에 공부를 하고 있을 거라고 했어요. 어떤 공부인지 물어보니 경찰공무원 공부라고 하더군요. 10년 뒤는 경찰 생활을 하고 있는 자신이 보인다고 했고 20년 뒤는 결혼해서 좋은 가정을 꾸리고 있는 모습을 상상했습니다.

초등학교 때부터 프로야구 선수가 꿈이었을 텐데 부상으로 운동을 그만두고 경찰공무원이 되고 싶다는 말을 덤덤하게 하는 이 선수의 얼굴을 옆에서 보면서 순간 짠한 생각이 들어 말이 조심스러워졌습니다. 왜 그런 결정을 하게 되었냐고 물었더니 부상으로 프로는 가지 못할 것 같다고 하더군요. 그러면 지금부터 무엇을 준비해야 하냐고 물었습니다. 모르겠다고 대답하더군요. 그냥 생각이 그렇고 구체적인 계획은 4학년 2학기 되면 세울 거라고 했습니다.

경찰공무원이 된 자기 모습이 어떤지 물었습니다. 정말 원하는 모습이냐고도 물었지요. 조심스럽게 대안으로 생각한 것이 그거라고 했습니다. 프

공부멘탈코칭

로야구 선수에 대한 미련은 없겠냐고 물었죠. 몇 초간 말을 못 했습니다. 그냥 자신이 적어놓은 10년 후 모습을 물끄러미 바라만 봤습니다.

이럴 때는 코치님이 나서서 좀 더 구체적으로 조언을 해주셔야 하는 거 아니에요?

멘탈코치는 바람직한 방향으로 이끄는 사람이 아닙니다. 그래서도 안 되고요. 피코치가 스스로 상상하고 고민하고 생각하고 답해서 스스로 깨닫고 결정하게 하는 사람이 멘탈코치이거든요. 이게 제가 해왔던 경영컨설턴트와 다른 점입니다.

저는 야구 선수에게 다시 물었습니다. 그러면 지금부터 뭘 준비하면 좋을지 한번 적어 보자고 했지요. 그랬더니 갑자기 "운동을 열심히 해야겠어요"라고 대답했습니다. 무슨 의미냐고 물었더니 "공무원 공부도 도전일 텐데 프로야구 구단에 스카우트 되는 것부터 도전해 보고 싶어요"라고 했어요. 뜻밖이었습니다. 왜 그런 생각을 하게 됐는지 대답해 줄 수 있냐고 조심스럽게 물었습니다.

"코치님과 대화하면서 내 과거를 돌아보게 되었고 부모님 생각이 많이 났습니다. 지금까지 견뎌 온 내 자신에게 떳떳하려면 야구를 할 때까지는 해야 할 것 같아요."

일종의 반전이군요.

네. 잘된 일인 것 같긴 합니다. 저도 "잘했다" 했어요.

어쨌든 그 야구 선수는 그 시간 이후 표정이 달라졌습니다. 저는 몇 개 안 되는 질문으로 다른 사람이 자신의 인생 방향을 결심하는 모습을 보면서 멘탈코칭의 위력과 코치로서 뿌듯함을 느꼈습니다.

진우 엄마

저도 뿌듯해집니다. 그럼 처음에 말씀하신 것처럼 멘탈코칭을 코치님 자신을 위해 쓰신 것은 뭐가 있어요?

곽코치

제 부부싸움 이야기해 드릴까요? 저는 43세 늦은 나이에 결혼을 하게 되었습니다. 지인 소개로 만난 이쁜 처자를 온갖 정성과 감언이설로 꾀어 결혼에 성공했습니다. 저보다 7살이나 어렸습니다.

제 본가가 경남 남해 시골인데 첫인사를 가는 날이 사람들이 많이 이동하는 한식일이었습니다. 와이프를 집안에 인사시킨다는 설렘과 걱정만 있었지, 그날이 어떤 날인지, 교통이 어떨지 전혀 신경쓰지 않은 나의 불찰이었습니다. 가는 시간만 11시간이 걸렸습니다. 와이프는 이 일로 인해 본가에 간다고 하면 알레르기 반응을 보이는 것이었어요.

그해 가을 추석 역시 와이프는 내키지 않는 표정이 역력했고, 명절 당일 오전에 최대한 빨리 올라오자고 했습니다. 이 말을 듣자 저는 반사적으로 화를 냈습니다. 그 시간대 오면 길이 막히게 되니 밤늦게 출발하거나 다음 날 새벽에 출발하자고 했지요.

그 일로 저희는 그날 많이 다투게 되었습니다. 같이 술을 마시고 있던 터라 술기운도 올라오고 큰 언성이 오고 간 후 잠이 들었습니다. 아침에 일어나니 와이프가 얼굴도 안 마주쳤습니다. 화장실 갔다가 안방에 들어가는데 안방 문이 뭐에 맞은 듯 찌그러져 있었습니다. 화해 겸 말을 걸어볼 요량으로 이게 무슨 일이냐고 물었지요. 아무 대답이 없었습니다. 침대에 누워 기억을 더듬어 보았지요.

그때 기억이 하나씩 나면서 제 얼굴이 빨개졌습니다. 제가 화가 난 상태에서 술에 취해서 화풀이를 문에다가 한 것입니다. 살짝 친다는 것이 힘 조절이 안 된 것 같아요. 그 순간 '아 이 사태를 어떻게 하지?'라는 생각밖에 없었습니다. 2주 뒤에 기분 좋게 본가 내려가려 했는데 모든 게 망가진 거죠. 저의 입지가 매우 좁아졌습니다.

일주일간 화해를 요청하고, 사과를 해도 와이프 반응은 냉랭했습니다. 사진을 찍어 놨으니 본가에 가서 이 사태를 말하고 사진을 보일 거라는 것이었습니다. 다행히 추석에 내려가서는 아무 말도 하지 않고 일찍 올라오기는 했지요. 와이프한테 고마웠습니다. 다행이라는 생각이 들었지요. ㅋㅋ

진우 엄마
부인께서 마음이 좋으시네요. 저 같으면 추석에 못 내려가죠~

곽코치
네. 고맙게 생각했어요. 그 일 이후로 와이프와 싸울 때 어떻게 해야 할지 멘탈코칭 기법에서 찾았습니다. 그런 멍청한 짓을 또 하면 안 되니까요.

자기 대화(Self talking) 기법을 써야겠다고 생각했어요. 멘탈관리는 자신이 처한 상황에서 나에게 도움이 되는 생각, 말, 행동을 선택하는 것이다. 그래서 부부싸움에 유용한 자기 대화 기법을 사용하기로 하고 적용해 봤답니다.

진우 엄마

구체적으로 어떻게 하는 겁니까?

곽코치

다음과 같이 세가지 질문을 던지고 답을 찾는 겁니다.

"지금 무슨 일이 일어나고 있지?"

– 와이프와 본가 가는 일로 싸웠다. 와이프가 짜증을 내고 있다. 정말 가기 싫은가 보다. 근데 난 짜증난다. 화도 난다. 매년 이래야 하나.

"지금 상황에서 내가 진정 바라는 것은 뭐지?"

– 와이프와 싸우지 않고 함께 기분 좋게 즐거운 마음으로 내려가서 가족들과 재미있게 지내다가 오고 싶다.

"그럼 내가 무엇을 해야 할까?"

– 내 언성을 높이지 말자. 부탁하는 말투를 쓰자. 내려가기 싫은 마음을 알아주는 척이라도 하자. 용돈 얼마 원하는지 묻고 흔쾌히 주자.

진우 엄마

효과가 있었는지요?

곽코치

이 방법을 써보니 먹혔습니다. 다음 설 명절에도 제가 원하는 80% 이상의 효과를 거뒀다고 생각합니다. 이후로도 와이프와 싸우는 상황이 되면 자기 대화를 통해 현재 상황을 인식하고, 내가 바라는 바를 정하고, 내가 어떤 행동과 말을 해야 하는 것이 좋은지 선택해서 행동합니다. 효과가 만점

공부멘탈코칭

입니다. 이 글을 읽는 모든 유부남에게 권합니다. 부부싸움에서 나의 뜻을 조금이라도 관철하려면 멘탈코칭 '자기 대화' 기법을 활용하세요.

> **진우 엄마**
>
> 진우 아빠에게도 권해야겠네요.

> **곽코치**
>
> 사실 자기 대화는 남자만 하는 게 아니고 여자들도 하시면 좋습니다.

> **진우 엄마**
>
> 그렇겠네요.

> **곽코치**
>
> 어려운 상황을 이기는 방법으로 '내가 딱 좋아하는 거리잖아'가 있습니다.

저는 골프를 참 좋아합니다. 친형이 티칭 프로였고, 형 아들인 조카도 골프 프로 지망생입니다. 저는 지인들과 내기 골프를 자주 치며 즐기곤 합니다. 아마추어들이 골프를 치면 내기를 자주 하지요. 서로 자기가 잘 친다고 주장을 해서 진실을 가려야 하고, 캐디피, 저녁값을 위해 내기를 할 수밖에 없는 상황이 됩니다.

실력과 멤버 구성에 따라 달라지기는 하나 1타당 5천 원 또는 1만 원이 일반적이죠. 드라이버, 아이언은 실수해도 거기서 거기지만 100m 안쪽에서 처리하는 숏게임과 퍼팅에서 승부가 갈라집니다. 골퍼들은 이걸 설거지라고도 하지요. 아마추어들은 연습할 시간이 부족해서 숏 게임인 어프로치와 퍼터를 잘 못하는 경향이 있습니다. 그날 컨디션에 따라 기복이 많지요.

제가 그래서 개발한 것이 '딱 좋아. 내가 좋아하는 거리잖아!'입니다. 가령, 37m 어프로치가 남았다고 합시다. 연습장에서 연습해도 10m 단위로 하기 때문에 37m면 애매한 거리죠. 참 부담스러운 거리입니다. 이때 '난 이런 거리가 참 싫다. 이런 거 잘 안되던데. 길면 안 되는데. 짧으면 안 되는데' 뭐 이런 걱정스러운 생각을 하면 여지없이 실수를 합니다.

그래서 저는 반대로 'OK 37m 내가 딱 좋아하는 거리잖아', '딱 좋아 내가 원하던 거리야', '좋아~ 딱 붙겠는데~' 라는 말을 합니다. 그러면 왠지 모를 자신감이 생기고 좋은 기운이 오는 것 같습니다.

아마추어에게 최악인 벙커에 빠졌을 때도 이렇게 외칩니다. '내가 일부러 벙커에 넣었잖아. 벙커 15m 내가 딱 좋아하는 거리잖아' 나에게 자신감을 주기 위해 허풍을 떱니다. 그런데 그게 다른 사람에게는 허풍이지만 나에게는 자기암시로 자신감을 주거든요. '근자감', 근거 없는 자신감이랄까.

골프 지망생인 조카가 나의 이런 행동을 보면서 처음에는 크게 웃었지만 지금은 자기도 그렇게 한다고 하네요.

> **진우 엄마**
>
> 근거 없는 자신감이라 했나요? 그거 공감이 가는 표현이네요.

> **곽코치**
>
> 하기 싫은 일할 때 '딱 좋아, 왜냐하면~'을 활용합니다.

지금까지 경영컨설턴트로 23여 년간 HR 분야에서 컨설팅과 강의를 해오고 있습니다. 프로젝트마다 목적, 범위, 가격 등에 따라 열의가 생기기도 하고 재능기부 수준으로 의욕이 생기지 않는 경우도 있습니다. 늘 좋은 것만 할 수 없는 게 인생사라지만 주제가 재미없거나 요청 기업의 내부 목적이 이상하거나 가격 후려치기로 싼가격이면 정말 하기 싫어집니다.

한번은 여의도에 있는 모 공공기관을 표준협회 소개로 성과관리 컨설팅을 하게 됐어요. 인원이 50명 정도였고, 일반인들에게 잘 알려지지 않은 기관이었습니다. 인원도 적고, 상급 기관의 통제도 약해 도전적인 문화가 없고, 성과관리 제도 수준도 매우 허술했습니다. 신임 이사장이 부임해 변화혁신을 추진하려고 하였으나 기존 직원들은 큰 변화를 원치 않았습니다. 그래서 컨설팅 비용도 아주 낮게 책정되어 있었지요. 컨설팅 목적과 회사 분위기, 컨설팅 비용을 들으니 힘이 빠졌습니다. 하기 싫다는 생각이 먼저 들었어요. 어떻게 하면 적당하게 진행해서 빨리 끝낼 수 있을까 하고 고민했더랬지요.

그런데 이 프로젝트 외에는 딱히 할 일이 별로 없던 터라 다른 대안도 없었습니다. 착수 미팅을 마치고 담당 부서장과 담당자를 만나니 참 착하고 선한 분들이라는 느낌이 들었습니다. 기관의 설립 목적과 사회 영향력도 마음에 들었고요. 지금까지 제가 해왔던 컨설팅 방법으로는 이번 컨설팅 비용에는 맞지 않고 시간이 오래 걸리고 나에게는 기회비용이 너무 클 것 같았습니다. 그래서 어떻게 하면 좋을까 고민을 하면서 내 멘탈을 어떻게든 잡아야겠다고 생각했습니다. 마침 책상 위에 몇 달 전에 공부했던 멘탈코칭 교재가 눈에 보였습니다. 몇 장을 넘기니 눈에 딱 들어오는 기법이 있었습니다. '딱 좋아, 왜냐하면~~~~'

'딱 좋아, 왜냐하면~~~' 멘탈기법은 안 좋은 상황, 피할 수 없는 상황, 어쩔 수 없는 상황 등에 처했을 때, 피할 수 없으면 즐기라는 말처럼 부정적 상황을 나에게 긍정적으로 해석하는 기분전환 기법입니다. 그래서 이번 컨설팅 상황을 이 기법으로 내 생각을 전환해 봤습니다.
"딱 좋아~~, 왜냐하면 이번 참에 심플하면서도 이해하기 쉬우면서 고객들이 따라오기 쉽게 진행 방법을 간결하게 재설계해서 짧고 임팩트 있게 프로젝트를 진행하면 고객사도 좋고 나도 좋겠다. 내 컨설팅 솔루션을 업그레이드시키는 기회로 삼자."

이렇게 생각을 바꾸니 기분이 좋아지기 시작했습니다. 할 거면 잘해서 고객사 직원들에게 성과관리 공정성도 올려주고 칭찬도 듣고 다음 프로젝트도 만들고 내 솔루션도 잘 다듬는 기회로 삼아야겠다고 생각했지요. 컨설팅은 4개월 이상 걸릴 프로세스를 2개월 안에 압축해서 수행했고, 직원들, 담당자, 부서 실장, 이사장 모두 만족하는 결과가 나왔습니다. 완료 이후에 이 기관에서 조직문화 강의, 급여제도 컨설팅, 매년 성과관리 교육 등이 계속 저에게 의뢰가 왔습니다.

진우 엄마
곽코치님은 멘탈코칭 기법을 자신을 위해 잘 쓰고 계시는군요. 저도 많이 배웠습니다. 감사합니다.

제13장
우아함을 유지하는 비결

유 태 영 코치*

> 진우 엄마

코치님은 어렸을 때 공부 잘하셨어요?

> 유코치

공부요? 사연이 많습니다.

'어떻게 하면 최소의 노력으로 최대의 효과를 거둘 수 있을까?'

고등학교 3년 + 재수생활 1년 동안 항상 제 머릿속을 지배하던 생각이었어요. 저는 비평준화 지역에서 공부 잘하는 아이들이 모인 소위 공부 1등 고등학교에 다녔어요. 제가 입학시험에서 5문제를 틀려 180점 만점에 175점을 받았거든요. 그리 나쁘지 않은 점수라고 생각했는데 200명 중 171등이더라고요. 1학년 1학기 중간고사 반 등수가 50명 중 23등이었나? 태어나서 그런 등수는 처음 받아봐서 어찌나 당황스럽던지… 들어가

---

* 성균관대 인지심리학 석사, AI 교육플랫폼 (주)패쓰 COO, 대교, 메가스터디, 캐럿글로벌, 에스티유니타스 등 교육업계 20년 차, 사람들이 지닌 문제를 해결할 수 있는 방법론에 관심이 많아 에니어그램전문가, 멘탈 및 성과코치로 활동중

기만 하면 명문대를 갈 수 있는 고등학교라는 소문에 공부 잘하는 아이들이 다 지원하다 보니 시험에서 1문제만 틀려도 등수가 몇 등이 뒤로 밀리는 건 다반사였어요. 이렇게 경쟁이 치열한 곳에서 3년을 생활하다 보니 학창 시절 내내 마음 편히 살아본 적이 별로 없었어요.

처음엔 '같은 시간, 같은 장소에서 공부를 하는데도 왜 쟤는 1등이고 나는 20등일까?'라는 의문이 들더라고요. 그 질문부터 시작해서 온갖 고민을 한 끝에 결국은 '이 치열한 경쟁 속에서 살아남으려면 주어진 시간에 최대의 효과를 내는 공부법을 익혀야 한다.'는 결론을 내리게 되었어요. 그 이후로는 무언가를 익혀야 할 때 '최소의 노력으로 최대의 효과를 거두려면 어떻게 해야 할까?'를 항상 먼저 질문했어요.

예를 들어 '단어를 암기할 때도 이 단어들을 30분 만에 외울 수 있을까? 그러려면 어떻게 해야 하지?', '내가 외운 단어를 까먹지 않으려면 뭘 해야 할까?', '교과서 이만큼 분량을 30분 내에 이해할 수 있을까?', '1시간 안에 문제집 이만큼을 풀고 오답까지 정리하려면 어떻게 하면 될까?' 등 주어진 시간 내에 최대한 효율을 낼 수 있는 공부를 하려고 노력했어요. 이렇게 다양한 시도를 하며 공부하다 보니 슬슬 공부에 재미도 붙고 효율도 오르기 시작했죠.

이 치열한 경쟁 속에서도 나름의 페이스를 지켜가며 묵묵히 주어진 공부를 해나가는 아이들이 있는 반면, 어떤 아이들은 원하던 성적이 나오지 않아 자퇴를 하기도 하고, 심지어는 학업 스트레스를 견디지 못해 학교를 다니지 못하고 정신과에 입원하는 친구들도 있었어요. 그러다 보니 사람에 대해 더 연구하고 싶어지더라고요. 고려대학교 심리학과를 목표로 했으나 '심리학과 졸업하면 취직하기가 쉽지 않으니 경영학과를 가면 좋겠다'는 어른들의 걱정과 조언에 성균관대 경영학부에서 산업 및 조직 심리학을 전공했어요. 그 이후 제 관심 분야를 더 공부하기 위해 인지심리 대학원에 진학해 본격적으로 인지 학습을 전공하게 되었고요.

진우 엄마

인지심리학이면 요즘 잘나가는 전공 아닌가요? 고등학교 때 고생하셨지만 결과적으로는 잘 되었네요. 취업은 어느 쪽으로 하셨어요?

유코치

대학원 졸업 후, 운이 좋게도 제가 원했던 교육회사 1위 기업인 눈높이 대교에 공채로 입사하게 되었어요. 눈높이 지점 직원 교사로 1년의 현장 경험을 거쳐 신규 사업 영역인 학원사업부의 마케팅과 콘텐츠 기획을 맡았습니다. 이러닝(e-learning)이란 분야가 생기기 시작하더라구요. 메가스터디란 회사가 혜성처럼 나타나고 상장해서 주가가 우상향하더라고요. 제가 근무하는 대교에서도 '공부와락'이라는 이러닝 사이트를 만들기 시작했지요.

슬슬 제 눈에 이러닝이 관심 분야로 들어오기 시작했을 때 지인 추천으로 중고등 온라인 교육회사 1위인 메가스터디의 초등 사업기획자로 이직하게 되었어요. 메가스터디 역시 중고등 이러닝 업계 1위였기 때문에 초등으로 사업 영역을 확장하고 싶어 했거든요. 메가스터디에서 계열사 근무까지 거의 10년을 넘게 근무하고 캐럿 글로벌 신규사업실, 에스티유니타스 강사전략본부를 거쳐 2년 전에 AI 교육 플랫폼 패쓰의 창립 멤버로 합류하여 COO(운영책임자)를 맡고 있어요.

진우 엄마

와우 멋지십니다. 우리 여성 직장인의 우상이십니다. 결국 새로 떠오르는 분야를 찾아서 가신 거잖아요?

하다 보니 그렇게 되었어요. 처음엔 제가 이렇게 오랫동안 직장생활을 하게 될 줄 몰랐는데 어느덧 40대 후반에 접어들었네요.
생각은 엄청 많으나 게으른 편이어서 아마 직장생활을 하지 않았으면 매일 일어나고 싶은 시간에 일어나고 하루 종일 빈둥거리며 널널한 생활을 보내고 있을지도 모르겠어요. 그나마 회사라는 제약조건 덕분에 정해진 시간에 일어나 출근하고 일하고 지금까지 나름의 성과와 자리를 지키며 살고 있는 듯해요.

그거야, 누구나 그렇다고 봐야죠.

그런데, 결혼을 하고 아이를 키우며 직장맘으로 바쁜 나날을 보내던 30대 중반부터 직장생활에 회의가 오더라고요.

'언제까지 이렇게 다람쥐 쳇바퀴 돌듯 살아야 하지? 자유롭게 아이도 키우고 내가 하고 싶은 일도 하며 살고 싶은데…'란 생각이 순간순간 올라오더라고요. 그러면서 마음 한편으론 게으른 제 성격을 알기에 '회사를 관두고도 지금처럼 생산적인 일을 할 수 있을까? 어설프게 혼자서 제대로 할 줄 아는 것도 없이 무작정 그만두고 도태되는 건 아닐까?'란 의구심과 불안감도 들더라고요. 특히, 아이가 초등학교에 입학할 즈음 매일 진지하게 이런 고민을 했던 것 같아요. 침대에 누워 '그래! 결심했어! 내일 출근하자마자 사직서 제출하는 거야!'까지 갔다가 출근해서 맡은 일 하다 보면 '난 이 조직에서 필요한 사람이야. 아직은 독립할 자신도 없고…'를 오락가락했어요.

아니 그 좋은 직장을 가지고 있는데 왜 퇴사를 했나요?

배가 너무 불렀던 거죠. 뭐~ 이렇게 고민만 주야장천 하다가 생각의 전환을 갖는 결정적 계기가 생겼어요. 매년 2배 또는 지속적인 성장을 하던 메가스터디 성장률이 둔화하며 조직 개편이 되었거든요. 제가 있던 조직의 사장님과 상무님이 새로운 분으로 바뀌며 조직 분위기가 살벌해지기 시작한 거예요. 자연스레 주변의 실장과 팀장들도 못 버티며 나가는 모습을 보게 되니 생각이 많아지더라고요. 그 당시 딸아이가 1학년이었는데, 주말부부라 저 혼자 아이 케어하며 직장을 병행하는 것도 정말 힘들었는데 변경된 조직에서 적응하느라 아니 살아남기 위해 눈치 보며 일해야 하는 삶이 시작된 거죠.

저는 생각했어요.

'내가 직장생활을 하는 이유가 뭐지? 우리 가족 행복하게 잘 먹고 잘 살자고 하는 건데… 지금은 남편도 힘들고 아이도 힘들고 나도 힘드네… 나만 회사를 관두면 되는 거 아닌가? 그래, 주말부부 생활을 접고 육아와 내조에 전념하자.'라고 마음먹고 주말부부 생활을 접고 남편 근무지로 이사를 하려고 사직서를 제출하게 되었어요.

덕분에 아이의 초등학교 1학년 여름방학을 온전히 아이와 함께 지낼 수 있게 되어 너무 행복했어요. 아이와 아침에 일어나 느긋하게 밥 먹고, 도서관도 가고, 놀이터도 가고, 영화관도 가고, 여행도 가고… 그런데 전 계속 일할 운명이었던 건지… 퇴사하자마자 여기저기서 러브콜이 오더라고요. 특히, 제가 존경하던 초중등사업부에서 성인 직무교육 대표로 자리를 옮기신 김성오 부회장님께서 거의 일주일 단위로 연락을 주시며 콜하셨어요. '아이 키우는 데 문제가 될 것이 없도록 해줄 테니 당신이 맡고 있는 성인 직무교육 회사의 콘텐츠 팀장을 맡아달라'는 부탁이셨어요. '내가 뭐라고 이렇게 간절히 날 찾아주실까?'라는 고마움과 제 속에 남아있는 일 욕심 때문에 결국 퇴사 한 달 만에 다시 같은 건물로 출근하게 되었어요.

진우 엄마
겨우 한 달 쉬신 거군요. 유능한 분은 어쩔 수 없어요. 부럽습니다. 퇴사했다가 직장에 다시 들어가면 어떤 생각이 들까요?

유코치
그거요? 좀 기분이 묘하기는 하더라고요. 제 경우는 조금 더 투쟁적으로 바뀌었어요. '기왕에 이렇게 된 거 뭔가 일을 내보자.'이런 생각이 들더라고요.

하여튼 제 일이 이렇게 초중등 교육에서 성인 직무교육 분야로 바뀌게 되었어요. 저는 우선 공부하는 장이 필요하다 싶어 '사람에 관한 따뜻한 지식, HRON'이라는 이름으로 HR 세미나를 기획하고 운영하게 되었어요.

7년 동안 매년 4번씩 총 28번 이상의 HR 세미나를 기획하고 진행한 셈이에요. 그러다 보니 자연스레 성공적으로 조직을 잘 운영하는 기업의 HR 담당자 또는 임원, 대표님들을 연사로 모시며 그들을 직접 인터뷰하고 촬영할 일들이 많았어요.

그분들을 인터뷰하기 위해 아무 생각 없이 갈 수는 없잖아요? 우리가 정한 강연 주제에 적합한 내공을 지닌 분인지 다방면으로 조사를 하는 건 기본이고요. 임팩트있는 홍보 영상을 만들기 위해 인터뷰 질문지도 잘 만들고 진행해야 했어요. 그렇게 자신이 쌓은 경험과 노하우를 나눌 수 있는 업계 전문가 100분 이상을 뵙고 이야기도 듣고, 그분들이 쓴 글도 읽다 보니 저 역시 가랑비에 옷 젖듯 생각이 넓어지고 깊어지며 깨달음이 생기더라고요.

코치님은 참 좋은 자산을 얻으신 거네요. 저도 그런 사람을 만나보고 싶어요. 그런데 저는 그런 사람을 알아보고 자신의 자산으로 만드는 코치님이 더 대단하다는 생각이 들어요.

유코치

제가 대단할 게 뭐 있나요. 제가 만난 분 중에 '절대 영감'이라는 책을 쓰신 김상경 작가님과 '어떻게 일하며 성장할 것인가'라는 책을 쓰신 롯데벤처사 전영민 대표님의 책을 읽고 인터뷰하며, 그분들을 높게만 보고 부러워할 것이 아니라 롤모델로 삼고 가까이 다가가자고 결론을 내렸어요.

그리고 저 스스로 진지하게 질문을 던지기 시작했어요.
"태영아, 너는 앞으로 어떻게 살고 싶은 거니?"

유태영이 만난 전문가들의 특징

1. 자신의 분야에서 나름 인정을 받고 있는 분들은 뭔가를 하기로 하면 꾸준히 한다.
2. 자신이 가지고 있는 지식과 노하우를 다른 사람들에게 나눠주는데 인색함이 없고 오히려 즐긴다.
3. 본인의 업무와 병행하며 저자로, 강연자로 제2의 또 다른 캐릭터도 잘 소화한다.
4. 그러다 보니 조직에서 승승장구하거나, 적당한 시점이 되면 조직에서 탈출해 자기 일을 한다.

"태영아, 네가 원하는 10년 후의 삶은 뭐야?"
"그걸 위해 지금부터 넌 뭘 해볼래?"

예전엔 마음속으로 생각만 했다면, 그걸 김상경 대표님처럼 글로 적어서 정리하기 시작했어요. 혼자서 하면 흐지부지될까 봐 팀원들에게 김상경 대표님 책도 선물하고, 월 2회 점심시간에 각자의 목표와 세부 계획들과 진행 상황을 공유하는 시간을 갖기 시작했어요. 이런 과정을 거치다 보니 혼자 할 때보다 더욱 의무감과 부담감도 생기고 그러면서 조금씩 제 실력이 쌓이는 걸 느낄 수 있었어요.

진우 엄마

그때도 코치님은 멘탈코칭을 하고 계셨나요?

유코치

아니요. 그때는 그냥 저 혼자 몸부림치면서 삶의 노하우를 개척하고 있었던 거죠. 그런데 멘탈코칭을 배우고 나니 그동안 제가 해왔던 것들이 '타임라인'과 '자기와의 대화(self talking)라는 거였더라고요. 지금 생각해 보면 전 일찍부터 자기 대화를 포함해서 멘탈코칭 기법들을 잘 사용하고 있었던 거더라고요. ㅋ

또 제가 잘 쓰는 멘탈코칭 기법 중에 '나에게 힘을 주는 말, 만트라'라는 과정이 있어요.

'만트라'는 산스크리트어인데 '만'은 사람의 마음을 의미하고 '트라'는 보호를 의미해요. 즉, 나에게 힘을 주는 말을 함으로써 나를 보호하는 거예요. 만트라 명상은 동양 문화권, 특히 불교에서 오랫동안 사용된 명상법 중 하나인데 마음이 편해지거나 힘이 날 때까지 내가 좋아하는 단어와 문

1. 죽을 때까지 우아하게 살자.
2. 한번 사는 인생인데 스스로에게 만족스러워야 하지 않을까?
3. 후회될 것 같으면 일단 해보자.
4. 어차피 후회할 거라면, 해보고 후회하는 게 더 낫지 않은가?
5. 모든 일은 마음먹기에 달려있다.
6. 그러므로 힘든 상황에서도 긍정적인 부분을 보려고 노력하자.
7. 이것 역시 곧 지나가리라.
8. 그러므로 나에게 주어진 모든 상황에 너무 기뻐하지도 슬퍼하지도 말자.
9. 내가 이만큼 사는 건 나의 부모님 덕이다.
10. 그분들이 주변에 베풀고 사셨기 때문에 그 은덕이 나에게까지 내려오는 것이다. 그러므로 나도 나의 아이를 위해 다른 사람에게 내가 할 수 있는 선에서 베풀고 살자. 지금 당장 나에게 돌아오지 않더라도 내 자식이나 후손들에게 돌아갈테니…

장을 반복해서 말하는 거예요. 만트라 명상 전문가들은 특정 만트라를 반복하여 외움으로써 우주의 주파수와 우리가 내는 그 소리가 진동되어 공명을 일으키는 결과라고 설명하더라고요.

만트라 명상 전문가가 아니라 이런 구체적인 원리는 잘 모르겠지만, 제가 항상 마음에 새기며 사는 문장들이 있어요.

진우 엄마

유코치님 만트라는 정말 명품이네요. 제가 베껴도 될까요?

유코치

베낄 거 뭐 있어요. 다 생각들 하시는 건데요, 뭐~

만트라는 언제 어떻게 씁니까?

유코치

뭔가 중요한 결정을 해야 하거나 힘든 일이 생기면 그 상황에 맞게 저만의 만트라를 꺼내 쓰곤 해요. 그냥 적은 문장을 말로 하는 거예요. 가끔은 글을 읽기도 하지요.

그러면 신기하게도 긴장감과 불안감이 줄어들고 마음이 진정되더라고요. 예를 들어 자신감이 떨어질 때도 '모든 일은 내가 마음먹기에 달렸지.'라고 쿨하게 말하고 나면 마치 제가 모든 상황을 다 통제할 수 있는 사람으로 바뀌는 듯한 느낌이 들며 힘이 나더라고요. 또한 순간순간 '내가 이만큼 사는 건 모두 나의 부모님과 주변에 나와 함께하는 동료들 덕분이다.'라고 감사를 표현하면 마음이 엄청나게 넓어지고 너그러워지는 기분이 들어요.

진우 엄마

멘탈코칭을 본격적으로 하시게 된 것은 언제부터세요? 코치님은 이미 교육계에서 자리를 잡으신 분인데 멘탈 코칭에서 새롭게 얻을 게 있었나요?

유코치

2018년, 이직한 교육회사 캐럿 글로벌의 신규사업실장과 자회사인 심리상담센터 밝음의 경영부원장을 겸직한 적이 있었어요. 캐럿 글로벌 노상충 대표님은 20대 후반 대기업을 그만두고 창업하여 성공한 기업가이신데요, 회사를 경영하면서도 꾸준히 공부하셔서 조직심리학 박사학위도 받으시고 대학에 강의도 나가는 멋진 분이셨어요. 리더들은 모두 회사의 비용을 들여서 코치 자격증을 따게 할 정도로 심리와 코칭에 관심과 애정이 깊은 분이셔서 심리상담센터를 자회사로 가지고 계실 정도였어요. 그 덕분에 저도 캐럿 글로벌에 근무하며 코칭 자격증도 따게 되었죠.

코칭을 배우며 그동안 제가 얼마나 티칭 중심의 사고를 하며 살았나를 깨달았어요. 코칭이 티칭과 다른 가장 큰 차이점이 '답은 선생님이 가지고 있다(티칭) vs 답은 학생이 가지고 있다(코칭)'인 것 같아요. 코치는 피코치에게 답을 얘기하지 않아요. 즉, 이래라저래라 지시하지 않는다는 거죠. 다만, 피코치가 무한한 가능성과 잠재력을 가지고 있다는 걸 믿어주고 격려해주며 적절한 질문과 피드백을 통해 스스로 답을 찾을 수 있도록 도와주는 역할을 하는 거죠. 처음엔 이 과정이 어찌나 힘들던지… 피코치의 가능성을 인정하지 않고 저도 모르게 질문을 빙자하여 유도 질문으로 답을 주고 있는 경우가 많았어요. 저의 코칭 과정을 돌아보며 멘토 코치님과 동료 코치들에게 티칭하고 있다는 피드백을 받고 스스로 개선하려는 노력을 한참 동안 거친 후에야 피코치를 있는 그대로 바라보게 되었어요. 그러면서 자연스레 사춘기 딸아이와의 관계도 좋아지고요.

이렇게 코칭의 매력에 흠뻑 빠진 저는 심리상담센터에 도입할 청소년 코칭 프로그램을 검토하던 중 대표님 소개로 박세은 멘탈코치님을 알게 되었어요. 저는 사교육 1번지라고 하는 강남에서 아이를 키우고 있고, 교육회사에 근무하다 보니 우리나라 아이들이 얼마나 힘든 시기를 보내고 있는지 너무 잘 알고 있거든요. 그러한 아이들의 환경을 제가 바꿔줄 수는 없겠지만 코칭을 통해 아이들의 멘탈을 단단하게 바꿔줄 수 있으면 좋겠다고 생각했어요. 그런데 박세은 코치님 역시 저와 같은 생각을 가지고 저보다 먼저 멘탈코칭을 하고 계시더라고요. 전화 통화로 박세은 코치님과 처음 만나게 되었는데 그 에너지가 어찌나 좋으시던지 꼭 한번 만나야겠다는 생각이 들더라고요.

코치님의 학창 시절과 직업생활을 엿볼 수 있어 매우 좋았어요. 제가 받은 인상은 코치님은 끊임없이 고민하면서 자신을 성장시켜나가는 분 같아요.

그렇게 보아주셔서 감사합니다. 저는 제가 부족하다는 것을 너무나 잘 알기 때문에 계속 나를 채근하고 있고요, 여러분들을 인생 코치로 모시고 있답니다.

제 인생 코치 중 한 분은 류랑도 선생님이세요. 그분은 제가 HR 세미나 하면서 알게 된 분인데 지금도 제가 궁금할 때 문의를 하고 제게 조언을 주시고 계세요. 그리고 요즘은 멘탈코칭을 같이 하는 분들 모두가 제 코치랍니다.

제14장
변신은 안 되지만 변화는 가능

조 은 명 코치*

진우 엄마

코치님은 어떤 일을 하시나요?

조코치

저는 변화관리를 위한 코칭과 강의를 하고 있습니다. 리더십이나 스피치에 관한 게 좀 많습니다. 저희는 고객의 요구에 맞춰 '그분'을 변화시키는 일을 하고 있어요. 처음 그 일을 시작할 때는 기법(스킬) 위주의 트레이닝이나 강의를 많이 했습니다. 그런데 시간이 지나면서 그게 아니라는 것을 깨달았어요. 마음이 중요하더라고요.

진우 엄마

처음부터 그런 쪽 일을 하신 거예요?

---

* 유파트너(교육컨설팅,경영컨설팅,취업컨설팅) 대표, 휴먼디자이너, 변화행동전문가, 리더십, 서비스, 커뮤니케이션, 진로 코칭등 전문 강사, 소상공인 경영, 심리상담 컨설턴트, 대기업 및 정부 기관 교육 및 컨설팅 사업 다수 진행

아닙니다. 저도 방황을 많이 했어요. 저의 방황은 중2 때로 거슬러 올라갑니다. 그때부터 시작된 '나와의 마음의 전쟁'은 40살이 돼서야 휴전하고, 나를 진짜 있는 그대로 받아들일 수 있는 내가 되었습니다. 그 과정에서 잃은 것도 많고 얻은 것도 많지요. 얻은 것 중 가장 큰 것이 마음에 대해 많이 알게 되었다는 겁니다. 다른 교육보다 코칭이 가장 도움이 많이 되었습니다. 그 덕분에 제가 이 일을 하는 것 같기도 하고요.

사람은 변하나요?

저는 이렇게 이야기합니다.
"변신은 할 수 없지만, 변화는 할 수 있다."
"변신은 해서는 안 되지만, 변화는 해야 한다."

요즘 장난감들 보면 변신들을 잘해요. 사람이 자동차로 변신하기도 하고, 거미가 우주선으로 둔갑하기도 하고 그러지요. 그게 변신입니다. 그런데 변화는 무엇입니까? 바로 성장이에요. 매미가 허물을 벗고 어른이 되는 것 말입니다. 아이가 청소년이 되는 거, 청소년이 성인이 되는 것 말입니다. 목표를 가시화하고, 습관을 바꾸고, 관계를 재설정하고, 학습을 하고 하는 것은 계속해야 하는 거 아니겠어요?

'변신은 할 수 없지만, 변화는 할 수 있다.' 의미심장한 말씀이네요.

조코치

아침에 눈을 뜨는 게 참 괴로웠던 20대 시절이 있었습니다. 대학을 다니며, 내일이 없을 것 같이 살던 어느 날 아침에 화장하려고 거울 앞에 앉았는데, 거울 속의 내 모습이 너무나 안 돼 보여서 한참을 울었던 기억이 납니다. 그때 난 내 안에 있는 내 진짜 자아와 얼굴을 마주 봤던 잊지 못할 강력한 순간이었던 것 같아요.

어떤 감당하기 힘든 현실을 만나게 되면 화살을 자신에게 돌리고, 자신을 비난하고, 자책하고, 학대하는 사람들이 있습니다. 진짜 원하는 것을 생각하고 행동해야 하는데 그게 아니라 자신을 미워해서 자신을 벌주기 위해 타락하거나, 가출하거나, 유흥에 빠져 살거나 하죠.

저는 거울을 보면서 나 자신에게서 나와 나를 바라보는 관찰자가 되었어요. 그러면서 스스로 이런 이야기를 했던 것 같아요.
"거울 속에 있는 저 아이가 만약, 소중한 너 친구이거나 자녀라면 이렇게 내버려 두겠냐?"고 말이죠.

변화는 자기와의 만남에서 시작되는 것 같아요. 내면의 자기와 대면하고, 손을 내밀어 그 자아를 이끌어주어야 해요. 자기가 자기의 멘탈 코치가 되어야 하는 거죠.

진우 엄마

코치님은 일찌감치 멘탈 코칭의 중요한 경험을 하신 것 같습니다.

조코치

그런 경험을 한 후 저는 사람을 변화시키는 일을 하기로 했어요. 많은 사람이 아니라 한 사람을 변화시키는 그런 일이요. 제가 저를 발견한 이후

한 명, 한 명이 다 소중하게 느껴졌어요. 수만 명 중 한 명이라도 나와의 만남을 통해 그 삶을 변화할 수 있는 힘과 용기를 가질 수 있다면 그것이 나에게는 가치 있는 일이라는 생각도 갖게 했어요.

제가 처음 변화행동학 강의를 시작했을 때, 나의 멘토가 이렇게 말했어요.

"너는 여기 있는 모든 사람을 변화시키고 싶으냐? 여기서 단 한 명이라도 놀랍게 인생을 변화할 수 있다면 너는 성공한 강사다!"

그때 나는 머리를 한 대 딱 맞은 거 같은 기분이 들었어요. 그리고 그때부터는 진정성 있는, 울림 있는 강의나 교육이 되기 위해 최선을 다했어요. 사람들에게 '베스트 교육자'가 되기보단 '스페셜한 강사'가 되기로 했지요. 저와의 만남이 그 분에게 인생의 터닝포인트가 되기를 바라면서요.

진우 엄마

코치님이 자신을 마주하고 스페셜한 강사가 되기로 했다고 해도 실제로 그런 역량을 갖기는 힘들 것 같은데 어떤 훈련을 받으셨나요?

조코치

제가 대학 시절에 방황했던 이야기해 드렸지요? 그 이야기를 조금 더 할 게요. 저는 원래 문과생이었고 작가가 꿈이었습니다. 그런데 학교를 선택하다 보니 전망이 아주 밝다는 컴퓨터공학을 하게 되었지요. 그때는 전산통계라고 불렀습니다. 대학 4년 내내 수학 때문에 고생하고, 컴퓨터 C언어를 배우고, 데이터베이스라는 것도 처음 접하게 되면서 적성에 안 맞는 공부를 했지만, 그럭저럭 버티며 졸업했습니다. 전망이 좋은 전공이니 버텨야죠.

졸업하고 고리 원자력 발전소 전산개발 일을 맡게 되었어요. 웹 전환 프로젝트, 나크로스 아바타 개발, 010 통신 통합 작업 등 큰 프로젝트의 리더가 되어 5년 동안 열심히 했습니다. 연봉도 많이 받는 전문가가 되었지요. 그런데 제 미래를 생각해 보았어요. 내가 40살이 될 때를 상상해 보았습니다. 제 미래가 좋아 보이지 않고, 제가 행복할 것 같지 않았어요.

그러던 어느 날 저희가 개발한 웹을 다른 전산 전문가들이 활발히 사용할 수 있도록 하는 사용설명회를 2시간 진행해야 하는 일이 생겼어요. 청중은 최소 10년 이상 많게는 50년까지 원자력 시스템을 사용하시던 분들이었어요. 제가 이전 노후된 코볼로 개발된 시스템을 웹 프로그램으로 개발한 사람이긴 하지만, 새로운 시스템의 사용법을 그분들에게 설명한다는 것이 정말 두렵고, 식은 땀나는 일이었죠.

막상 설명회장에 들어가니 거의 모두 남자였고 나이도 지긋했어요. 그곳이 얼마나 보수적이었나 하면, 제가 원자력 중앙관제실에 들어간 최초의 여자라고 하셨으니까요. 설명회장 분위기는 어땠을지 상상되시죠.

"조은명 너는 할 수 있어! 너는 최고야!" 이렇게 외쳤습니다.

지금도 발표자로서 제 이름이 불리던 순간을 잊을 수 없습니다. 2시간이 어떻게 흘러갔는지 모르겠어요. 그런데 놀라운 일이 벌어진 거죠. 그분들이 저를 바라보는 눈빛이 달라졌어요. 그리고 일어나서 "잘 들었다"며 깍듯이 인사를 하는 것이었어요.

그때 느꼈던 희열은 내가 평생 무슨 일을 하고 싶은 것인지, 뭘 잘할 수 있는지를 생각해 보게 되는 중요한 계기가 되었습니다. 남들 앞에서 강의하는 것이 가능하구나, 이 일이 내게 이만큼 기쁨을 주는 일이구나 하는 것을 느꼈습니다.

진우 엄마

말씀하신 대로 대단한 사건이군요. 원래부터 가지고 있는 재주를 그때 발견하신 거군요.

조코치

그렇다고도 할 수 있을 것 같습니다. 제가 가지고 있던 원래의 문과 기질이 발휘된 것도 같습니다.

그 후 회사를 그만두고 본격적으로 강사 훈련을 받기 시작했습니다. 그때가 29살이었어요. 주변에서는 다들 미쳤다고 했지요. 남들이 부러워하는 전망 좋은 직업을 버리고 엉뚱한 길을 간다고 핀잔을 했습니다.

하지만 저는 제 선택을 믿었고, 저를 믿었습니다. 그리고 기존 연봉의 1/3밖에 안 되는 곳에서 제 인생을 다시 시작했습니다. 진로를 결정할 때 가장 중요한 사람은 바로 자기 자신이 아닌가 싶어요. 그리고 책임질 사람도 본인이고요. 저는 이게 제 인생이다 생각하고 행복하게 일하고 있습니다.

진우 엄마

특히 집에서 부모님의 반대가 컸겠어요. 좋은 일자리를 버렸으니 말이죠.

조코치

맞습니다. 부모님의 실망이 크셨어요. 연봉도 적지, 일감이 항상 있는 것도 아니지, 그리고 결혼하는 데도 별 도움이 안 되는 것 같지~
제가 강의를 시작했던 2000년대 초반은 '변화와 혁신'이 큰 화두였습니다. IMF 외환 위기를 겪으면서 모두들 변화해야 했으니까요. 저희 강사들은 목표를 높게 잡고, 그 목표를 위해 달려가는 용기를 북돋아야 했습니다. 그때 많이 쓰는 방법이 '미래 일기'를 작성해 발표하는 것이었어요. 10년 후의 하루를 생생하게 드라마로 보는 듯하게 이미지화시켜 말로써 다른 사람 앞에서 발표시키는 것이죠. 이걸 '신념화'라고 불렀습니다. 저는 이 기법을 저부터 써먹어야겠다고 생각했어요.

10년 후 40살이 되는 조은명의 하루에 대해 그렸지요. 그리고 발표도 했습니다. 시범을 보인 거죠. 그때 제가 뭐라고 한 지 아세요?

"전 40살이 되면 S사 직원들 15명 앞에서 검은 슈트를 입고, 빔을 활용해서 교육을 진행하고 있습니다. 여기에 오신 교육생 여러분은 S사를 대표하는 최고의 인재들로 회사를 이끌어 가는 리더분들이십니다. 저의 강의를 들으면서 자신의 잠재력과 능력을 발휘하는 방법에 대해 같이 생각하고 이야기하고 있고 저는 그분들 앞에서 당당하게 그 수업을 이끌어 가는 중입니다. 그분들은 긍정적인 얼굴로 고개를 끄덕이면서 저를 바라보고 계시고…."

진우 엄마

결과는 어떻게 되었나요? 10년 후가 궁금하네요.

조코치

10년 앞을 내다보던 제 꿈이 2년 앞당겨서 이루어졌습니다.

진우 엄마

와우 축하드립니다. (박수~)

조코치

제가 30살에 미래 일기를 발표했는데 38살이 되던 해에 S사의 교육을 진행하러 가게 되었습니다. 2년 앞당겨졌지요. 한국 최고 회사의 최고 인재들의 교육을 진행하게 된 것입니다. 그리고 나는 18년 동안 200여 개의

회사와 정부 기관의 인재들을 만나 3,000회 이상의 강의를 진행한 강사가 되었답니다.

저는 이런 말을 좋아합니다.

"성공은 위대한 것을 이루는 것이 아니라 자신이 원하는 것을 이루는 것이다."

성공하기 위해서는 그래서 내가 원하는 것이 무엇인지를 알아야 해요. 남의 꿈이 아니라 나의 꿈을 꾸어야 하는 거죠.

가끔 MZ세대들에게 이런 질문을 많이 받습니다.

"지금 눈앞도 살기가 힘든데 미래를 꿈꾸는 게 무슨 소용이 있습니까?"

그럴 때 전 이런 이야기를 해줍니다. 등산을 하는데 세 부류의 사람이 있는 것 같아요. 우선 두 부류의 사람을 볼까요? 땅을 걷는 사람과 정상을 오르는 사람입니다. 땅을 걷는 사람은 어디로 가는 줄도 모르고 길이 나 있으니 그 길을 걷는 사람이고, 위험한 일이 나타났으니 안전한 데로 우회하는 사람입니다. 최종 목적지가 없는 사람이죠.

두 번째 부류는 오로지 정상만 생각하고 줄기차게 뛰어가는 사람들입니다. 길의 특성이라든지 경치라든지 이런 것은 무시하는 사람이죠.

그런데 세 번째 부류가 있습니다. 어머님은 어떤 사람일 것 같습니까?

진우 엄마

세 번째 사람이요? 과정을 즐기는 사람 같습니다. 꽃도 보고, 경치도 보고 물에 발도 담그면서 올라가는 사람 말이죠. 그런데 이분들은 정상에 못 올라갈 것 같아요. 중간에 내려오지 않을까요?

조코치

바로 그것입니다. 세 부류 중에 누가 정답인지 말하기는 어려워요. 하지만 등산을 하는 사람은 목표가 있어야 해요. 아마도 어디로 가는지는 알아야 하지 않을까요? 그리고 과정을 얼마나 즐길 것인가는 개인의 선호지요.

제가 볼 때 제일 바보 같은 사람은 땅만 보고 가는 사람이에요. 과정을 즐기지도 못할 뿐만 아니라 정상에도 오르지 못할 수 있어요. 정상에 오른다 한들 그 의미를 알기나 하겠어요?

행복을 원한다면 자신의 행복이 무엇인지부터 정의하고, 그곳으로 가기 위한 정확한 지표를 가져야 한다고 생각합니다.

진우 엄마

공감입니다. 진정으로 원하는 게 무엇인지 항상 생각할 필요가 있는 것 같아요.

조코치

요즘 챗GPT 시대에는 뭐든지 물어보면 답을 주죠. 그런데 어떻게 묻느냐에 따라 답이 전혀 다르지 않습니까? 자신에 맞는 질문을 할 수 있어야 해요.

네비게이션에도 '좋은 카페' 이렇게 묻는 것 하고, '분위기 좋은 카페'라고 묻는 것 하고, '1시간 거리에 있는 경관 좋은 카페'라고 묻는 것이 다르듯이 말이에요.

진우 엄마

코치님, 변신은 안 되지만, 변화는 가능하다는 말씀 잘 새기겠습니다.

제15장
아름다운 선택

이 옥 희 코치*

진우 엄마

코치님은 회사를 경영하시는 CEO신데 어떤 자세로 살아가시나요?

이코치

저요? 매 순간 끊임없이 일하고, 읽고, 쓰고, 보고 그렇게 시간을 보내고 있습니다. 사회생활을 시작한 젊은 날의 시작부터 지금까지 시간에 허둥대며 치열하게 버티며 살고 있습니다.

저는 인생 모토가 있습니다.
'걸을 수 있을 때까지 일하고 죽을 때까지 공부하는 것'입니다.

그리고 매년 슬로건을 포켓 수첩에 적어놓고 자주 들여다봅니다. 올해 2023년의 슬로건은 '미소, 검소, 간소'입니다.

---

* 경영학 박사, 엘제이테크(주) 대표이사, 경기중소벤처기업연합회 부회장, 멘탈코칭사회적 협동조합 이사장, 저서: 프로멘탈(공저), 아름다운 선택(공저), 내 인생 최고의 여행(공저)

공부멘탈코칭

미소는 자주 웃는 연습을 해야 이쁘게 나이가 들 것이고, 검소는 분수에 맞지 않는 소비나 허영은 정신을 좀 먹는다고 생각했어요. 그리고 간소는 연륜이 쌓이다 보니 자주 사용하지는 않지만 잡다한 물건들이 수북해요. 이걸 정리하는 겁니다. 하나를 사들이면 두 개를 버리자고 생각했어요. 실천이 문제인데 자꾸 하다 보면 좋은 습관으로 정착되지 않을까요?

> **진우 엄마**

코치님, 멋지십니다. 저는 회사에서 매년 슬로건을 만든다는 이야기는 들었어도 개인이 한 해 슬로건을 만든다는 이야기는 처음 듣습니다.

> **이코치**

사실 저는 다람쥐 쳇바퀴 도는 삶을 살아왔어요. 거의 반자동으로 아침에 일어나 사무실 출근하고 퇴근을 반복했지요. 노트에는 그날의 일정이 빼곡하게 차 있었습니다. 사소한 일부터 중요한 미팅까지 해야 할 일들을 지워가며 처리하고 하루를 살았지요.

어느 책을 보니까 현대인들은 바쁘지 않으면 죄책감이 든다고 하던데 바로 나를 두고 하는 말인 것 같았습니다. 바쁘지 않으면 뭔지 모를 불안감이 스멀스멀 올라오곤 했지요. 이런 상태를 보고 '타임 푸어(time poor)'라고 하더라고요. '시간 빈곤자'라 할까요. 제가 그랬어요.

이제는 삶의 속도를 늦출 수밖에 없는 나이에 와 있는 것 같아요. 몇 년 전부터는 우선순위를 가리고 방향을 잡는 삶을 살려고 노력하고 있습니다. 그래서 슬로건도 만들고 합니다.

그리고 우리 멘탈코칭에서 강조하는 세 가지 빅 퀘스천을 항상 질문하면서 삶의 균형을 찾으려고 하고 있습니다.

1. 지금 어떤 상황에 처해 있는가?
2. 이 일에 있어 진정 원하는 것은 무엇인가?
3. 내가 당장 할 수 있는 일은 무엇인가?

이를 통해 나 자신 스스로 대화하는 것이 바로 저의 '멘탈관리의 힘'인 것 같습니다.

진우 엄마

코치님은 회사 경영하시면서 최근에는 박사까지 하셨는데 어떻게 살아오셨는지 궁금해요?

이코치

제 옛날이야기 좀 해드릴까요?

1977년 전라도의 명문 광주여상을 졸업하고 직장을 다니면서 대학진학을 꿈꿨습니다. 직장생활의 단조로움을 달래기 위해 회사로 배달되는 경제신문을 매일 스크랩해서 읽고 생각하고 상식을 얻었던 기억이 새롭습니다.

그러다가 대학을 진학하게 된 것이 1983년입니다. 초급대학부터 시작했는데 4년제를 마치고, 경영학 석사를 졸업하고, 그리고 2023년에 경영학 박사 학위를 받기까지 40년이란 긴 시간이 흘렀습니다. 매 10년 주기로 한 단계 높은 목표를 향해 도전해온 것 같습니다. 어찌 보면 인생 전체가 공부로 시작해서 공부로 끝난 것이 아닌가 싶네요. 아직도 공부는 현재 진행형입니다.

진우 엄마

10년마다 하나씩 도전하여 박사까지 되셨다는 말씀 감동적입니다. 저는 많이 반성이 되네요. 해 놓은 일이 없는 것 같아요.

이코치

별말씀을요. 10년 단위로 학위 공부를 했지만, 아직도 해야 할 일들은 많이 산적해 있는 것 같아요. 저는 1985년생 아들이 6개월 젖을 먹는 기간만 빼고 지금까지 사회활동을 하고 있습니다.

여성이 사회활동을 할 수 있는 사회 구조가 갖추어지지 않은 시절부터 활동해 왔던 터라 애로사항이 정말 많았지요. 가정과 일을 양손에 쥐고 이어나가기가 어디 쉬운 일입니까? 두 가지를 병행하려면 잠자는 시간을 줄여서 내 할 일을 해야 했습니다. 식사도 빠른 시간 안에 해결해야 했고요. 그 습관이 몸에 체득되어 지금도 밥을 먹을 때 누가 뺏어 먹을까 봐 얼른 먹어치우는 것처럼 급하게 먹습니다.

진우 엄마

회사 경영은 어떻게 하시나요?

이코치

반도체 부품 디자인 설계 제조회사를 운영하면서 우여곡절이 많았습니다. 중소기업들은 대개 겪는 어려움이겠지만요. 그런데 제일 어려운 문제는 역시 사람 문제예요. 사람의 마음을 사는 것이 가장 중요하더라고요.

직원에게 불상사가 생겼을 때 마음으로 품어주고 근본적인 핵심을 파악하여 감성적인 리더십을 발휘하려고 합니다.
한번은 한 직원이 큰 실수를 저질러서 해고해야 할 정도였습니다. 그러나 우리는 대화를 하고 새 출발 하기로 했지요. 초심으로 돌아가기로 했어요. 문제를 일으킨 그 직원은 재입사하는 마음으로 내게 첫 입사 때 제출했던 이력서와 자신의 소개서를 다시 제출하고 근무했습니다. 너무나 훌륭한 직원으로 현재도 일하고 있어요. 회사의 핵심 엔지니어입니다.

저는 또 손 편지 쓰기를 좋아합니다. 직원들을 격려하거나 외부인들에게 감사를 전할 때 간단하지만 제 마음을 담은 글을 손으로 써서 드립니다. 저는 오랜 시간 동안 습관으로 해 와서 5분 정도 투자하면 되는데 받는 분들은 오래오래 기억하시더라고요. 아마 우리 회사 직원들은 제 손 편지를 여러 번 받았을 거고, 저희 거래처나 제가 아는 분들은 거의 제 손 편지를 받으셨을 겁니다.

한번은 우리 회사 옆 다른 회사에 부사장님이 새로 오셨어요. 차 한잔하면서 알게 되었는데 제가 손 편지를 써서 책을 한 권 선물했거든요. 그랬더니 감동 받았다면서 제 이름이 들어간 원고지를 인쇄해서 선물해 주셨어요. 그 부사장 덕분에 저만을 위한 원고지가 생겼고, 10년 전부터 그 원고지에 손 편지를 쓰고 있답니다.

진우 엄마

정말 낭만적이십니다. 그리고 정성이 대단하세요. 요즘 세상에 손 편지라니요. 감동 안 할 수가 없겠어요. 어떻게 그런 생각을 하시게 되었어요.

이코치

글쎄요. 제가 글 읽고, 글 쓰는 것을 좋아하기도 했고요, 우리 가족들도 글 쓰기를 즐겼습니다. 편지쓰기는 대물림해서 하는 전통인 것 같습니다.

저희 어머니께서는 띄어쓰기를 제대로 하지 않으신 손 편지를 객지에 있는 자식들에게 자주 보내주셨어요. 위로 오빠 두 분이 계시는데 오빠들도 편지를 자주 쓰셨던 기억이 납니다.

공부멘탈코칭

진우 엄마

코치님은 꽃이나 식물에 대해서도 관심이 많으셔서 모르는 식물이 없다는 이야기를 들었습니다. 걸어 다니는 식물도감이라 하던데요.

이코치

제가 꽃과 식물에 대해 관심이 많은 것은 사실입니다. 꽃에 대해 좀 알아보자 마음먹고 열심히 공부했습니다. 식물도감 책을 들고 다니면서 실제 식물과 꽃을 대조해보고 이름과 특성을 외웠습니다. 식물에 대해 알게 되면서 저의 삶이 풍요로워지는 것을 알게 되었어요.

꽃과 소통하는 기분 아세요? 지천으로 널려 있는 게 풀이고 꽃인데 그냥 지나치면 그것으로 끝이에요. 그러나 그것을 알아주고 관심을 가지면 제 것이 되는 겁니다.

제가 경기중소벤처기업청 산하 단체인 경기중소벤처기업연합회라는 조직의 여성위원장과 부회장으로 활동하고 있어요. 여기서 꽃 이야기를 잘 활용하고 있답니다. 매일 단톡방에서 풀꽃 이야기 인사로 아침을 엽니다. 이제 곧 1,000회가 됩니다.

진우 엄마

멘탈코칭은 어떻게 인연을 맺게 되셨나요?

이코치

사업과 대외적인 단체활동을 하면서 정신적으로 상당히 피폐해져 있었습니다. 건강도 더불어 나빠졌고요. 건강이 나빠지게 되어 '쉼'이 필요한 시기에 멘탈코칭 공부가 내게 '숨'을 가져다 주었습니다.

가장 기본으로 돌아가서 자신을 성찰해 볼 수 있고 나아가 한 뼘씩 성장할 수 있다는 것을 체험했지요. '쉼'이 필요할 때 멘탈코칭을 공부하게 되었고 멘탈코칭을 생활에 적용하게 됨으로써 '숨'을 쉴 수 있었고 '쉼'과 '숨'은 곧 내 '삶'이 되었습니다.

멘탈코칭을 공부할 때 파주에 있는 고등학교 야구부로 실습을 나갔습니다. 고교야구선수들을 코칭한 경험이 있습니다. 그때 느꼈던 야구부 아이들의 모습이 생생합니다. 합숙으로 지치고 훈련으로 힘들고 선후배 관계에서 정리가 잘되지 않던 고민 많은 선수들이었습니다.

비록 제가 실습을 나간 코치였지만 실습생코치의 코칭을 받고 다음 경기에서 홈런을 날렸다고 기뻐하던 선수가 있었습니다. 저도 얼마나 기뻤던지요.

청담동 엔터테인먼트 회사의 걸그룹 실습도 잊을 수 없어요. 걸그룹도 스포츠 선수들처럼 합숙과 연습 동료와 매니저와의 관계 속에서 갈등으로 고민이 많은 친구들이었습니다. 걸그룹 코칭할 때도 민아라는 아이가 눈물을 펑펑 쏟았던 모습과 코칭을 받은 후 다시 힘을 내겠다고 다짐을 했던 모습이 떠오르네요. 한동안 연락이 되었었는데…. 잘 자랐기를 빕니다.

어떻게든 한 사람의 성장에 있어서 멘탈코치의 말 한마디에 꿈과 희망을 견고히 해 앞으로 나아갈 수 있는 동기를 유발한다는 일이 책임감으로 다가옵니다.

진우 엄마
멘탈코칭 공부를 하신 후 코치님 생활이 달라진 게 있으신가요?

글쎄요. 가정 안에서 부부의 대화법이 달라졌습니다. 울퉁불퉁한 시간을 거쳐서 조약돌의 매끄러운 느낌처럼 부드러워졌다는 것이 우선 떠오릅니다. 멘탈코칭은 아주 간단한 기법인데 적용하느냐 않느냐에 따라 결과가 달라진다는 것을 절감해요. 멘탈코칭은 바로 마술사의 기술 같아요. 우리가 굳이 가름한다면 멘탈코칭을 배우기 전과 배운 후의 마음가짐을 살펴보면 확연하게 드러납니다. 일상의 대화에서 가시처럼 날아오는 화법을 내가 받아서 대응하는 방법을 멘탈코칭에서 배우지 않았다면 바로 그 가시를 반사시켰을 겁니다.

우리 부부는 매주 일요일 아침이면 서울대공원을 갑니다. 정례화된 지가 5년째 접어든 것 같아요. 처음엔 우여곡절이 많았습니다. 시작할 때 나의 의도는 일요일만이라도 주방에서 해방되고 싶은 마음이었지요. 아침에 집을 나서서 공원 둘레길을 걷고 아점을 먹고 들어오면 두 끼를 밖에서 해결할 수 있으니까요.

그런데 제 남편은 국물 있는 음식을 먹어야 한다고 도시락을 준비하라는 거예요. 과거 같으면 이것 가지고 옥신각신 싸웠을 텐데, 멘탈공부 덕분에 여유 있게 대화하다 보니 서울대공원 근처에서 남편이 맘에 들어 하는 탕국 집을 발견하게 되었어요. 이런 예가 한 두건이 아니고 잔잔하게 많이 있습니다.

멘탈코칭 하시는 분들이 협동조합을 만드셨지요?

네. 그렇습니다. 멘탈코칭 하신 분들이 모여서 '청소년멘탈코칭연구소'로서 활동을 하다가 이제는 "멘탈코칭사회적협동조합'으로 교육부 인가도 받았습니다. 본격적으로 우리 아이들과 청소년들을 위해 힘이 되고 싶습니다. 제가 그 협동조합의 이사장을 맡아 무거운 책임을 느낍니다.

`진우 엄마`

코치님은 멘탈코칭 공부가 없더라도 삶을 잘 꾸려오셨을 것 같아요. 이미 멘탈 갑인 분이다 그렇게 느껴져요.

`이코치`

그렇게 봐주셔서 감사합니다. 사실 제가 고졸자로서 사장도 하고 있고 박사도 되었으니 얼마나 독종이냐 싶으실 거예요. 하지만, 마음이 그렇게 편하지는 않았어요. 그런데 멘탈코칭 덕분에 마음이 참 편해졌어요. 삶이 한결 여유로워진 것도 같아요.

저는 살아 오면서 매번 아름다운 선택을 했다고 생각해요. 멘탈코칭을 만난 것, 멘탈코칭 활동을 시작한 것, 남은 내 인생을 위한 또 하나의 아름다운 선택입니다.

공부멘탈코칭

제16장
평범한 경력단절 여성의 비범한 도전

명 정 숙 코치*

진우 엄마

코치님은 저처럼 경력단절 여성이시네요.

명코치

그렇군요. 반갑습니다. 첫 직장은 은행이었어요. 전산 일을 약 10년간 했습니다. 그러다가 1997년 외환위기가 도래했을 때 명예퇴직을 신청했습니다. 그때 명퇴 바람이 세차게 불었었지요. 퇴직 후에는 잠시 은행 출신들이 만든 IT 관련 중소기업에서 새로운 사람들과 6개월 정도 개발 프로젝트를 수행하다가 거기서도 퇴직했습니다.

두 번째 회사에서 퇴직한 큰 이유는 육아였어요. 당시 5살이었던 큰아이를 출근길에 어린이집에 맡길 때마다 엄마와 떨어지지 않으려고 절규하는 아이의 모습을 보는 것이 너무 마음 아팠습니다. 게다가 중소기업 개발 프로젝트가 끝날 무렵 쌍둥이를 임신했지 뭡니까. 그렇게 해서 두번째 회사

---

* 멘탈코칭사회적협동조합 멘탈코치, Field Flow Sports Mental Coach 과정 수료, MCCI 멘탈코칭연구소 멘탈코치, 한국비폭력대화센터 중재과정 수료

도 그만두고 출산과 더불어 정신없이 세 아이의 엄마로 사는 삶에만 충실했습니다.

진우 엄마

쌍둥이까지 키우면서 힘들었겠어요.

명코치

육아도 그렇고, 살림도 그렇고 나름 재미있었습니다. 직장생활을 계속했으면 느끼지 못할 미묘한 맛이 있었어요. 아이들 자라는 것을 보는 것도 그렇고 나와 결이 다른 다양한 분야의 사람들과 만나는 것도 그렇고, 엄마들끼리 수다 떠는 것도 그렇고요.

진우 엄마

저하고 똑같이 느끼셨군요. 저도 몇 년은 그랬었습니다. 그런데 그것도 시효가 있더라고요.

명코치

40대 초반이 되자 생각이 또 달라지더라고요. 더 늦기 전에 사회적 존재로서 인정받고 싶은 나만의 욕구가 다시 꿈틀대기 시작했습니다. 또 재테크 차원에서 상가 투자를 했는데 거기서 실패를 맛보았어요. 경제적 위기가 온 겁니다. 퇴직 후 10년 만에 다시 직장생활을 시작하게 되었지요.

재취업을 생각했지만 어디로 가야 할지 막막했어요. 살면서 제가 만난 많은 응원군 중에서 감사한 분들을 떠올려 보았지요. 제일 먼저 떠오른 분이 바로 제가 첫 직장을 퇴직하고 잠시 몸담았던 두 번째 직장의 사장님이었습니다. 사실 두 번째 회사에서 힘들게 6개월간 개발을 마치고 쌍둥이의 임신으로 퇴사할 때 사장님께서 "명과장, 나중에 일을 하고 싶으면 다시

나와도 괜찮아요. 언제든지 돌아오세요."라고 희망적인 말씀을 해 주셨었지요.

그 말씀을 듣고 고마운 마음을 가슴에 새기면서도 이제 저는 쌍둥이의 엄마이고, 세 아이를 키워야 하는데 다시 직업을 갖는 일은 없을 거라고 생각했지요.

그 말씀이 생각나기는 했지만, 3년도 아니고 5년도 아니고 10년이라는 세월이 흐른 후였기 때문에 엄두가 나지 않았습니다. 너무 뻔뻔한 사람 같아 보였지요. '10년간 육아에만 전념한 내가 회사 일을 과연 해낼 수 있을까?' 라는 두려움이 많았어요.

며칠을 고민하다가 용기를 내 전화를 드렸습니다. 그런데 사장님은 흔쾌히 저를 받아주신다는 거예요. 정말 이게 꿈일까 생시일까! 이런 기적 같은 일이 제게도 일어나더라고요.

<mark>진우 엄마</mark>
정말 기적 같은 일이군요. 10년이 지난 퇴직자를 선뜻 받아주시다니요. 그 사장님도 대단하시지만, 그만큼 명코치님이 잘하셨기 때문이겠지요.

<mark>명코치</mark>
제가 잘하면 얼마나 잘했겠어요? 젊은 사람들이 저보다 훨씬 실력이 있었을 텐데요. 어쨌든 다시 들어간 회사에서 일은 열심히 했어요. 야근과 주말 근무도 참 많이 했지요.

재취업을 할 때 그 회사에서는 10년쯤 근무해야겠다고 생각을 했었어요. 그런데 놀랍게도 그 10년을 채울 무렵 회사가 이전을 하게 되었어요. 원래 사무실까지 출근 시간이 1시간 30분 정도였는데 회사가 이전하면 1시간이나 더 걸리게 되는 거예요. 그때, '이제 그만! 10년을 결국 해냈네.'하며 멈추라는 마음의 소리를 따르기로 했지요.

그 후 무슨 일이 일어났는지 아세요?

진우 엄마

또 기적이 일어났겠지요.

명코치

다시 전업주부가 되어 숨을 고르고 있었는데 '스포츠 멘탈코칭'을 배우라고 강권한 친구가 있었습니다. 처음에는 거절했지요. 첫째는 수강료가 부담되었습니다. 한두 푼이 아니었거든요. 둘째는 나 정도면 스스로 멘탈을 관리할 수 있다는 자부심이 있었어요. 한마디로 '그깐 것 필요 없다'였어요.

그런데 친구가 계속 강권하는 바람에 덜컥 등록을 하고 말았어요. 제가 어렸을 때부터 사람 심리에는 관심이 많았거든요.

5개월간 스포츠 멘탈코칭을 배우는 데 뭔가 좋은 것을 배우고 있다는 생각이 들면서도 한 켠에서는 불편함이 느껴졌어요. 상자 안에 숨겨 놓았던 제 자신을 자꾸 들여다보면서 느끼는 불편함이었어요. 그때 제가 엄청난 열등감에 사로잡혀 있다는 것을 알게 되었어요. 저의 작은 실수도 크게 보이고 자꾸 움츠러드는 것같이 느껴졌어요. 어쨌든 스포츠 멘탈코칭 수업은 새로운 눈으로 세상을 보라고 제 마음의 틀을 리셋하게 하는 것 같았습니다.

진우 엄마

그럴 수도 있군요. 변화하는 과정에서 괴로워지는 시기가 있나 보군요. 담배 피우던 사람들이 금연을 시작하면 금단현상을 겪는 것처럼 말이죠.

명코치
나중에 공부해보니 그런 게 있긴 있더라고요. 근데 처음에는 그런 줄도 모르고 고통스러웠습니다.

일본에서 한일 스포츠멘탈코칭 포럼이 있었어요. 과정을 수료하기 전이었음에도 마침 기회를 주셔서 선배 코치들과 함께 일본 오사카에서 열린 포럼에 참석했습니다. 한국과 일본의 선배들을 만나서 코칭에 대한 긍정적인 부분들을 경험하게 되면 이 슬럼프에서 빠져나올 수 있을지도 모른다는 기대를 하고 일본으로 향했었지요. 그런데 예상과 달리 2박 3일의 일정 속에서 저의 내적인 갈등은 최고조에 달했고 하루라도 빨리 귀국하기만 고대하고 있었습니다.

귀국 후 머리가 뒤죽박죽이 된 상태에서 무기력한 시간을 보내고 있었는데 우연히 지인이 페이스북에 올린 '66일 습관 만들기'라는 글을 읽게 되었어요. 정신이 번쩍 들더라고요. 나도 고민만 하지 말고 당장 하나라도 실천하자 하는 생각이 들었어요.

저와 1일 1코칭을 하기로 했어요. 먼저, 그동안 수업을 통해 배운 것들을 하루에 1개만이라도 나 자신을 상대로 해보면서 1주일 정도 시간을 보낼 계획을 세웠습니다. 그랬더니 조금씩 자신감이 생기더라고요.

그래서 용기를 내서 가족들에게 코칭 연습 상대가 되어달라며 애걸했습니다. 그다음에는 제가 속한 공동체 밴드에 제가 코칭을 배우고 있음을 알리고 코칭 받을 자원자를 찾았습니다. 다행히 몇 분이 신청해주셔서 또 몇 회를 채우는 방식으로 매일은 아니지만 약 2개월 정도 꾸준히 코칭을 실습하며 익혀가는 시간을 만들었습니다. 그러다 보니 그 과정 사이에 저를 엄습했던 열등감, 두려움은 편안함과 자기효능감으로 바뀌어 있었고, 무엇보다도 저 스스로 어두운 터널을 빠져나오는 방법을 찾았다는 생각이 들었어요. 주변 사람들에게 감사하다는 마음도 들더라고요.

진우 엄마

그러니까 처음에는 스포츠 멘탈코칭으로 시작하신 거군요. 공부멘탈은 어떻게 하게 되셨나요?

명코치

사실 저희는 스포츠 멘탈을 배우면서도 스포츠 자체에는 별 관심이 없었어요. 멘탈코칭에 대한 이론과 기법을 배우면서 활용하고 있었으니까요. 그런데 우리가 배운 것을 응용해서 아이들을 위한 공부멘탈을 개발하신 분들이 계셨어요. 지금 이 책을 집필하신 분들이시지요.

아이들을 위한 프로그램이라면 저도 참여해야겠다고 생각하고 공부하게 되었어요. 현장에서 제가 직접 목격한 학생들의 매우 빠른 변화를 보며 공부멘탈코칭 프로그램의 탁월함에 신뢰를 갖게 되었습니다. 이건 장난이 아니었어요.

학생 코칭에 대한 비전을 보았고, 늘 교육 분야에 관심이 많았던 터라 코칭을 통해 진짜로 학생들에게 필요한 새로운 교육 패러다임을 만들 수 있지 않을까 하는 가능성에 제 가슴도 덩달아 뛰기 시작했습니다. 이것이 지금의 '멘탈코칭사회적협동조합' 조합원들과의 만남의 시작이었지요.

코로나가 어떤 분들에게는 쉼 혹은 단절의 시간이었지만 저에게는 엄청난 기회의 시간이었어요. 그때 제가 배운 공부멘탈로 학생들을 만나기 시작했거든요. 온라인 줌을 통해서요.

코로나 상황에서 줌으로 수업을 하셨다니 효과가 있었나요?

명코치
코로나 팬데믹이 발발하면서 코칭 세계도 쓰나미를 맞은 거예요. 코칭은 만나서 대화를 하면서 하는 거잖아요? 그런데 그게 힘들게 되었으니까요. 고민하다가 공부멘탈코칭 프로그램도 온라인으로 해보기로 했어요. 수원시평생학습관에서 방학 특강을 줌 수업으로 완전히 전환해서 해보았지요. 가능하더라고요.

당연히 줌으로 하는 수업에 대해 염려가 컸습니다. 코칭은 일반적으로 대면으로 하니까요. 코칭에서 배운 단어 중 제가 특히 좋아하는 '리소스풀(resourceful)'이란 단어가 있습니다. 언리소스풀(unresourceful)은 제게 자원이 부족하다고 생각하는 상태이고, 리소스풀은 반대로 충분하다고 생각하는 상태입니다.

리소스풀이다 언리소스풀이다 하는 것은 실제로 자원을 많이 가지고 있다 적게 가지고 있다고 이야기하는 것이 아닙니다. 우리의 주관적인 마음 상태를 말하는 것이거든요. 똑같은 자원을 가지고도 리소스풀하다고 생각할 수 있고, 반대로 언리소스풀하다고 생각할 수 있는 거예요.

"줌은 대면이 아니잖아. 줌으로는 서로 소통을 충분히 할 수 없어." 이런 생각이 언리소스풀한 사고입니다. 반대로 "줌이라는 새로운 방식이 주어져 있잖아, 더 다양한 방식으로 소통을 할 수 있고, 멀리 있는 학생들도 참여할 수 있어." 이렇게 생각하는 것은 리소스풀한 시각입니다.

학생들이 문제가 아니라 우리 코치들이 새로운 멘탈로 무장하는 것이 필요했어요. 우리의 생각을 바꾸면서 줌을 통해서도 다채로운 활동을 할 수 있고, 강도 높은 상호작용을 할 수 있었습니다.

소그룹 토의도 더 알차게 할 수 있었고요, 참가자들이 그린 그림이라든지 의견을 카톡과 밴드로 쉽게 공유하면서 대화를 나눌 수 있었고 보조 코치들도 더 많이 참여할 수 있었고요. 그래서 지금은 대면과 비대면을 같이 운영하고 있습니다.

진우 엄마
아이들을 만나면서 가장 인상적인 학생들은 어떤 학생들이었나요?

명코치
잊을 수 없는 두 학생이 떠오릅니다. 첫 번째 학생은 지역아동센터에서 만난 6학년 남학생입니다. 맞춤법도 잘 모를 정도로 학습이 부진한 편이라서 센터장님께서 다른 아이들에게 방해가 될까 봐 처음부터 아예 그 남학생을 제외하는 게 어떠냐고 의견을 물어오셨어요.

저희도 고민했지만 일단 다른 학생과 함께 시작하기로 했습니다. 그 학생도 수업에 부담을 느꼈고 처음에는 소극적인 태도를 보였습니다. 그런데 서서히 학습에 몰입하더니 아무 문제가 없었습니다. 아니 그 학생의 태도 변화가 가장 컸습니다. 배려심이 많은 학생이었는데 그 강점이 수업 내내 잘 발휘되었고, 자기 생각을 표현해 보려고 애썼습니다. 알고 보니 동영상 제작 기술이 있더라고요. 코치들이 찍은 수업 사진을 달라하더니 수업 과정을 멋지게 동영상으로 만들어주었어요.

이 동영상을 마지막 시간에 상영했습니다. 친구들과 다 함께 보면서 그 아이가 보여준 미소는 정말 멋진 피날레였습니다. 스스로 즐거워하며 존재감을 잘 드러냈던 그 학생이 5차시 소감을 발표할 때는 이런 수업이 너무 재미있고, 이런 수업이라면 계속하고 싶다고 말해주어서 그 자리에 있던 코치들이 일제히 감동하고 열심히 격려의 박수를 쳐주었지요.

두 번째 학생은 엄마의 권유로 수업에 참여했던 중2 남학생입니다. 이 친구는 첫날 내내 무뚝뚝한 표정이었어요. 그런데 2차시부터 태도가 싹 달라진 겁니다. 그 이유를 물어보았더니 엄마가 이 과정을 들으라 해서 딱 한 번만 듣기로 했답니다. 그런데 한번 들어보니 재미있고 유익하더라는 거죠. 그래서 다음날부터는 다른 모습으로 나타난 것입니다.

중간에 가족여행으로 인해 결석하게 되었는데 참석 못 해서 아쉽다는 문자를 제게 친절하게 보내주었어요. 그런 걸 보는 게 저희의 보람이지요.

진우 엄마
코치님은 명상도 하신다며요. 어떻게 하시나요?

명코치
제가 명상을 한 지도 오래되었습니다. 마음의 문제를 해결하는 데 도움을 얻을까 해서 명상을 시작했습니다.

제 힘으로 어찌할 수 없는 큰 파도를 만난 적이 있었거든요. 정의롭지 못한 사람과 대적하며 소송을 하고 있었으니까요. 중도 포기를 생각하지 않은 건 아니었지만 제가 포기하면 저와 함께 하는 억울한 사람들이 모두 패배한다는 생각에 포기도 못 하고, 상대의 공격에 대항하면서도 틈틈이 그 일을 맡아 힘겨워하는 제 모습이 안쓰러워 스스로 자책하며 2~3년간 괴로워했습니다.

이때 명상 선생님을 만나게 되었고, 명상 선생님께서는 저의 이야기를 들으시고 '필요한 일은 꼭 하되 마음 없이 하라!'라는 가르침을 주셨습니다. 놀랍게도 그 가르침은 정말로 저에게 큰 위로와 힘이 되었어요. 그 일을 통해 여전히 제가 왜 스승을 찾아야 하는지를 알게 되었습니다.

진우 엄마

마음 없이 한다는 것은 무슨 뜻인가요?

명코치

제 마음 속에서 저는 의로운 일을 하고 있고, 저와 대적하고 있는 상대방은 정말로 나쁜 사람들이라는 생각이 깊이 뿌리박혀 있었지요. 그래서 저는 잘되어야 하고 상대방은 망해야 한다고 생각했어요. 그러다 보니 제가 꼭 이겨야 하는데 상황이 어렵게 돌아가거나 의도한 대로 되지 않을 때마다 극심한 저항과 분노가 올라와서 힘들었던 겁니다.

그 일이 필요한 일이라면 해라! 그렇지만 내가 원하는 대로 꼭 어떻게 되어야만 한다는 마음은 내려놓고 그냥 하라는 말씀으로 제게 들렸고 저를 힘들게 한 것은 결과에 집착하는 제 마음이었다는 사실을 그날 알아차리게 된 거였어요.

진우 엄마

네 그렇군요.

명코치

'마음 없이 한다'는 말은 힘 빼고 한다는 말과 통합니다. 공부하면서 '1등 해야지' 하고 너무 욕심을 부리면 안 되지요. 그냥 공부를 재미있게 하면 됩니다.

오래전 제가 자전거 라이딩을 처음 해보던 날 있었던 일이 떠오르네요. 첫 라이딩에서 40km 정도를 달렸으니 온몸의 체력이 소진되어가고 있었습니다. 야트막한 언덕을 만났는데 그때 힘에 겨워 포기하고 걸어서 언덕을 오르고 싶었는데 함께 라이딩을 하던 후배가 곁에서 "선배는 잘 하고 있다. 조금만 힘내면 된다. 오를 수 있다!"라고 말해주었습니다. 그때부터 힘들다는 생각을 비우고 왼발 오른발을 번갈아 페달링을 하며 무심하게 앞으로 갔는데 어느덧 언덕에 올라가 있는 저를 발견한 적이 있었어요. 이렇게 마음을 비우고 노력을 할 때 일이 저절로 이루어지는 것 같아요.

진우 엄마

코치님은 사실 마음관리를 다방면으로 해오고 계셨네요. 부럽습니다.

명코치

말씀을 나누다 보니 제가 이것저것 제법 한 것 같네요. 다 제가 어려워서 노력한 겁니다.

사실 전 코치로서 적합하지 않은 사람입니다. 사고가 유연하지 않고 제 틀이 강한 사람이에요. 말주변도 없고, 앞에 나서는 것을 극도로 부담스러워하는 사람이지요.

성장하면서 부정적인 태도를 더 많이 경험할 수밖에 없는 가정에서 자랐습니다. 성장환경의 영향으로 잘 안될 때는 당연히 누군가를 비난하며 부정적인 사고를 먼저 떠올리곤 했으니까요. 게다가 잘 되는 것도 이러다가 혹시 잘못되면? 하는 걱정이 자동으로 떠오르는 사람이었어요. 사람들과의 사이에 적당한 거리를 둔다는 말을 종종 듣곤 했는데 어쩌면 저의 부정적 사고를 들키고 싶지 않아서 그랬는지도 모르겠습니다.

이랬던 제가 바뀌고 있다는 것을 느껴요. 모든 것의 출발은 저를 의식하고 알아차린다는 겁니다. 저의 장단점을 보게 된 것이지요. 저의 열등감을 알게 되었고, 저의 단점이 경우에 따라서는 장점이 된다는 것도 깨우쳤습니다.

무엇보다 아이들이 변하는 것을 보고 저도 용기를 얻었어요. 이제 저를 보여주는 것이 예전처럼 부끄럽지 않습니다. 좋고 나쁜 것의 경계도 희미해졌어요. 제가 부족한 사람이라고 당당하게 말합니다.

이게 멘탈코칭의 힘이 아닌가 생각돼요.

진우 엄마

명코치 말씀을 들으니 저도 경력단절 여성인데 힘이 납니다. 뭔가 해보아야겠어요. 감사합니다.

제17장
유리 멘탈 소유자

이 정 혜 코치*

진우 엄마
코치님은 어떻게 멘탈코칭을 접하게 되었나요?

이코치

저는 유리 멘탈 소유자였어요. 멘탈코칭을 만나기 전까지는요. 제 삶은 타인의 말과 행동으로 인해 기쁘기도 했고, 슬프기도 했으며, 상처받아 회복되는 데 시간이 오래 걸렸습니다. 제 자신이 아닌 타인과 외부 요인에 의해 많이 휘둘렸어요.

2019년 가을, 저는 모 학습지 회사에서 팀장으로 근무하고 있었습니다. 영업회사다 보니 매달 부여되는 팀 목표가 있었고 그 목표를 달성해야 한다는 책임감과 부담감이 커서 매우 힘들었습니다. 대학 졸업 이후 어떤 일을 하든 항상 잘하고 싶다는 욕심이 있었고 그래서 게으름 피우지 않고 더

---

* 불어불문학 전공. 하나은행근무 후, 교육출판 회사 교원에서 유아, 초등 대상 학습코칭, 부모님 학습 컨설팅. 현재 교보생명 세일즈 매니저로 근무하며, 스포츠 멘탈코칭, 청소년 공부멘탈코치로 활동.

성실하게 일을 했기 때문에 항상 일에 있어서는 좋은 성과를 냈으며, 후한 평가를 받았습니다.

하지만 이 회사에서 처음으로 영업이란 일을 하면서 제가 일을 못 할 수도 있다는 불안감과 패배감을 맛보게 되었습니다. 저 자신이 너무 초라하게 느껴졌고, 자존감과 자신감은 바닥으로 내동댕이쳐졌으며 누구 하나 저의 이 힘든 상황을 위로해 줄 사람이 없다고 느꼈어요. 세상에 혼자 내버려진 느낌이랄까.

진우 엄마

직장생활이 그렇게 힘드셨군요. 영업을 처음 하면 그런가 봐요. 그래서 어떻게 하셨어요?

이코치

그때 언니처럼 친하게 지내는 회사 강사님이 저의 힘든 상황을 알고 2년 전부터 멘탈코칭을 한번 배워보라고 권했으나 도저히 마음의 여유가 나지 않았기에 새겨듣지 않았습니다. 그리고 업무 스트레스로 인해 건강에 이상 신호가 왔습니다. 기침이 끊임없이 나오기 시작했고 병원을 여러 군데 다녀도 나아지질 않았습니다.

저의 체력과 영혼은 황폐해질 대로 황폐해져 더 이상 나아질 것 같지 않아 쉬어야겠다는 생각뿐이었고 퇴사를 결심하게 되었습니다. 그때 강사님께서 멘탈코칭이라는 걸 또 권했어요.

"이걸 배우면 사람 관계에서나 일에서나 너에게 많은 도움이 될 거야. 그리고 이번이 마지막 기회야. 강의해 주시는 코치가 일본인인데 이제 더 이상 한국에 와서 강의 안 하신대. 네가 꼭 했으면 해."

도대체 이게 뭐길래 퇴사까지 결정한 나에게 그토록 끈질기게 권하시지? 제가 힘이 들 때마다 항상 응원해 주시고 다독여 주시던 분이기에 여러 차례 얘기하는 걸 더 이상 거절할 수 없었어요. 저도 별다른 돌파구가 없었고요.

"그래 언니 한번 배워볼게." 해 놓고선 수강료를 듣자마자 망설일 수밖에 없었어요. 예상보다 훨씬 높았거든요. 결국 착실히 부었던 보험 몇 개를 해지해야 했어요.

그런데 시작도 전에 걱정이 앞섰습니다. 이놈의 기침이 그치질 않은 거였어요. 교육시간이 9시부터 6시까지 하루 종일인데 기침이 다른 교육생에게 방해가 되면 어찌할까? 이제는 그게 걱정이었어요.

진우 엄마

이것저것 걸리는 게 많았군요. 아무래도 그 교육은 인연이 안 되는 것 같네요.

이코치

저도 그리 생각했지요. 하지만 놀라운 발전이 있었답니다. 2019년 10월의 둘째 주 토요일 첫 오리엔테이션 시간이었습니다. 너무도 긴장된 시간이었죠. 교육 중간에 기침이 나오면 당장이라도 교육장을 뛰쳐나갈 만반의 준비를 하고 자리 또한 출입문에서 가장 가까운 곳에 앉았습니다.

그런데 놀라운 일이 생겼어요. 1교시, 2교시, 3교시, 마지막 교시가 끝나도록 기침이 거의 나오지 않았어요. 오히려 끝났을 때까지 피곤함을 느끼지 못했으니까요. 오히려 에너지가 충만된 느낌. 도대체 이 느낌 뭐지? 어떻게 이게 상식적으로 가능하지?

저의 멘탈코칭은 이렇게 시작되었답니다.

진우 엄마

참 희한하군요. 그 일본인 강사가 인물이 좋거나 매혹적인 목소리를 가진 게 아닐까요?

이코치

외국인이 강의를 하기 때문에 생기는 약간의 긴장감과 신비로움 그런 것은 있었을지 모르겠네요.

어쨌든 저는 멘탈코칭 덕분에 유리 멘탈의 굴레에서는 벗어나게 되었습니다. 물론 힘든 상황에서는 저의 멘탈이 가을 바람의 갈대처럼 여지없이 흔들릴 때도 있습니다. 하지만 전 더 이상 두렵지 않습니다. 왜냐면 흔들리고 있는 저를 객관적으로 바라볼 수 있는 냉정함이 생겼고, 제가 원하는 방향으로 한 걸음 더 나아갈 방법을 알고 있으니까요.

진우 엄마

코치님은 지금 보험회사에서 근무하시는 걸로 알고 있는데요.

이코치

그렇습니다. 새 직장을 찾았어요. 멘탈코칭으로 제 멘탈이 어느 정도 바로서게 되면서 건강도 좋아졌답니다. 그래서 새 직업을 찾아 나섰습니다. 잘하면 전문 멘탈코칭을 직업으로 삼을 수 있겠다 싶었지만 시간과 경험이 좀 더 필요할 것 같았어요. 그래서 다른 데를 알아보고 있었습니다.

때마침 아는 후배가 보험회사에서 일을 한번 해보라 권했어요. 보험도 처음 하는 일이라 조금 망설여지긴 했어요. 하지만 제가 경력자 아닙니까?

은행 경력 15년, 학습지 회사 영업 경력 7년, 이 정도면 보험회사 영업은 어렵지 않게 할 수 있겠다는 생각이 들었어요.

진우 엄마
잘 되셨습니다. 이제 멘탈이 제대로 잡힌 것 같네요. 자신감이 넘치셨군요.

이코치
그때 기분은 그랬습니다. 코칭도 하고 싶고, 보험도 하고 싶고, 그리고 우리 여자들은 가정 살림은 기본으로 해야 하지 않나요? 아무리 직장에 나간다고 하더라도요.

그런데 보험 영업 쉽게 봤는데 절대 만만한 게 아니더군요. 많은 시간과 에너지를 소모해야 겨우 제가 목표한 수입을 올릴 수 있었어요. 그래서 한동안은 멘탈코칭에 시간을 쓸 수가 없었습니다. 보험 하나만으로도 많이 버거웠거든요

그런데 이상한 일이 생겼어요. 어쩌다 멘탈코칭 관련한 일을 하거나 모임에 나가면 에너지가 소진되는 것이 아니라, 에너지가 재충전되는 것이었어요. 그러니까 보험 일로 지쳐서 오늘 멘탈코칭 모임에 갈 수 있을까? 오늘은 한번 건너뛰자면서도 억지로 가잖아요? 그럼 또 제가 달라져 오는 거예요. 와 이거 희한하다. 아무튼 저는 멘탈코칭은 힘들어도 놓지 말아야겠다는 생각을 한거죠.

뜻이 있는 곳에 길이 있다고 했잖아요? 그 언니 기억하시죠?

진우 엄마

무슨 언니요?

이코치

제가 탈진해 있을 때 멘탈코칭 공부하라고 재차 삼차 권하던 그 강사 언니 말입니다.

진우 엄마

네. 맞아요. 그 언니가 뭘 또 가져오셨나요?

이코치

그 언니는 제가 좋아하는 것을 넘어 존경하고 사랑하거든요. 제가 제 남편 말고는 사랑한다는 표현을 이 언니한테만 씁니다. 이 언니가 또 다른 제 안을 하는 거예요.

공부멘탈 프로그램을 함께하자는 거예요. 초, 중, 고등학생들을 대상으로 한 코칭 프로그램인데, 멘탈관리를 통해 공부하는 학생들에게 학업, 친구 관계, 진로 등에 긍정적인 영향을 줄 수 있는 프로그램을 통해 코칭을 하 자고요. 저는 흔쾌히 하겠다고 했지요. 이제는 멘탈이 무엇인지 알고 있잖 아요. 그리고 학습지 회사에서 근무한 경력도 있고요.

진우 엄마

저는 지금까지 말씀 나누면서 코치님이 유리 멘탈이셨다는 것이 상상이 안 갑니다. 이렇게 활기차고 도전적이신데 어떻게 그러실 수 있지요? 코 치님은 제가 보니 멘탈 수퍼 갑이세요.

이코치

그렇게 봐주셔서 감사합니다. 저도 과거를 돌아보면 잘 믿기지 않네요. 어려운 시기를 어떻게 내가 살아왔지 싶어요. 사실은 지금도 어려운 일은 계속되고 있어요.

코로나가 터졌을 때 제가 보험일을 시작했잖아요? 2020년 1월 코로나가 터졌을 때 저는 생명 보험회사에서 교육받고 보험 영업을 하기 위한 자격증을 땄습니다. 2월부터 영업활동을 시작했지요. 정말 끝내주는 타이밍이었어요. 사람을 만날 수가 없었습니다.

10여 년 전만 해도 나가기만 하면 보험 청약서를 주웠다는 말이 나올 정도로 보험 영업이 잘되던 때가 있었답니다. 그때만큼은 아니더라도 뭐 사람을 만날 수가 있어야죠. 어쩌다 마스크 쓰고 고객을 만나면 고객들이 저를 걱정해 줬어요. "어쩌다 이 어려운 시기에 보험을 시작했느냐?"고요. 가족들도 친구들도 관두라고 했어요.

멘탈이 당연히 흔들렸겠지요. 예전같으면요. 시작도 제대로 해보기 전에 타인의 말에 휘둘려 포기했을 겁니다. 하지만 제가 달라졌다고 말씀드렸지요. 이제는 자기 대화를 합니다. 타인의 말보다는 제 내면의 소리를 듣는 거죠.

세 가지 질문을 순차적으로 던지는 것에요. 저 자신에게요.

　1. 내가 지금 어떤 상태지?
　타인의 말에 휘둘려 보험 일을 해야 하는지 말아야 하는지 고민하고 있다. 감정 상태는 힘들다. 속상하다. 이런 어려운 시기에 보험 영업을 선택한 게 맞는 걸까? 내 선택이 틀렸을까 봐 두렵고 불안하다.

2. 어떤 상태로 가길 원하지?

내가 고민해서 결정 한 거니 한번 해보자. 그리고 보험 영업을 진짜 잘 할 수 있다는 걸 보여주자.

3. 그럼 지금 무엇부터 해볼까?

코로나로 고객들을 만나기 쉽지 않으니, 나를 많이 응원해 줄 수 있는 사람부터 떠올려 보고, 그들을 만나서 응원받으며 시작해보자.

그렇게 저는 저를 응원해 주는 사람들에게 힘을 얻어 보험 영업을 시작할 수 있었고, 제가 힘들 때 버텨낼 수 있었던 것 또한 그들이 제게 보여준 믿음과 응원, 여기에 하나를 보태자면 멘탈 코칭의 힘 덕분이었어요.

약간 포장하자면, 제 인생은 멘탈코칭을 접하기 전과 후로 나뉜다고 할 수 있어요.

진우 엄마

와, 이제는 보험에서 자리를 잡으셨군요. 어려운 코로나 상황에서 그렇게 하셨으니 정말 훌륭하십니다.

이코치

보험회사에서 잘 버틴 덕분에 1년 반 만에 세일즈 매니저가 되었고, 2명 으로 시작한 저의 팀원은 1년 반 만에 12명으로 늘어났습니다.

진우 엄마

보험회사야말로 멘탈이 정말 중요할 것 같아요. 이제는 매니저가 되시고 팀원들도 많아졌는데 회사에서는 어떻게 하세요?

이코치

네. 보험회사야말로 멘탈관리가 정말 중요하고 필요한 조직이지요. 조직에도 문화가 있거든요. 좋은 팀문화를 만드는 것이 무척 중요해요. 저는 긍정적인 팀문화를 만들려고 애씁니다.

팀원들끼리는 부정적인 말 대신 긍정의 말을 하기. 비교, 비판, 판단하는 말보다는 응원, 지지, 격려의 말을 하기. 이것이 우리 팀의 문화이며 반드시 지켜야 하는 원칙입니다. 물론 저부터 실천하죠.

그래서 우리 팀은 영업 분위기가 좋다는 평가를 자주 듣습니다. 물론 웃을 때도 많고요. 성과도 좋은 편입니다. 영업이란 매달 성과를 수치로 내야 하는 일이라 스트레스도 많이 받고 에너지 소모가 많이 되거든요. 그래서 무엇보다도 좋은 에너지 상태를 유지해야만 좋은 성과도 나올 수 있어요.

좋은 에너지를 내려면 몸과 마음의 컨디션을 최상으로 유지해야 하는데, 이때 동료한테서 듣는 응원의 한 마디가 큰 힘이 될 수 있다는 것을 누구보다 제가 더 잘 알지요.

어려운 일이 있을 때는 '딱 좋아! 왜냐하면~~'을 씁니다. 이거 한번 해보세요. 매직이에요. 부정의 감정을 바로 긍정적인 감정으로 바꿀 수 있습니다. 2년 전인데요, 고객 한 분을 소개받았어요. 남편 직장 때문에 지방에 살고 계셨고, 남편의 보험을 가입하고 싶어 알아보는 중이셨어요. 지방으로 내려가겠다 했더니 부담스러우셨는지 전화로 궁금한 것들을 이것저것 물어보셨고, 꽤 오랜 시간을 공들여 정성스레 상담해 드렸고, 여러 가지 다른 보험들과 비교한 끝에 제가 제안한 상품으로 가입을 결정하셨습니다. 남편이랑 서울로 올라오셔서 사인까지 하셨어요. 그리고 조건을 한 번 변경하자고 하셔서 그것까지 했거든요.

그런데 한 달이 채 가기도 전에 청약 철회를 하시는 거예요. 보험 영업한 후 처음으로 맞아보는 청약 철회였습니다. 제 기분이 어땠겠어요? 온몸에 힘이 쭉 빠지고 의욕이 확 떨어지더라고요. 당연히 그 고객에게 화가 나기도 했고요. 그때 마음을 다스리며 했던 말이 뭐였겠어요? "딱 좋아! 왜냐하면......"

"딱 좋아 왜냐하면"을 계속 외치니까 여러 가지 생각이 나더라고요.

딱 좋아! 왜냐하면, 나는 이번 일을 통해 그 어떤 힘든 상황도 극복해 낼 수 있는 힘이 생겼어.

딱 좋아! 왜냐하면, 그분은 틀림없이 또 다른 문제를 제기했을 텐데 여기서 그쳤잖아.

딱 좋아! 왜냐하면, 계약체결 후에 한 달이 중요하다는 것을 배웠으니까.

그런 다음에 어떻게 했는지 아세요?

진우 엄마
혹시 직원들에게 고객관리에 대해 교육하셨나요?

이코치
그렇게 '딱 좋아'를 계속하고 나니 그 고객에게 감사한 마음이 생기더라고요. 그래서 속으로 "고객님 좋은 교훈을 주셔서 감사합니다."를 외쳤습니다. 그렇게 마음은 추슬러졌습니다. 그러고 나니 다른 계약건에 집중할 수 있었습니다.

저희 팀에서는 저뿐만 아니라 누구나 어려운 일이 있으면 '딱 좋아'를 외친답니다.

우리 집에서도 이제는 자기 대화, 딱 좋아 이런 걸 합니다. 고2였던 제 딸아이가 진로 때문에 고민할 때 자기 대화를 같이했어요. 그 결과 이과였던 아이가 문과로 바꾸어서 본인이 원하는 쪽으로 진학을 했답니다.

진우 엄마

회사나 가정이나 마찬가지겠지요. 코치님의 멘탈 여정을 함께 할 수 있어 영광입니다.

이코치

저도 감사드려요. 참 제 구호를 말씀 안 드렸네요. 뭐냐하면요. "내 멘탈 내가 정혜"입니다. 제 이름이 정혜 잖아요~ㅎㅎ.

제18장
멘탈코칭을 만난 미술 놀이 교사

성 선 화 코치*

진우 엄마

코치님은 무슨 일을 하세요?

성코치

저는 미술을 하는 사람입니다. 어렸을 때부터 그림을 잘 그린다는 이야기를 들었어요. 큰 대회 나가 대상도 받고 했답니다. 그리고 꾸준히 그림을 그리고 있고 한국미술협회 소속 작가입니다. 그러면서 오랫동안 미술학원을 운영했어요. 제가 잘하는 게 그림 그리는 것이었으니까요.

그런데 제가 미술학원을 운영하면서 회의가 오더라고요. 학원이니까 당연히 그림 잘 그리는 방법을 가르쳤지요. 그런데 잘 그린다는 게 무엇일까? 그림을 왜 그릴까? 이런 근본적인 질문을 하게 된 거예요.

미술학원을 등록하면 으레 데생을 배우고 수채화를 하고 유화로 넘어갑니

---

* 봄 그림테라피LAB 대표, 소란소락문화예술연구회 기획팀장, 한국미술협회원, 아동미술심리치료사

다. 아이들을 데려오는 부모님들은 그런 것을 원해요. 그런데 정작 아이들은 여기에서 흥미를 잃어버립니다. 아이들이 모두 미대 진학을 꿈꾸는 것도 아니고, 미대 진학을 꿈꾼다고 하더라도 그런 기술 배우는 것에서 흥미를 잃어버리면 아무것도 안 되거든요.

저는 오래전부터 그림을 그려왔고, 오랫동안 미술학원을 운영하면서 기법 위주의 교육을 줄곧 해 왔었는데 이게 미술교육의 본질인가 하는 의문이 들었어요.

진우 엄마

사실 저도 미술에 관심이 많아요. 제가 손재주가 좀 있거든요. 그래서 뭐든 만들기를 좋아합니다. 나중에는 공방을 운영해볼까 하는 생각도 가지고 있어요. 그래서 그런지 코치님 이야기에 특별한 관심이 갑니다. 그럼 어떻게 미술을 가르쳐야 하나요?

성코치

그림에 대한 눈을 길러주어야겠다고 생각했어요. 그림은 사진 찍는 게 아니잖아요. 그림은 마음과 생각을 밖으로 공간에 표현하는 건데 그것의 맛을 느끼게 해야겠다고 생각했어요.

어느 날 은서가 우리 학원에 왔어요. 은서는 엄마가 어렸을 때부터 예체능 학원을 많이 보냈어요. 태권도 학원, 발레 학원, 바이올린 학원, 미술 학원 등등으로요. 그런데 다른 데는 그닥 흥미를 보이지 않고 오로지 미술 학원에만 흥미를 보였다고 합니다.

그래서 엄마는 은서를 미대에 보내겠다 작정을 하고 우리 학원에 데려왔어요. 그때가 중2였습니다. 이미 다른 학원에서 상당한 공부를 하고 온 아이였습니다. 그림을 곧잘 그렸어요. 그런데 이상하게 그림에 몰입하지 못하는 거예요. 상당 기간 은서를 관찰하다가 화판을 밀쳐두고 둘이 이야기를 나누기로 했어요.

"은서야 너는 미래에 뭐를 하고 싶어?"
"선생님, 그림을 잘 그리면 뭐를 하고 살 수 있나요?"
"글쎄 여러 가지를 할 수 있지 않을까?"

"근데 은서야 그림 그리는 건 재미가 있어?"
"재미가 있기도 하고 아니기도 해요."
"어떤 때 재미있고, 어떤 때 재미가 없을까?"

"데생 같은 거 할 때는 재미가 없어요."
"그럼, 선생님하고 너의 미래 모습을 한 장에 그려 볼까?"

이렇게 해서 은서 하고 은서의 미래와 인생에 대해 이야기를 나누기 시작했답니다. 다음날부터 은서에게서 엄청난 변화가 일어나고 있다는 것을 알았어요. 은서의 눈빛이 달라지면서 그림에 몰두하기 시작한 거예요. 그리고 성적도 올라갔답니다. 50점 밑으로 깔던 수학 시험에서 80점을 넘긴 거예요.

은서는 그 결과 최고 대학의 시각디자인학과에 진학했고, 이제 유학을 준비하고 있답니다.

진우 엄마
와우 멋진 이야기입니다. 코치님 학원이 어디에 있어요?

공부멘탈코칭

왜요? 아이들 우리 학원에 보내시게요? (하하) 은서와 이런 일이 있은 후 저는 고민 끝에 좀 색다른 미술학원을 만들었습니다.

'생각하는 미술놀이'학원입니다. 작은 규모의 '아동 미술 전문교육원'이었어요. 처음엔 그림 작업을 하기 위해 만든 공간이었어요. 아파트 단지 내 상가에 있었는데 수원시 작은 개울 건너편 초등학교에서 얕은 물 위로 툭툭 놓여있는 돌다리로 통통통 건너오면 마주하는 곳에 있습니다. 자연 친화적인 환경이 주는 편안함과 도심이지만 목가적인 분위기가 나는 곳이지요. 사람 소리보다 새소리가 더 크게 들리는 참 조용한 동네에 자리한 작은 저의 공간이었습니다.

이곳에서는 미술을 재미있게 하는 시간을 만들어주었어요. 자기 그림을 그리고, 자기 공간을 만들고, 자기와 소통하는 작업을 유도했어요. 그랬더니 아이들이 차츰 늘어나기 시작했어요.

'생각하는 미술놀이'에 다니면 자신 있게 뭐든 잘한다, 아이가 재미있게 잘하고 좋아한다, 우리 아이가 달라지고 있다. 이런 이야기들이 소문을 탄 것입니다. 쌍둥이가 들어오고, 형제가 들어오고, 자매가 들어오고, 또 친구를 데려오면서 갑자기 인원이 배로 늘고 점차 포화상태가 되었습니다.

우리 학원 다니는 애들은 평균 7, 8년은 계속 다녔습니다. 그 때문에 기약 없이 기다리다가 화를 내는 부모님도 계셨고, 매번 아직 자리가 없냐며 빨리 받아달라며 농사지으신 채소를 가져다주시며 로비 아닌 로비를 하시는 할머님들도 많으셨지요. 어렵게 자리가 나서 인내심이 버무려진 좋은 인연으로 만나게 되면 아이는 물론 가족들 모두가 소중한 인연으로 오랫동안 함께 했습니다.

이렇게 2004년에 문을 연 '생각하는 미술놀이'는 2021년까지 18년을 운영했습니다.

진우 엄마

그렇게 잘나가던 학원을 왜 접으셨어요? 혹시 코로나 때문에...

성코치

2020년 2월, 심상치 않았지요. 결국, 코로나19는 아이언맨이 되고 싶은 저를 무력하게 만들었습니다. 그때까지 저는 아이들에게 우상이나 다름없었지요. 제가 말씀드리기 조금 부끄럽지만, 그런 아이들이 많았어요.

교육청의 계속되는 휴원 명령으로 5개월도 채 수업하지 못했습니다. 수업할 수 있어도 안전을 위해 거리 유지를 해야 하고 고학년만 분반하여 수업했습니다. 서로 살갑게 다가가지도 못했어요. 다른 의미로 늘 긴장하며 수업하였습니다. 체온 체크부터 하고 책상에는 칸막이가 설치되었습니다. 서로 마스크를 쓰고 다가가지 못하다 보니 저절로 정서적 거리감이 찾아왔습니다.

조용하게 수업을 진행하다 보니 기술적인 실기과제에 집중하게 되고 기계적인 수업의 분위기가 되어갔습니다. 저를 무겁게 만들었고 의미가 없었습니다. 숨이 턱에 차도록 일이 많아서 힘들었을 때도 버텼는데 이번엔 달랐습니다.

코로나19 때문에 조심하면서 기술만 전수하는, 마음에서 오는 못마땅함에 정말이지 너무나도 과감하게 '생각하는 미술놀이'를 잠시 떠나게 하였습니다. 한편으로 나를 더욱 성장시킬 기회라고 생각했습니다.

아이들에겐 다음을 기약했습니다. 너도나도 더 좋을 때 다시 반갑게 마주하자고요. "2021년 5월15일 '생각하는 미술놀이는 문을 닫습니다."고 공고를 냈습니다.

그럼, 이제부터는 무엇을 할까요? 저는 갈 길을 잃고 있었습니다.

진우 엄마

제가 다 눈시울이 뜨거워집니다. 18년 동안이나 아이들과 정을 쌓아온 그곳을 떠나야 한다니요. 얼마나 허탈하셨겠어요?

성코치

2021년 9월 28일 10시, 저는 새로운 세상과 만나게 됩니다. 평소에도 수원시의 기관에서 하는 다양한 인문학 강좌를 찾아서 듣는 편이었습니다. 일을 그만두고 더 여유가 생기고 마음도 허전하고 해서 평생학습 강좌를 듣고 있었는데 수원시글로벌평생학습관에서 '청소년멘탈코칭지역활동가'라는 강좌가 있더라고요.

'청소년'은 제 전문 분야잖아요? '지역활동가'는 뭐지 하면서 12주 과정을 신청했습니다. 그 당시엔 '코칭'이 무엇인지 전혀 몰라서 눈에 들어오지도 않았던 것 같습니다.

정말 단순하게, 청소년에 관해 공부하고 지역사회의 청소년들을 만나서 나의 역할을 다시 할 수 있다는 기대감으로 ZOOM을 켜고 컴퓨터 앞에 앉았습니다.

10분 만에 아차! 싶었습니다. 곧 당황스러워졌어요. 청소년 교육학 이론 강의는 없었고, 첫 시간부터 당황스럽게 자신의 이야기를 하라고 합니다. 생각해 보는 것이 끝이 아니라 맙소사! 서로 이야기를 나누고 발표하는 적극적인 소통이 이루어지는 수업이었어요.

저는 이 수업과 전혀 맞지 않습니다! 굳이! 왜? 쓸데없이 나의 이야기를 합니까? 자신의 시시콜콜한 이야기를 왜 다른 사람과 공유해야 하는지 도무지 이해되지 않았습니다. 저는 이야기를 다른 사람들에게 하기보다는 언제나 다른 사람들의 이야기를 들어주는 사람이었습니다. 나의 이야기를 주절주절 말로 끄집어내 본 적도 없고 그것을 소통 거리로 만들 자신도 없었습니다.

들어보지도 못한 '코칭'이라는 것도 너무나 낯설고 '코치'는 야구 경기에서 선수를 도와주는 사람인데 왜 자꾸 저에게 코치라고 부르는지 전부다 적응이 안 되었습니다. '코치'라는 분들은 애정이 어린 눈빛으로 계속 따뜻하게 바라봐 주셨고, 어마어마한 긴장감으로 발표가 끝날 때마다 아낌없는 찬사와 격려의 박수갈채와 쌍따봉을 함께 보내주셨습니다. 3시간 동안 엄청난 에너지에 휘둘린 듯했습니다. 마무리 인사할 때는 저도 모르게 덩달아 손을 열심히 흔들고 있었습니다.

수업이 끝났을 땐 긴장감은 어느새 다 날아가 버리고 그저 어리둥절했습니다. 모르고 있던 세상을 만난 기분이었습니다. 남편에게 오늘 이야기를 하면서 '코칭'이라는 건 좀 이상한 것 같다고 말했습니다. 말로만 듣던 이상한 곳이 분명하다고 생각하며 여긴 아닌 것 같다고 했습니다.

그런데요, 어머니. 제가 생각하는 미술교실 아이들에게 했던 것이 사실은 코칭이었다는 것을 이제야 깨닫게 되었습니다. 저는 코칭을 받아보지 않았지만 이미 하고 있었던 겁니다. 문제가 있었다면, 저라는 존재에 대한 성찰 없이 아이들만 변화시키려 했던 거지요. 저는 청소년코칭 지역활동가 과정에서 저를 찾는 여행을 시작하게 되었어요.

나를 찾는 여행이라는 말이 참 묘한 느낌이 듭니다. 그러고 나서 어떤 일이 있었나요?

성코치

교육받는 도중에 저희 엄마가 뇌출혈로 쓰러지셨고 요양원 신세를 지게 되었어요. 수술과 재활치료를 거쳐 거동이나 움직임은 그나마 많이 좋아지셨습니다. 그러나 인지능력은 더 이상 돌아오지 않으셔서 가끔 컨디션 아주 좋을 때만 알아보십니다.

사실 엄마와 저는 갈등이 있어서 잠시 연락을 안 하고 소원했습니다. 지금 생각하면 기억에도 없는 정말 아무런 일도 아닌데 사소한 감정 다툼 따위로 연락을 안 하고 있었습니다. 멘탈코칭 교육받으면서 가족은 서로 성장하는 관계라는 사실을 깨닫게 되었고, 용기를 내 엄마와 화해했습니다. 오랜 앙금을 씻어 낸 거죠. 엄마가 쓰러지시기 얼마 전이었답니다.

엄마와 저는 불편한 상태에서도 긴 대화를 했어요. 섭섭했던 이야기도 했지만, 감사 표시도 했고, 사랑한다는 이야기도 했답니다.

진우 엄마

네. 너무 자랑스럽습니다. 코치님 어머님도 빨리 나으셨으면 해요.

성코치

감사합니다. 저는 이제 그림과 멘탈을 합친 일을 하고 있답니다. '그림테라피'는 그림을 통해 자신을 스스로 치유하는 미술 표현활동입니다. 미술치료라고 하면 좀 건방질까요? 그림이 뭐 별건가요? 우리 마음을 표현하는 거지요. 모두 힘내세요.

제19장
불청객인 자책감을 보내고

김 지 훈 코치*

진우 엄마

코치님은 좋은 대학도 나오시고 하셨는데 학교 다닐 때는 공부를 열심히 하셨을 것 같아요. 코치님의 청소년기는 어떠셨나요?

김코치

그렇게 봐주셔서 감사합니다. 사실은 반대입니다. 한마디로 제 청소년기는 질풍노도의 시기라는 말이 딱 맞았어요. 초등학교 4학년 때부터인 것 같아요. 뭘 좀 알게 될 때부터 주변 사물에 대해 관심이 많았어요. 그리고 6학년 때부터는 제 존재의 이유에 골몰하며 지냈습니다.

진우 엄마

그런 고민하는 건 좋은 거 아닌가요?

---

* 대학에서 경영학 전공후 독일계 외국인 회사 회계 담당, 비영리단체 국제부 근무, 영어학원 강사 등 다양한 일을 해오다 2016년 이후 현재까지 프롭테라피 강사로, 2022년부터는 청소년공부멘탈코치로도 활발히 활동하고 있음.

그럴 수도 있습니다. 그런데 그게 부모님과 선생님을 비롯한 어른들의 얘기에 반발심으로 나타났어요. 겉으로 그렇게 반항적인 행동을 하는 것은 아니었지만 속으로는 생각이 혼란스러웠고, 생각과 감정이 뒤죽박죽이었죠. 속내를 터놓고 얘기할 친구도 없었습니다. 대학교 2학년까지 한 10년 이런 심한 사춘기와 우울감에 빠졌었던 것 같습니다.

대학에 들어가서 전공이 적성에 맞지 않아 크게 방황했었는데요, 그 때 유일한 안식이 도서관에서 책을 읽는 거였어요. 000번대 철학서부터 종교, 처세론 책까지 2년간 거의 백여 권 넘게 읽었습니다. 그리고 나름 결론을 내리게 됐어요.

'답이 없다'는 것이 답이었습니다. 그래서 3학년 때부터 현실에 충실하자는 쪽으로 방향을 돌려 생존을 위한 취업 준비를 시작해서 졸업 전에 취직할 수 있었죠.

이렇게 자라다 보니 저는 모든 사람이 다 그러는 줄 알았어요. 그래서 저는 내 아이들은 이런 성장통을 좀 덜 겪게 하려고 공부를 했어요. 청소년 심리학에 관한 공부도 하고 양육에 도움이 된다 싶은 강의를 많이 들으러 다녔습니다.

코치님은 그래도 청소년기의 고뇌를 생산적으로 잘 푸신 것 같아요. 책을 많이 읽으셨다 하니 부럽습니다. 그러면 청소년 코칭도 그때 공부하시면서 하게 되셨나요?

김코치

아닙니다. 제가 청소년에 대해 공부하는 것은 순전히 제 아이들 키우는 데 도움을 얻으려고 한 것이었습니다.

제가 청소년 코칭을 하게 된 것은 친구 때문이었습니다. 제 고등학교 동창이 있는데 이 친구하고는 자주 만나진 않았지만, 말로 설명하기 어려운 동질감 같은 걸 느끼는 사이였어요. 10여 년 전 동문 주소록을 업데이트하면서 간간이 문자나 전화만 주고받는 정도였죠. 그러다 2019년에 만났는데, 목과 허리 통증으로 꽤 불편해 한다는 걸 알게 되어 제가 가르치고 있는 프롭테라피(척추골반정렬운동요법)를 전해 줬어요. 그 후 다시 연락을 했을 때 그 친구가 비폭력대화와 코칭 공부를 하고 있다는 얘기를 듣게 됐는데, 그 이야기를 듣고 평소 제가 하고 싶었던 공부여서 확 끌리는 걸 느꼈고, 얼마 지나지 않아 청소년공부멘탈코칭 지도자양성 프로그램이 열려서 바로 참여하게 됐습니다.

사실은 2008년에 제가 코칭을 처음 접하고 공부를 시작했다가 그만 둔 적이 있어요. 친정어머님이 편찮으셔서 돌봐드려야 했고, 아이들도 어려서 저한테 투자하기엔 시간과 경제적 여건이 허락지 않았습니다.

진우 엄마

코치님 같이 청소년기를 진하게 경험하신 분이 청소년을 위한 코칭도 잘 하실 것 같은데요. 공부해 보시니 어떠셨어요?

김코치

정말 좋았어요. 새로운 지식을 배우는 것이 몹시 재밌었지만, 옛날로 돌아가서 저를 다시 발견하는 기분이었 거든요.

어느 땐가 수업시간에 실습을 했는데, 제가 여중생 역할을 하면서 코칭을 받는 자리였어요. 코치 역할을 하는 동기 분과 얘기를 주고받던 중에 예전 중학생 시절의 감정이 그대로 올라오면서 저도 모르게 눈물이 하염없이 흘러 몹시 난감했습니다. '와, 이거 뭐지? 내가 왜 이러지? 내 안에 나도 모르는 게 이런 게 아직 있었네.' 하며 깜짝 놀랐죠. 그때 소모임에 참여한 코치님들이 모두 당황했었을 거예요.

힘들고 외로운 사춘기 시절에 누군가 단 한 사람이라도 제 마음을 알아주는 사람이 있었다면 그렇게 오랜 시간 고통스러워하거나 방황하지 않았을 것 같아요. 사실 그런 치열한 사춘기를 경험했기에, 저처럼 힘든 사춘기를 보내는 청소년들에게 도움을 주고 싶다는 마음을 강하게 갖게 됐습니다.

진우 엄마

그런 일이 있었군요. 그럼 그렇게 눈물을 흘리면서 어떤 치유가 일어난 걸까요?

김코치

글쎄요. 그 일로 가슴이 뻥 뚫리는, 오래 묵은 체증이 내려간 느낌이 들었다면 적절한 표현이 될까요?

진우 엄마

그래서 아이들 코칭을 하셨나요?

김코치

지도자 양성과정을 수료하고, 실습시간을 거친후, 제일 처음 초등학생을 대상으로 온라인(비대면) 공부멘탈 기초과정을 진행할 때 제가 1차시 주 코치를 맡았습니다.

하지만 그 때 엄청 애먹었던 게 생각납니다. 한 학생이 자기주장과 감정을 강하게 호소해서 전체 수업을 이끌어 가기가 무척 어려웠어요. 제가 그걸 잘 받아주려던 시도가 오히려 그 학생에게 휘둘리는 듯해서 수업 전체가 매끄럽게 진행되지 못했었죠. 그 때 어떻게 했으면 더 좋았을까? 지금 다시 생각해도 다른 대안이 떠오르지 않으니 코치로서 아직 참 많이 부족하다 느낍니다. 그래도 별문제 없이 주코치로서 첫 수업을 해냈다는 것에 스스로 격려하며 다음엔 더 잘 해보자 용기를 냈어요.

대면 수업에서는 수원의 한 지역아동센터에서 중학생 대상의 기본과정 2차시를 했었어요. 5차시 중 가장 무난한 내용인데, 무기력한 친구들이나 참여도가 낮은 친구들을 독려하면서 진행하지 못해 아쉬웠어요. 그리고 제 수업을 지루해하는 표정을 보니 좀 더 활동적이거나 재미의 요소를 넣어 진행해야 하겠다는 생각도 했습니다. 제가 전달하려는 것보다, 피코치의 관점에서 잘 받아들이고 즐겁게 놀이처럼 코칭을 익힐 수 있도록 하는 게 훨씬 중요하다는 걸 깨달았죠.

진우 엄마

코칭 수업을 하실 때는 그렇게 예측하지 못하는 돌발적인 일들이 많이 생기는군요.

김코치

저는 과거에 회사에서 계산적이고 오류가 없어야 하는 회계 업무를 주로 했었어요. 그래서 늘 분석하고 판단하는 데 익숙해 있고, 지금은 프롭테라피스트(척추골반정렬운동 강사)로 활동하는데, 거의 대부분 건강관련 지식이나 신체 사용방법 등을 회원들에게 일방적으로 전달하고 있거든요. 그러다 보니 양방향으로 사람과 소통하는데 익숙하지 않다는 걸 최근에 알아차렸습니다.

코칭은 정해진 내용를 가르치는 것이 아니에요. 그 때 그 때 상황에 맞게, 피코치가 보이는 반응에 따라 대화를 이어가야 합니다. 말씀하신 대로 '돌발적인 일'이 꽤 생깁니다. 코칭 좀 했다고 방심하는 건 금물이죠. 코칭은 늘 다릅니다. 그게 매력이구요.

솔직히 코칭의 기본이 경청인데, 이게 제일 어렵습니다. 아무리 있는 그대로 상대의 말을 듣고 존재를 수용하려고 해도, 이미 이전에 제 몸에 배인 비교, 판단, 분석을 뇌에서 무의식적으로 하고 있더군요. 그리고 경험이나 지식을 알려주려는 경향이 강해서 피코치의 잠재력을 이끌어내는데 어려움이 있습니다.

코칭을 하면 할수록 부족함을 느끼는 건, 제가 초보 코치기 때문일 수도 있고, 진짜 좋은 코치가 되고 싶고, 코칭을 잘하고 싶은 욕망이 있어서 그런 것 같아요.

진우 엄마
코칭은 소수 학생을 대상으로만 하나요?

김코치
코칭은 일대일로도 하고, 10여명 그룹으로도 하며, 한 학년 전체를 대상으로 하는 경우도 있습니다.

수원의 M정보고등학교에서 신입생 전원을 대상으로 하는 코칭도 있었어요. 12개 반에 250명이 넘는 학생을 대상으로 코칭을 했었죠. 처음에는 진로담당 선생님을 통해 2학년 몇 반을 대상으로 했었는데, 그 학교 교장 선생님께서 우리 프로그램을 살펴보신 후 신입생에게 꼭 필요하다 느끼셨어요. 그래서 1학년 전체를 대상으로 해 달라고 요청해 주셨고, 2023학년도 신입생 모두를 대상으로 코칭을 하게 되었답니다. 저희 코치들도 25명 이상 참여했어요. 제가 주코치로 활동해서 수업도 하고, 그 프로그램의 관리자로서 매우 유익한 경험을 했습니다.

진우 엄마

와우, 그런 대규모 교육도 하신 거예요? 효과가 컸을 것 같네요.

김코치

어머님도 짐작하시겠지만, 한 학년이 전부 교육을 받으면 학교의 문화가 달라집니다. 일단 아이들이 같은 용어를 쓰고, 같은 맥락에서 대화를 하게 되니 멘탈코칭이 자연스럽게 느껴지고 일상화된다고 할 수 있습니다. 그래서 M고등학교와는 지속적으로 상호 협력하는 관계를 맺었습니다.

M고등학교 사례가 소문이 나서 H고등학교에서도 같은 프로그램을 해 달라는 요청이 들어왔고, H고등학교 신입생을 대상으로 코칭 교육도 했습니다.

진우 엄마

참, 인터넷 고민 상담도 하신다면서요?

김코치

초중고 교육전문회사의 의뢰로 저희 코치들이 인터넷으로 고민 상담을 해 주고 있어요. 아이들이 올려준 고민 상담 글에 코치 20여 명이 매일 한두 건 정도 답변 글을 써 보내주고 있습니다. 요즘 아이들에게 다양한 고민이 무척 많더군요. 거기에 일일이 답을 하면서 코치들도 정말 많이 느끼고 배우고 있습니다.

공부멘탈코칭

저희는 고민에 대한 해답을 주는 게 아닙니다. 아이들의 고민에 대해 우선 공감을 해주죠. 그리고는 스스로 해결책을 찾아낼 수 있도록 안내를 합니다. 처음 이 일을 시작했을 때는 한 건 답하는 데 두세 시간이 걸렸어요. 그런데 매일 계속하다 보니 속도가 나더라고요. 지금은 한 건당 20~30분 만에 작성합니다.

성인이든 어린이든 고민하는 내용은 거의 비슷하다는 걸 알게 됐어요. 연령이 다른 거지 사회 속에서 관계하며 자신을 성장시키는 인격이라는 점에서는 같으니까요. 아이들의 비슷한 고민 글을 받으면 이전에 썼던 답을 그대로 올릴까 하다가도 '얼마나 고민되면 자기 얘기를 온라인으로 써서 보낼까?', '어떻게 도와줘야 할까?' 하며 다시 깊이 생각하며 코칭이 담긴 글을 씁니다.

`진우 엄마`
그러니까 공부멘탈코칭을 만나서 코치님 스스로 많이 변하신 거군요.

`김코치`
네. 물론입니다. 코로나19로 많은 분들이 경제적으로나 사회적으로 큰 타격을 받으셨을 겁니다. 저도 예외가 아니었어요. 저는 직접 대면하며 활동하는 생활체육 프로그램 강사여서, 코로나19 발생 후 2020년 1월부터 모든 수업이 전면 중단됐고 2022년 초까지 만 2년을 본의 아니게 실직을 하게 됐었죠.

그뿐 아니라 신체 연령상 폐경과 더불어 갱년기 증상과 우울감이 찾아와서 한동안 엄청 고생했었어요. 사춘기의 혼란과 방황에 버금가는, 체감으로는 어떤 고통에도 비할 수 없이 심한 것 같았습니다.

이미 코로나 직전인 2019년 여름에 차량 접촉사고로 큰 어려움을 겪은 상태였거든요. 제가 운동강사로서 인체에 대한 공부도 깊이 했고, 여성 갱년기에 대한 공부를 2~3년간 이론적으로 충분히 했다고 생각했는데, 직접 경험하니 와우! 정말 판타스틱, 드라마틱, 아주 총체적인 난국이 찾아오더군요.

그렇다고 딱히 어디가 심하게 아픈 건 아니지만 여기저기 소소하게 그전에 없었던 증상들이 생겨나서 어찌할 바를 몰랐어요. 한마디로 '에스트로겐 고갈로 인한 인체 혁명기'라고 정의 내릴 수 있을 것 같아요. 임신과 출산에 이어 여성에게는 어마어마한 변화의 시기죠. 그래서 저보다 앞서 이 시기를 경험한 모든 여성을 존경하게 됐습니다. 앗, 너무 신파적으로 얘기가 흘렀나요? 하하.

그리고 제가 어지간해서는 자신감을 잃거나 무기력을 느끼는 성향이 아닌데도, 그 시기엔 체력과 정신력이 고갈돼서 서 있을 힘도 없었고 살고 싶은 의욕이 완전히 소실되는 경험을 했습니다.

'아 이러다 사람들이 삶을 그냥 놓는 거구나!' 하는 생각까지 들었었거든요. 세상 제일 바보 같이 살아온 것 같고, 할 줄 아는 것도 없고, 무능력하고, 모든 일이 나 때문에 잘못된 것 같고, 정신을 못 차릴 정도로 스스로 몰아세우고 있다는 걸 그 당시엔 몰랐어요.

그래도 어찌어찌 버텨내며 알바도 하고 공부(보육교사 자격증을 취득하기 위해 아동학 학사과정을 온라인평생교육원에서 이수)도 하며 분주하게 지냈지만, 뭔지 해갈되지 못한 채 답답하고 힘든 상태가 계속 됐어요.

그러다 만난 공부멘탈코칭이 제겐 사막의 오아시스, 암흑 속 작은 빛줄기처럼 머리를 확 열어줬어요. 제가 저도 모르게 굴을 파고 들어가 앉아 있다는 걸 알아차린 거죠. 강사님 말씀이 하나하나가 가슴에 와 박혔고, 원래 제 자신의 모습을 다시 찾아서 얼마나 안심했는지 지금 돌이켜 봐도 무서울 정도입니다.

'인생축 세우기' 활동은 여전히 저한테 힘들지만, 그 활동으로 특히 과거에 대한 제 가치와 자산을 찾아냈고, '강점찾기'로 바닥이 보이지 않게 떨어졌던 자존감도 회복할 수 있었어요. 저는 아주 절체절명의 순간에 멘탈코칭을 만났다고 말할 수밖에 없습니다.

제가 사춘기를 겪을 때 아무도 몰랐던 것처럼, 제가 갱년기 우울증을 그렇게 심하게 앓는 줄 주변의 그 누구도 몰랐어요. 제가 남에게 제 속을 드러내서 얘기하거나 의논하는 타입이 아니거든요. 혼자 책을 읽고 전전긍긍하며 해결책을 찾는 미련한 유형이라고 할까요. 하하하

`진우 엄마`
코치님, 저는 아직 그런 경험을 못했는데 말씀을 들으니 조금 두렵네요. 코치님은 프롭테라피(척추골반정렬운동) 강사라고 하셨는데, 거기에 공부멘탈코칭도 접목을 하시나요?

 `김코치`
프롭테라피는 프롭이라는 나무소재의 운동기구에 몸을 대고 여러 자세로 운동을 하여 전신의 에너지를 올리고, 근골격의 기능과 건강을 개선시키는 운동입니다. 몸의 건강은 정신을 떼어놓고 논할 수 없죠. 몸과 마음은 일체라 항상 그 역동이 더불어 일어납니다.

신체 건강이 나빠진 분들 거의 대부분이 심리적인 스트레스가 심한 경우

가 많습니다. 마음이 편해지면 몸도 좋아지고, 몸컨디션이 나아지면 정신적으로도 여유가 생기는 건 아주 당연한 이치라는 걸 많은 분들이 간과하세요.

전에는 90% 이상 프롭테라피를 신체 운동(10%는 호흡법 지도)으로 지도했는데 이제는 심신을 이완시킬 때 코칭 기법을 접목해서 합니다. 아마 20% 정도는 멘탈코칭을 한다고 할까요?

예를 들면, 금요일 수업에서는 한 주간 수고한 자기를 북돋워주는 칭찬샤워를 하게 하는데요, 스스로 이름을 불러주며 "OO야, (머리를 쓰다듬으면서) 한 주간 정말 수고 많았어. (어깨를 다독여주며) 정말 대견해. (엉덩이 팡팡 쳐주며)아주 잘 살았어"라고 회원들에게 해보라고 지도하면. 처음엔 머뭇거리며 어색해 하지만, 나중엔 큰 소리로 웃으면서 열심히 자신을 칭찬합니다.

또 동작을 호흡과 함께 맞춰서 할 때는 자기의 몸이나 마음 상태를 알아차리도록 안내하며, 지금의 상태나 현재 마음속에 가장 크게 자리 잡고 있는 생각을 내려놓게 하거나 접어두고, 몸에 집중하도록 요청할 때 코칭 기법을 이용하기도 합니다.

그리고 개인적으로 건강 문제를 상의하시는 분께는 몸 컨디션과 의욕상태, 기분에 대한 정도를 점수로 말씀해 보라고 하면서 자기의 현재 상태를 스스로 성찰하도록 안내해 드리면 도움이 된다고 말씀하십니다.

'전신의 힘(긴장)을 빼는 것'을 최종목표로 하는 '프롭테라피'와 '자기와의 의사소통의 질을 높이는 멘탈코칭'은 거의 맥락이 같다고 생각합니다.

진우 엄마

코치님과 이야기 나누면서 사춘기부터 시작해서 갱년기까지 생애주기를 한바탕 훑어본 것 같습니다. 코치님이 어려움을 극복해 가시는 과정이 정말 멋집니다. 감사드려요.

김코치

칭찬과 격려의 말씀 정말 고맙습니다. 어머님과 대화하면서 즐거웠고, 많은 것을 느끼고 깨달을 수 있어서 제가 오히려 더 감사드립니다.

제20장
세 번의 죽음을 경험하고 나서

박 세 은 코치*

진우 엄마
표정이 정말 밝으신데 어떤 비결이 있으신가요?

박코치

그렇게 봐주시니 감사합니다. 사람은 누구나 태어나면 죽음을 맞이하는데 저는 세 번의 죽음을 경험했답니다. 첫 번째는 고등학교 2학년 여름방학 때 아빠가 뇌출혈로 사고 며칠 만에 돌아가셨고, 두 번째는 저를 정말 아끼고 사랑해주셨던 시아버님의 사고사였습니다. 두 분 모두 마지막 임종을 지키지 못했고 돌아가실 거란 생각은 1도 하지 못한 채 작별 인사조차 하지 못하고 떠나보냈습니다. 그리고 세 번째는 제가 22살 가장 발랄하고 예쁜 나이에 무면허 음주 운전을 하신 남자분의 트럭에 치여 죽을 뻔한 경험입니다.

사람들은 죽음을 생각하면서도 늘 남의 일로 생각하고, 또 먼일로만 여깁

---

* 멘탈코칭사회적협동조합 부이사장, 청소년 공부멘탈코칭 지역활동가 양성 강사, Field Flow Sports Mental Coach 전문가, 통합독서 지도사, 뇌 교육사, 에니어그램 심리상담사, 아들러심리협회(KSAP) 강사, ㈜교원 강사

공부멘탈코칭

니다. 그런데 저는 그럴 수가 없었어요. 죽음은 항상 제 곁에 있었고, 언제든 나에게 찾아 올 수 있다고 생각하게 되었어요. 그래서 저는 살아있는 이 순간이 그만큼 소중하더라고요. "오늘에 최선을 다하고 즐겁게 밝게 살자."는 게 그래서 저의 생활 신조가 되었습니다. 저는 삶에 늘 감사하고 그러면서 에너지를 보충합니다.

진우 엄마
그러셨군요. 죽음을 생각하면 삶이 소중해진다~ 멋진 지적이십니다.

박코치
그리고 저는 지금도 '후종인대골화증'이라 희귀병을 가지고 있어서 이 병과 함께 살고 있습니다. 목등뼈 부분의 인대 가운데 하나인 후종인대가 비정상적으로 단단해지면서 목이나 어깨 부위를 압박하여 늘 통증과 마주하고 있어요. 아직 뚜렷한 치료법도 없고 얼굴부터 시작해서 어깨, 팔, 다리까지 통증이 오는데 굳어가는 부위도 고약해서 수술도 안 되고, 병원을 찾아도 통증 주사 외에는 달리 치료 방법도 없는 상태입니다.

끝없는 통증과의 싸움이고 아프다는 말을 하는 것도 지치고 힘들었는데 어느 날 웃음 치료 교육을 받았어요. 그 어떤 약보다 웃을 때는 통증을 잊게 되고 그러다 보니 오늘이 늘 선물이고 내가 하는 일에 최선을 다하며 내가 가진 작은 능력이 있다면 그걸 필요로 하는 사람들에게 나누고 가고 싶은 게 저의 작은 소망이 되었습니다.

진우 엄마
어머나, 저도 처음 들어보는 병이네요. 뭐라고 말씀을 드려야 할지? 아여튼 코치님 대단하시다는 생각이 듭니다. 아픔을 이기는 것을 넘어서 승화시키고 있다는 생각이 듭니다. '아픈 만큼 성장한다'는 말도 생각이 납니다.

딱 맞는 말씀을 해주셨어요. 제가 제일 좋아하는 말 중의 하나가 '아픈 만큼 성숙해지고 내가 경험한 것이 내 것이다'입니다. 저는 교육 출판 회사에서 20년을 일했고, 교육의 메카라고 불리는 강남에서 강사 생활을 했습니다. 그런데 우연히 우리 아이들을 데리고 신림동을 가게 되었어요.

저희 집이 여의도였는데 전 강남과 여의도를 출퇴근하다 보니 다른 곳을 가볼 기회가 적었었어요. 그날은 아이들을 태우고 운전해서 가파른 길을 따라 올라가는데 큰애가 그러는 거예요. "엄마, 이런 곳에서도 사람이 살 수 있어요?"

전 그때 망치로 머리를 한 대 맞은 기분이었어요. 전 아이들이 다양한 경험을 많이 해야 한다고 생각해서 자연생태학교, 박물관, 미술관 등 정말 아이들이 필요하다고 생각하면 들로 산으로 바다로 끌고 다니며 교육을 했는데 정작 사람들이 함께 사는 것에는 관심이 별로 없었더라구요.

그래서 그때부터 다양한 사람들의 삶에 관심을 갖게 되었고, 교육의 빈부차에 대해 생각하게 되었습니다. 그 이후로 소외되고 교육의 혜택조차 없어서 미래를 준비하고 계획하지 못하는 분들을 찾아서 전국 순회하며 지금까지 열과 성을 다해 학부모, 학생, 교사 등 제가 필요한 곳이면 어디든지 가서 교육을 합니다.

말씀하신 대로 교육격차가 심한 것 같아요. 코치님 같은 분이 많아야 할텐데... 지금은 온라인이 발달하면서 많이 좋아지지 않았을까요?

박코치

네~ 코로나로 생활 방식이 많이 변했는데 저는 코로나로 인해 다른 세상을 사는 것 같습니다. 코로나 기간 전국 강의를 했는데 강남과 강북의 분위기가 다르고 서울과 지방의 차이도 심했습니다. 생활 수준뿐만 아니라 의식에서도 그 차이를 크게 느꼈고, 자기가 사는 곳에서 벗어나지 못하고 안주하시는 분들을 많이 보았습니다. 그리고 힘들면 사람들이 보통 도전하기보다 안주하는 경우가 많아요. 특히 고학년이 되면 부모님들이 그동안 교육을 하다 지쳐 놓아버리는 경우를 많이 보았어요. 해도 안 된다고 생각하는 거죠!

그런데 전 생각이 조금 달라요. 우리는 살면서 인생을 바꿀 수 있는 3가지 방법이 있다고 하는데 그중에서 첫 번째는 시간을 다르게 쓰는 것이고, 두 번째는 사는 곳을 바꾸는 것이고, 세 번째는 만나는 사람을 달리하는 것이라고 합니다.

제가 강남에서 생활하다 다른 곳을 가게 되면서 삶의 목표가 달라졌고, 지방을 강의하게 되면 보통 3, 4시에는 일어나서 준비해 출발하는 경우가 많았어요. 저는 원래 아침형이 아닌데 이렇게 본의 아니게 시간을 달리 살면서 예전에 경험하지 못하는 경험을 많이 하게 되었어요.

그리고 '공부멘탈코칭'의 개발자이신 조영호 교수님과의 만남이 저를 새로운 인생의 목표를 세우게 했고, 저의 좋은 모델이 되어주고 계십니다. 멘탈코칭 교육에서 뵌 교수님은 멘탈이 지식이 아닌 삶이라는 걸 보여주셨어요. 스킬보다 마음을 열어 경청하고 지지하고 응원하는 게 무엇인지 알게 하셨고, 그 어떤 모습은 어떤 기술보다 더 훌륭했고 말만이 아닌 늘 생활에서 보여주셨기에 이게 바로 진짜 산지식이다는 것을 체험했지요.

인생을 살면서 세 번의 기회가 온다는데 그 한번이 전 조영호 교수님을 만난 것입니다. 교수님께서 아주대학교 아경장학재단에서 중, 고등학생을 중심으로 공부멘탈코칭 특강을 진행한다는 얘기를 듣고 보조 코치로 참여했다가 지금은 평생학습관 등에서 멘탈코칭지역활동가 양성과정을 운영하면서 공부멘탈코칭 전문가 양성에 힘쓰고 있습니다.

> **진우 엄마**

교육회사 강사로 활동하셨는데 어떻게 멘탈코칭을 하게 되셨나요?

> **박코치**

저는 지금까지 국내 최고의 교육회사에서 전문 강사로 20년을 아이들의 인성교육을 시작으로 독서, 학습, 체험, 진로 등 다양한 교육을 했고, 그 이전에는 독서지도사, 자연생태교사로 활동했었습니다. 짧지 않은 시간을 교육현장에서 살았고, 교육의 1번지라고 부르는 강남에서 강의하였습니다. 요즘은 교육의 진입이 빨라져 영유아 시기부터 뇌 교육을 시작으로 유치원의 누리 교육, 초중고의 자기주도학습, 독서지도, 글로벌 인재를 위한 외국어 교육까지 많은 교육을 하면서도 늘 저에게는 풀리지 않는 마음속 답답함이 있었습니다.

세상은 무서운 속도로 변화하고 있고, 거기에 발맞춰 교육과정도 교과서도 새로운 변화와 혁신을 이야기하는데 지금 우리는 어떤 모습인가? 아직도 학원을 전전하고 타인에 의해 떠밀리는 교육을 받습니다. 그렇다면 지금 교육으로 다가올 미래를 제대로 준비할 수 있을까? AI가 더 다양한 지식을 알려줄 수 있는데 그것을 똑같이 전하는 게 어떤 의미가 있을까? 지식을 전달하고 가르치는 교육이 아닌 산지식, 생활에서 써먹을 수 있는 교육을 하면 좋겠다고 생각했는데 운명처럼 공부멘탈코칭이 그렇게 할 수 있도록 만들어주었고, 그 답답함을 풀 수 있게 되었습니다.

공부멘탈코칭

그러다 지역아동센터에 코칭을 가게 되었는데 그 경험은 저에게 신선한 충격이었어요. 그 곳에서 취약계층 청소년들의 정신적 문제가 얼마나 큰지 알게 되었고 내가 앞으로 해야 하는 일, 앞으로 나의 인생의 절반을 무엇을 위해 일할 건지에 대한 목표가 생겼습니다. 그곳에 학생들이 멘탈코칭 교육을 통해 다른 세계를 경험하고 미래를 설계할 수 있게 하는 기회를 제공하면서 그 어떤 교육보다 보람도 컸고 행복했습니다.

진우 엄마

좋은 경험이었네요. 우리 사회에서 돌봄이 필요한 계층이 많지요?

박코치

부모님의 관심과 사랑 안에서 생활하는 아이들과 그렇지 못한 아이들의 차가 너무 커요. 특히 저소득 취약계층 아동이나 청소년들에게는 사회의 따뜻한 손길이 더욱 필요하지요. 그런데 멘탈코칭을 받기에는 개인적으로 비용 부담이 큽니다. 코칭에 대한 인식도 부족하고 진입장벽이 높아 적절한 진입 경로에 대한 가이드가 필요하고 다양한 경로를 통해 공부멘탈코칭을 전하려 노력 중입니다.

올해 초 경기지역 월드비전에서 실시하는 '꿈꾸는 아이들' 캠프에서 110명의 학생에게 공부멘탈코칭을 하면서 마음이 짠하고 울컥했습니다. 기뻤던 일, 슬펐던 일, 감사했던 경험을 쓰고 나누는 시간이 있었는데 아무리 생각해도 그런 기억이 없다는 아이들이 있었어요.

내가 얼마나 소중한 존재인지를 느끼게 해주고 또 미래에 대해 아무런 느낌이 없는 아이들에게 꿈을 찾게 하는 그래서 아이들이 성장하게 하는 그런 노력을 하고 싶습니다.

진우 엄마

참 의미있는 일이라는 생각이 듭니다. 사회적협동조합은 어떻게 관심을 갖게 되셨나요?

박코치

처음에는 공부멘탈을 지도하는 코치들이 '청소년마음코칭연구소'를 만들었습니다. 여기에 참여하는 코치들이 대부분 다른 본업이 있었어요. 그래서 시간날 때마다 의논하고 같이 일을 하기로 했지요. 그 과정에서 라온경제 사회적협동조합 김효연 이사장님을 알게 되었습니다. 이 기관도 수원시 글로벌평생학습관에서 출발해서 협동조합으로 성장한 기업이에요. 이 기업을 알게 되면서 우리도 이 분들이 개척한 길을 좇아가기로 했습니다. 그런데 2022년 협동조합 창업지원사업에 공모했지만 쓴맛을 보았습니다. 제안서도 잘 썼고 프리젠테이션도 나름 잘했는데도 심사위원들이 멘탈코칭에 대한 이해가 부족하여 창업프로그램으로는 부적합하다고 생각하셨는지 떨어뜨린 거예요.

그전까지 멘탈코칭에서 늘 얘기하는 '실패는 없다. 오직 배움과 성장 뿐이다'라고 늘 부르짖었는데 전혀 괜찮지 않은 거예요. '딱 좋아'를 해보고 만트라도 외쳐보는데 코치님들에게 탈락 소식을 전하지 못했습니다. 그 때 아는 것과 해보는 것이 얼마나 다른지 알게 되었답니다.

하지만, 여기에 굴하지 않고 나름 멘탈을 다잡아가고 있었는데 추가모집에 선정되었다는 소식이 온 거예요. 얼마나 고마운지요. 그 후 교육을 열심히 받은 다음에는 전국 100개 팀 중 우수 팀으로 선정되어 상금도 받았습니다. 그렇게 해서 우리 '멘탈코칭사회적협동조합'이 되었습니다.

공부멘탈코칭

앞으로의 계획은 어떻게 되시나요?

박코치

현재는 청소년들을 위한 청소년멘탈코칭 지역활동가 양성과정을 열어 현재 165명이 수료했고, 현재 청소년마음코칭연구소를 중심으로 53명의 코치님이 활동 중이십니다. 앞으로의 계획은 사회적 기업 인증도 받고 전국 평생학습관을 통해 8개의 센터를 개설해서 전국에 있는 학생, 학부모, 교사들을 위한 공부멘탈코칭을 접할 수 있게 하는 겁니다. 그리고 최종적으로 학교 수업 시간에 공부멘탈코칭 교과서로 학생들이 공부하게 하는 겁니다.

공부멘탈코칭이 아직 뭔지 생소해하시는 분들이 많은데 현재 저희는 초등, 중등, 고등학교를 중심으로 지역아동센터와 지자체를 통해 공부멘탈코칭을 전파하고 있습니다. 그리고 2022년부터 교육회사와 매일 월요일부터 금요일까지 온라인 멘탈코칭을 7600건을 코칭하였고, 경기 이룸학교에서는 '또래코치 양성학교'를 개설해서 학생들이 코치가 되어 또래들에게 멘탈코칭적 자기 대화를 통해 도움이 될 수 있게 하는 과정을 운영하고 있습니다.

그리고 각 지역의 학교, 지자체, 사회적협동조합과 연계해서 더 나은 프로그램을 만들고 비용 부담을 낮춘 멘탈코칭 관리 프로그램 서비스를 제공하려 합니다. 우리는 영어, 수학에는 시간과 돈과 노력을 어마어마하게 들이지만 인생에서 공부에서 그렇게 중요한 멘탈을 위해서는 뚜렷한 노력을 해본 적이 별로 없습니다. 그러면서 '우리는 멘붕이다, 멘탈 나갔다, 멘탈이 흔들린다' 등 다양한 말들을 합니다.

멘탈은 죽을 때까지 없어서도 안 되고, 죽는 그 순간까지 멘탈력에 의해 삶을 살아가야 하는데 그 누구도 우리에게 멘탈에 대해 교육을 해주지 않습니다. 교육을 받으려 해도 교육비가 비싸고 보통 지방에서는 이 교육이 진행되기 않기에 지방에 계신 분들은 도전할 기회조차 얻기 어렵습니다.

멘탈코칭사회적협동조합은 청소년공부멘탈코칭을 위한 지역활동가 과정을 꾸준히 양성하고 멘탈이 필요한 다양한 계층의 분들에게 문턱을 낮춰 멘탈서비스를 제공하려 합니다. 그래서 이 나라의 청소년들을 비롯해 삶의 등불을 밝힐 수 있게 돕고 싶습니다.

그리고 중, 장년을 위한 성과 코칭, 시니어를 위한 행복멘탈, 긍정멘탈코칭 프로그램을 개발하여 진행중인데 이 프로그램이 강의나 워크숍을 통해 널리 전파되었으면 합니다. 특히 지금 멘탈이 흔들려 어려움을 겪고 있는 분들이 멘탈코칭을 통해 자신의 삶이 얼마나 소중한지 인식하고, 더 나은 삶을 위해 함께 노력해 나갔으면 합니다.

진우 엄마
멘탈코칭사회적협동조합이 큰 비전을 가지고 있군요. 앞으로 우리 청소년을 위해, 그리고 우리 사회를 위해 큰 일 해주시길 바라겠습니다. 감사합니다.

에필로그

멘탈코치가 되기 위해 필요한 것은?

진우 엄마

코치님 안녕하세요?

코치

아니, 진우 어머니. 여긴 어쩐 일이세요?

진우 엄마

제가 청소년 코칭 지역활동가 과정에 참여했지 뭡니까?

코치

아 그러셨군요. 결국은 여기까지 오셨네요. 그런데 공부는 할만 하세요? 이 과정은 12주나 되는데.

진우 엄마

지금 2차시 했는데 재미있네요. 코치님하고 이야기를 나누어서 제가 이 과정은 어느 정도 알고 있긴 하지요. 하지만 머리로 아는 것 하고 실제로 해보는 것은 많이 다르네요.

일단은 제가 공부멘탈을 공부하는 학생이다 이렇게 생각하고 하나하나 따라가고 있어요.

지역활동가 과정에 참여하시게 된 특별한 계기가 있으세요?

우리 진우와 민희도 공부멘탈 과정을 수료했고요, 그리고 제가 부모과정도 참여했지 않습니까? 그러다 보니 점점 관심이 커졌어요. 제가 코치로서 활동을 해보자 그런 생각을 하게 되었지요.

잘하셨어요. 그런데 진우와 민희는 어때요? 공부멘탈의 효과를 보고 있습니까?

네. 보셨다시피 우리 아이들이 좀 착하잖습니까? 지금까지는 공부멘탈에서 배운 것을 잘 따라 하고 있는 것 같아요. 뭐든지 의욕이 높아졌어요. 집안일도 잘 도와주고요.

공부멘탈 10계명을 책상 앞에 붙여놓고 늘 보고 있는 것 같아요.

♣공부멘탈 10계명
1. 나의 멘탈은 내가 결정한다.
2. 공부를 생각하기 이전에 나의 인생을 생각한다.
3. 약점을 보완하기 이전에 강점을 최대한 발휘한다.
4. 긍정적인 마인드로 집중력을 높인다.
5. 스스로 나 자신을 격려한다.
6. 주변 사람들을 나의 응원군으로 만든다.
7. 내가 먼저 변해야 남이 변한다.
8. 공부는 습관이다.

9. 결과가 기대와 달라도 끈기 있게 도전한다
10. ??

코치

진우와 민희는 참 모범생들이군요. 사실 공부멘탈 10계명만 보면 되지요. 이게 전부를 요약해 놓은 거니까요. 그런데 마지막 10번째는 물음표로 남아있나요?

진우 엄마

아니요. 그 위에 진우와 민희가 다른 것을 적어 놓았어요. 제가 물어보았지요. 이건 왜 다르냐고요. 아이들이 그러더라고요. 10번째 것은 각자 알아서 적는 거라고요.

진우는 뭐라고 적어놓은 줄 아세요?
"휴대폰 적게 보자" 라고 썼더라고요.

코치

민희는요?

진우 엄마

민희는 글쎄~ "일요일은 쉬자" 이렇게 썼더라니까요? 우리 식구들이 보고 깔깔 웃었지요. 일요일에 쉰다는 이야기는 월요일부터 토요일까지 열심히 한다는 이야기잖아요. 근데 걔가 그렇지가 않거든요.

진우 엄마

코치님 근데 코칭이라는 개념은 언제 등장한 거예요. 지역활동가 과정을 공부하다 보니 궁금해졌어요.

코칭의 역사요? 역사를 보는 관점에 따라 다르겠습니다만, 한국코치협회 홈페이지에 소개된 코칭의 역사를 보는 게 좋을 것 같습니다.

미국에서 테니스를 가르치던 티모시 골웨이라는 코치가 있었어요. 그는 테니스 코치를 하면서 큰 것을 깨달았습니다. 테니스는 기법으로 치는 것이 아니라 마음으로 치는 것이라고요. 그래서 자신의 경험을 살려 1975년에 『테니스 이너게임』이라는 책을 썼습니다.

이너게임은 말 그대로 내면의 게임이라는 거죠. 심리적인 요소가 중요하다는 이야기였어요. 너무 긴장하거나 노력을 많이 하면 오히려 기량발휘가 안 된다는 것을 골웨이는 알았어요. 이완 상태에서 집중을 하라는 겁니다.

골웨이는 자신의 생각을 테니스 이외 다른 스포츠에도 적용했고 나아가서는 직장인을 위한 책도 쓰고 직장인들 성과코칭도 했습니다.

1990년대 들어서는 좀더 활발한 활동이 전개되었습니다. 1992년 재무설계사였던 토마스 레너드가 코치 유니버시티라는 회사를 설립했습니다. 골웨이의 정신을 이어받아 존 휘트모어는 1996년 '성과를 위한 코칭'이라는 책을 쓰고 본격적인 코칭활동을 했습니다.

이러다가 1995년 국제코칭연맹(ICF: International Coach Federation)이 설립되어 국제적으로 코칭을 대표하는 기구가 되었습니다. 그런데 2003년에는 토마스 레너드가 국제코치협회(IAF: International Association of Coaching)라는 별도 조직을 만들어서 운영하고 있습니다.

한국에서 코칭에 관한 논문이 나온 것이 1990년대 말입니다. 그리고 ICF 한국 지부가 만들어진 게 2003년이고요. 한국 코치협회는 2003년 12월에 발족했으니 한국에서의 코칭 역사는 그리 길지 않습니다.

진우 엄마

제가 생각한 것보다 코칭의 역사는 길지 않군요.

코치

어머니께서는 아마도 심리치료나 상담의 역사와 혼동하셨을 거예요. 심리치료가 본격적으로 등장한 것은 1800년대입니다. 프로이트가 활동한 것도 1880년대입니다. 프로이트가 그 유명한 '꿈의 해석'을 펴낸 것도 1899년이고요.

어머님 생각하신 대로 코칭의 뿌리를 찾아가면 심리치료를 무시할 수 없죠. 하지만 현대적 의미에서의 코칭의 역사는 길게 잡아야 1970년대 중반 그리고 짧게 잡으면 1990년대 후반부터라고 할 수 있겠습니다.

진우 엄마

지역활동가 과정에서 공부를 하면서 제가 코치가 된다고 생각하니 코치가 가져야 할 태도가 매우 중요한 것같이 느껴졌어요. 좋은 코치가 되려면 어떤 마음 자세나 태도가 필요할까요?

코치

그런 고민을 하시는 걸 보니 진우 어머니께서도 많이 빠져드셨네요. 앞으로 여러 가지 모델과 기법들을 배우실 텐데 당연히 그런 것이 중요하지만, 제가 경험해 보니 기본적인 자세가 제일 중요한 것 같아요.

중학교 선생님으로 일하시다 정년을 하신 분이 계셨어요. 학생들 멘탈코칭을 하시겠다고 해서 모셨습니다. 저희에게 딱 필요한 분이라고 생각했어요. 오랫동안 학교에 계시면서 아이들 하고 생활을 하셨으니까요.

진우 엄마
정말 그렇겠어요. 학교 선생님들이 코칭하면 잘하실 것 같아요.

코치
그런데 그게 아니었어요. 그분이 코칭을 하는데 제일 애로가 많았습니다. 왜 그랬을 것 같아요?

진우 엄마
글쎄요? 왜 그랬을까요?

코치
그분은 학교에 계실 때 아이들을 열심히 가르쳤던 분이었어요. 그리고 '학생은 이래야 한다'는 상이 분명하셨던 거예요. 그분은 코칭이 아니라 티칭을 하고 계셨던 겁니다. 교실을 완전히 장악하시기는 하셨으나 아이들은 불만이 많았습니다.

코칭을 하시려면, 좀 유연하시고 개방적이어야 해요. 무엇보다 나 중심이 아니라, 상대방 중심이 되어야 합니다. 요즘은 그런 것을 '고객 중심'이라고 하지요.

아이들이 스스로 답을 가지고 있다. 아이들은 충분히 창의적이다. 아이들이 자기 주장을 해야 한다. 가끔은 엉뚱한 생각도 해야 한다. 이런 마인드가 있어야 합니다. 이걸 다른 말로는 '코칭마인트셋'이라고 합니다.

공부멘탈코칭

아까 말씀드린 국제코칭연맹(ICF)에서는 코칭 윤리강령을 발표하고 있는데 2015년 6월 개정 이전 판에는 서두에 이렇게 코칭 철학이 적혀 있었어요.

> "모든 사람은 창조적이고, 자원이 풍부하며, 전인적이다"는
> 겁니다. 코칭은 그렇게 믿고 시작한다는 거죠.

코칭을 할 때 임장감(presence)이라는 말을 씁니다. 코칭을 받는 고객이 '코치가 나를 위해 여기에 와 있다'고 느끼는 것을 말합니다. 코치의 작은 목소리에서 코치의 몸짓, 표정 하나에서 그 임장감이 느껴져야 합니다.

진우 엄마

그게 바로 임장감이군요. 저도 어떤 분을 보면 '제 편이구나' 하는 느낌이 나고, 반대로 '아니네' 하는 느낌이 나고 해요. 임장감의 차이~ 중요한 것 같네요.

코치님, 제가 공부를 하면서 공부멘탈 코칭을 하시는 선배분들을 여러분 만났는데 다들 뭐라 하시는 줄 아세요?

코치

자기가 더 많이 변했다 뭐 이런 말씀들 많이 하는 것 같은데요.

진우 엄마

물론 그런 말씀도 많이 하세요. 그런데 이런 말씀도 하시더라고요. 이 공부멘탈은 아이들이 모두 공부해야 한다고요. 그래서 정규 교과목이 되어야 한다고요. 저도 그런 생각이 들어요.

코치

하하. 그렇게들 생각해주셔서 고맙네요. 많은 아이들이 혜택을 보았으면
합니다. 아이들이 행복해지고, 학교도 행복한 학교가 되고 그리고 가정의
평화도 이루어지고 말이죠.

진우, 민희 어머니, 저희와 함께 해주셔서 감사합니다.

진우 엄마

저야말로 행복한 엄마가 되었답니다. 감사합니다.